植根基层，服务基层，潜心研究，实属可贵。为郑艳玲医师题

于永正 二〇一〇年书

XIAOXUE YUWEN JIAOXUE 36 CELÜE

刘艳玲 著

小学语文教学36策略

一位基层教研员的听课手记

语文出版社

图书在版编目（CIP）数据

小学语文教学 36 策略 / 刘艳玲著. —北京：语文出版社，2010

ISBN 978-7-80241-358-0

Ⅰ. ①小… Ⅱ. ①刘… Ⅲ. ①语文课－教学研究－小学 Ⅳ. ①G623.202

中国版本图书馆 CIP 数据核字（2010）第 167979 号

小学语文教学 36 策略

——一位基层教研员的听课手记

刘艳玲 著

*

语文出版社出版

100010 北京朝阳门南小街 51 号

E-mail:ywp@ywcbs.com

新华书店经销 北京鑫海达印刷有限公司印刷

*

890 毫米×1240 毫米 32 开本 11.125 印张 288 千字

2010 年 8 月第 1 版 2012 年 12 月第 2 次印刷

印数:3,501－6,500 定价：26.00 元

◎序

不取亦取 虽师勿师

——写给愿意真诚阅读这本书的老师们

徐　同

新一轮基础教育课程改革自2001年9月在全国分期分批施行以来，已经快10年了。时至今日，依然有些地方“课改”的成效不明显，依然有相当部分教师对“课改”的要求感到不适应，依然有少部分学校或部分学科尚未进入“课改”状态或者只是换汤不换药地改变了一些教学形式与方法。这些现象恰恰说明这次基础教育课程改革是新中国成立以来最重要的一次教育革命。其重要性不只表现在改革范围涉及课程的设置、结构与内容、教材编写与评价、教学结构与实施、师资培训与管理等基础教育教学领域的各个方面；不只表现在其破旧立新之浩大声势遍及全国城乡，触及到每一位中小学教师、教研工作者、教育官员乃至全体中小学生，更突出的是，其重要性集中体现在全国上下各级教育领导、教科研人员和每一位教师在教育理念上必须更新，在教学思想上必须转变，在教学观点上必须重组，在教学过程上必须重新构建，在教学评价上必须推陈出新。而要求几十年来始终在“一切为了升学考试”的教育模式熏陶下的人们进行这种意识形态上的更新转变、重组重建，还要推陈出新，绝非朝夕之事。这其中，学习先进的教育理论，领悟新课程标准的教学思想，要求理论同实践必须相结合等，已成为许多基层教师乃至领导们深入课改的难越之关。

以语文学科为例。时至今日，相当一部分教师对《全日制义务教育语文课程标准（实验稿）》（以下简称“新课标”）学习得很不够，对新课标提出的教育理念与教学实践的统一关系认识肤浅，甚至对一些新的教育观理解偏颇。他们在思想准备与理论准备极其不足的情况下，匆忙投入课改，自然是改不到“点”上，革不到“害”处；纵使有一些偶然的借鉴，但至多只是学了一点皮毛，便生硬地搬到自己旧习难改的教学模式里，结果不是痕迹明显的“新瓶装旧酒”，就是非驴非马、不伦不类的“四不像”。究其根本原因，是对新教育理论的学习不够，对新教学理念必须转化为教学策略的思考不深，对新教学策略下的教学能力源于教学理念的指导认识不足。常言道，没有实践依托的理论是苍白的，没有理论指导的实践是盲目的。这两句完美论证了理论与实践辩证关系的话，应成为当前所有中小学语文教师在课程改革中学习、科研与教学的座右铭。

当然，像人类历史上所有革故鼎新的潮流到来时一样，在众多的观望者、徘徊者、跟随者前边，必然有一批勇往直前的“弄潮儿”。近十年的基础教育语文课程改革的大潮，也培养、锻炼、成就了这样一些“弄潮儿”。他们不但深谙传统语文教学的陈旧与弊端，乐于接受和追随新教育理念与教学思想的新趋势，而且勇于探索，勤于实践，精于思考，长于总结，善于把新教学理念同自己的教学思想和教学活动有机地结合起来，在提高自身的理论水平与业务能力的同时，不断地总结出富有切身体会与深刻感受的课改经验，提供给同事、同行和志同道合的同路人。

这本《小学语文教学36策略——一位基层教研员的听课手记》的作者刘艳玲老师就是这批敢于弄潮、乐于推波助澜的先驱者之一。

语文教师出身的刘艳玲老师，虽然后来荣升为校长、区教体局副局长，还当过市教研室领导，荣获过市、省乃至全国多项荣誉称号，但她最得意也最引以为傲的职务，还是那三十余年未曾脱离讲台、不管在职不在职始终坚持教研的“基层小语教研员”。正是这样一种纯朴的情怀，正是这样一股坚守的毅力，正是这样一段漫长时日中不懈的追求和历尽坎坷的磨炼，才造就了她恒以“勤学、勤思、勤践”自勉的情操，也才有了这本“耕耘于教研垄亩之间，收获于杏坛咫尺内外”的心血之作。

基层教研员是身兼三职的教育工作者。首先，他们是教学研究与研习的组织者、领导者；其次，他们是推广教研成果的教学实践者、改革者；再次，他们是引导教研教学与时俱进的先进教育理念和教学思想的宣传者、推广者。正因为基层教研员是教学第一线的教研员，所以他们不能离开教学，不仅要听课、评课，还要说课、上课；正因为基层教研员是教学第一线的教研员，所以他们必须不断地关注国内外教育改革与发展的趋势，必须及时了解先进教育理念和教学思想的嬗变动态，不仅要学习、研究、探索，还要同教学教研结合起来进行宣传、实验、推广。也正是因为基层教研员的多重身份固有的多种职能，才使得他们历史性地肩负着贯彻教育方针，推广教育理论，引领教科研究深入，力行课堂教学改革等多项使命。所以，他们掌握的教育动态是第一手材料，他们提供的教育信息是第一时间的反馈，他们总结的教改经验是教学第一线的成果。刘艳玲老师的著作给我们提供的就是来自教学第一线的小学语文课改第一时间的第一手材料。

《荀子·解蔽》中有这样一句话：“精于物者以物物，精于道者兼物物。”意思是说，精通某一具体事物的人，只能管理这一种事物；而精通万物规律的人，则能同时管理许多事物。荀子讲的所谓“道”就是事物的共同规律，是从众多事物现象中总结出来的同一性，是一种可以让人们“兼物物”的理论。本书的第一部分，虽然向读者提供了关于提高“听说读写”教学实效性的具体教学策略，但每条策略都特别强调了其形成的理论依据和实践操作上的规律、原则，而说明具体策略的教学内容本身不过是个典型例子；实践这一策略的运作关键不在于教师具备多少能力，而在于教师是否掌握了操作这一策略的理念、要求与科学规律。作者的良苦用心恰恰印证了宋人苏轼的那句名言：“以才御物，才有尽而物无穷；以道应物，道无穷而物有尽。”

刘艳玲老师在本书第二部分开列了她对语文课程标准蕴含的新教学理念进行深度思考的二十三个方面。与第一部分“提高教学实效性之36策略”不同的是，对二十三个方面思考的结果并不是只得出了小语教学方式、方法上具体而微的二十三条策略，而是通过课改过程中新旧教学交替、杂糅的二十三个方面诸般现象的对比分析，指出了新教学理念对小语课改的引领与指导，对教师教学行为的规整与提升，是每个小学语文教师与教研员必由的思考之路。例如，由“教学”转向“学教”的教学思路的更新，对“教学智慧”的界定及构成教学智慧的三种能力的辩证关系，“教案”与“教学设计”的区别反映出两种教学思想的分野，课堂教学中非教学因素对教师教学效果和学生学习效果的影响，学生主体地位与教师主导作用的辩证统一，教师研读文本与提高阅读教学实效性之关系，教学中教师的“五讲”“四不讲”，“班本教材”的开发是提高学生语文素养的重要渠道等等，这些方面的例举、分析与论证，都是围绕小语教学要坚持“一个中心”（提高学生的语文素养）“两个基本点”（课堂教学惜时增效、课外资源绿色滋养）这一核心命题展开的。在对新教学思想的深度思考后的论述中，刘艳玲老师不但列举了大量第一手课例，结合“课标”新思想的剖析援引了中外教育名家的相关语录，而且在她的“听课手记”中坦诚地表达了自己的心得与感悟，无不体现了她“以己昭昭，使人昭昭”的职业良心和“博学之，审问之，慎思之，明辨之，笃行之”的严谨治学态度。

欧阳修在《吉州学记》中有这样一段话：“教学之法，本于人性，磨揉迁革，使趋于善。”意思是说，教师教导学生学习的法则，就是依据每个学生的个性，削除他身上的不利因素，让他接受新的要求，产生积极的转化，以获得不断更新，这才能促使他一天天走向完美。欧阳修这一典型的个性化教学观远远高于“传道、授业、解惑”的教学论。刘艳玲老师在“教学策略缘于对教学理念的思考”这一部分的论述中也重点强调了“做学习型教师，提升专业持续发展力”的论点。她指出，教师仅仅把教育教学视为安贫乐道，铸造自己的精神家园，体现个人价值的过程是不够的，它还应该是“蕴涵了将一般理论与实践相适应并与个人的个性特征相融合的过程”；是“运用自己全部的智慧使孩子们充满自信地成长”的过程；是使自己的“文化修养、教育理念、教学方法等与时俱进”的过程。这无疑对当前热议的“好教师”的标准问题，又添加了一个更靓丽的注脚。那就是，仅仅“才高八斗，学富五车”，甚至仅仅“学高为师，身正为范”还算不得完全的“好教师”。就今而论，一个好教师，除了学识广博、术业精深，还要有自己的教学思想和教学个性，还要能从新的教学理念的思考中创造出自己的教学策略，既深知“记问之学不足以为人师”的古训，又铭记勿“以其昏昏，使人昭昭”的诫语，而且能永远具有“既知教之所由兴，又知教之所由废”的自省智慧。

本书的第三部分题为“教学策略应用于教学实践”。这一部分承接于“对教学理念深入思考而生成的教学策略的分析”之后，列举了10个“教学设计案例”和8个“说课案例”，用丰富翔实、生动具体的课例再一次形象地说明了先进教学理念与科学教学策略相辅相依的关系，以及教学实践的运用将把这种相成关系提升为互促互生的循环关系的可能空间。令人特别关注的是，刘艳玲老师不是选择这些课例用来证明自己感悟的教学理念与教学策略的相适关系，而是在课改教研活动中带领志同道合的小语教师，共同学习语文课程标准蕴含的先进教学思想，结合教学实际，批判性地改革了原有的教学策略，并将这些教学思想和教学策略的结合作为教学实践的一个个实验项目而形成了这些课例。这一特点从列举的18节典型课例中穿插的100多段“点评”可以看出。完全可以称为亮点的这百余段“点评”，少则一句话，多则千余字，内容涉及小学1—6年级识字写字、口语交际、阅读、写作等各类型语文课的各个教学环节。特别应指出的是，这些“点评”不是对教学内容安排或教学方法运用的擅置可否，也不是对教师教学语言或学生课堂表现的简单褒贬，而是对教学理念与教学策略互促互生的实践结果进行具体的分析与进一步解读。从案例选择的角度看，“点评”的直接目的实际上是对新教学理念的一次重新学习，对新教学策略的一次实践检验；“点评”的间接目的，则是对教师将教学理念转化为教学策略的教学转化能力的一次考核，是对执教教师思考教学理念的思维方式与思维方向的一次检测。“点评”的出现频率之高和内容论证之深刻，充分体现了刘艳玲老师组织与领导的小语课改实验研究既重视结果，更重视过程；既重视教学理念的观点性、理想性，又重视教学实践的创造性、持续性。

《周易》中说：“形而上者谓之道，形而下者谓之器。”语文教学中的方式、过程、方法、环节等教学策略，以及教材、语言、载体、结构等教学媒介，都是已成形质的“器”，是可以实际运用的东西，即古人所谓的“用”。而左右教学的理念、观点、思想、意识、精神和意愿等等，则是无形质的“道”，是主宰“器”的根本。过去的语文教学，无论是阅读课还是写作课，大都重视了“器”的打造，而忽视乃至无视“道”的培养。今日之小学语文课程改革就是在先进教育理念的“道”的主宰下，进行方式、方法、过程、结构、环节、手段等教学策略的“器”的革新。当前，小语课程改革的成绩，正是许许多多基层教研员——“刘艳玲们”和小语老师恪守“道不废而不兴，器无毁而不治”的信念，坚持实验，坚持改革修来的正果。

笔者有幸在第一时间拜读了刘艳玲老师这本书的文稿。给我的第一强烈印象，就是语言的深入浅出和态度的真情实意所体现的只争朝夕的课改追求与实事求是的实践精神。宋朝苏洵在《太玄论（上）》中写过这样一段话：“思焉而得，故其言深；感焉而得，故其言切；触焉而得，故其言易。”它揭示了思考、情感和实践的关系与区别：经过缜密思考写出来的语言是深沉厚重的，备受感动写下的文字是情真意切的，而只有亲身实践后写出的文章才是通晓平白、接近实际的。这部长达25万字的著作，既有作者缜密思考的深沉，也有作者备受感动的真切，但更多的则是它给予读者深入浅出的平白坦直与开诚布公。我想，这主要是因为刘艳玲老师既是教研员又是教师，是一个身处基层几十年未离开过讲台、未离开过教研的教研员吧。

一本书写就，自然首先是作者个人成果的集大成焉。一旦出版，就不完全是作者个人的事了，它就要面对千千万万读者不一而足的品评、学习、接受或批判。该书面对的最大读者群自然是来自拥有教师最多的小语界。希望广大小学语文教师不仅能以“触焉而得”的体验与感受来与刘艳玲老师共同解读这本书，而且能把自己读后的心得体会或不同观点与不同意见及时同刘老师交流切磋，万万不可怀抱过分的虔诚而无形中丢失了自我，被书中那些个性化的教学理解和独特的教学策略所限囿而迷失了自己在语文课改中固有的追求。清人袁枚诗云：“我有神灯，独照独知；不取亦取，虽师勿师。”刘艳玲老师的这些“策略”就是在她那盏“神灯”独照的指引下而独有的解悟。读这本书，取经于这本书也应采取“不取亦取，虽师勿师”的态度，既要不断向他人学习，借鉴他人的方法，又不可生吞活剥，更不可全盘照搬。我们要汲取的首先不是书中论述的具体教学策略，而是生成这些策略的教育理念；我们要学习的首先不是书中描绘的生动教学课例，而是构建这些课例的教学智慧。祝愿每位老师在语文课改的征途上永远都有一盏光耀自我“独照独知”的“神灯”！

2010年5月于中央教科所

◎自　序

新课程实施中，经过多种形式的各级培训，老师们对新课程理念逐渐有了更深的认识和了解。反思目前的教学，我们亟须研究和解决的问题聚集于两个层面。第一层面，增强思考教学理念的意识。教师主要从事教学实践，但是只满足于把书教好是远远不够的，还必须在教学实践中增强对教学理念的思考。理念是教学行为的“先导”，引领着教师教学的思维方式和思维方向，是进行教学反思的重要依据，同时也是教师成长为名师、“大家”的必备条件。只有在教学中不断增强对教学理念的思考，教师进行教学研究才会有“源头活水”，才会不断迸发出教学创新的智慧火花。第二层面，提升将教学理念转化为教学策略的能力。对教学理念的思考最终应转化、体现在教学实践中，使新课程下的语文教学理念和实践相依相伴，相互包容，你中有我，我中有你，形成和谐、有机的统一。

基于以上原因，笔者愿将自己多年来的听课手记分三辑呈现给教师们。第一辑是“提高教学实效性之36策略”，这些策略、方法旨在供老师们教学时借鉴参考。第二辑是“教学策略缘于对教学理念的思考”，旨在给老师们以启发。即在教学中要用教育者的眼光审视教学，在审视中进行理念的思考，用理念指导、引领、提升教学实践行为。第三辑是“教学策略应用于教学实践”。教学策略的归宿在课堂。教学实践行为需要理念的指导、引领和提升。同时，教学的实践行为反过来又促进教学理念的生成。本辑以典型教学案例为主，有教学设计、说课案例及点评。不仅供大家借鉴教学方法，更重要的是借鉴这些教学案例中老师在“理念——策略——实践”循环过程中教学思维的成长。以上三辑构成了“理念——策略——实践”循环往复的过程，这一过程是教师不断进行教学创新的过程，是教师持续成长的过程，是有效提高教学质量的过程。在这一过程中教师会有付出，但同时也会享受到付出后获得的硕果——自己的教研成果，教师会真正体验到教师这一职业的快乐。

拙作中文体多样，有论文，有案例，有教学叙事，旨在给老师们以启示。教学研究离常规教学并不遥远，它就存在于日复一日的教学中。只要我们有研究意识，就可以通过多种文体随时记录下自己的“成长”，进而促进自己的再成长。

拙作中的文字充满了“聊”的味道。“聊”，《现代汉语词典》（商务印书馆出版）解释为“闲谈”；也有的解释为“以轻松随便的方式谈话，不拘礼仪地，不受拘束地谈话”。拙作中的“聊”，意在体现对话式的教研文化，将老师当做教学研究中的合作伙伴，将教师当做教学生活中的亲密朋友，以轻松随便、不拘文体的方式，就像《第五项修炼》中所倡导的“深度汇谈”般地和老师们聊。聊，会拉近彼此间的距离，会给教研注入愉快、轻松的气息；聊，会使对话者思维碰撞，智慧共享。在当今的教学研究中，无论是教学专家还是教研员，无论是校本教研中的学校领导还是教师，都应该采用对话的教研方式阐述自己的教学观点，共同分析、研究、解决教学中的问题。这也是构建和谐社会、构建和谐教研氛围之必需吧。聊，是相互的，是坦诚的，笔者真诚地期盼自己的聊能引起老师们的“聊”，常“聊”。我衷心地期待着！

教研空间无限，我们需再努力。共勉之。

刘艳玲

2010年2月28日

◎目　录

第一辑　提高教学实效性之36策略

第二辑 教学策略源于对教学理念的思考

第一辑 提高教学实效性之36策略

课堂教学是实施新课程、促进学生发展的主要渠道。因此，我们应围绕教学的实效性，对相关联的教学因素进行微观层面的、实践性的研究和探讨，围绕教学的实效性进行教学策略研究，从而促进教学质量全面提高，促进学生健康发展。

拼音教学做到“三个要”

拼音是学生入学后学习语文的第一个内容。刚入学的学生对拼音的认识参差不齐，有的在幼儿园接触过，有的家长辅导过。无论他们学过拼音与否，学校进行系统的拼音教学，对学生来讲都是比较枯燥的。为尽快帮助学生掌握汉语拼音，通过拼音教学为学生今后的语文学习奠定基础，同时激发学生的学习兴趣，让学生在拼音的学习中体会到学校学习的快乐，我们在拼音教学中应注意做到“三个要”。

第一，教师要有亲和力

“亲和力”一词，《现代汉语词典》解释为“使人亲近、愿意接触的力量”。迁移到教学中来，我认为教师的亲和力是教师面对学生表现出来的亲切与和善，它能让学生产生信赖感，以达到师生情感的融合，为教学的顺利进行做好铺垫。

教师的亲和力在教学中具有非常重要的作用。邓小平同志曾说“科技是第一生产力”，我们可以说，“教师的亲和力”同样是教学中的“生产力”。在教学中，教师亲和力越强，学生对教师的亲切感、信任感越高，教学的效果就越好。古人说的“亲其师，信其道”就是这个道理。白居易也曾说：“动人心者莫先乎于情。”因此，教师在教学中要有亲和力，尤其是对刚入学的六岁学生。

面对一年级学生，教师的亲和力主要从三方面做起：教态要亲切，语言要亲切，动作要亲切。

对他人态度的敏感是任何人都与生俱来的，儿童更为敏感。而儿童对外界的感知更多地来源于人的语言、动作、面部表情。六岁的孩子，从身心发展的历程来说还仅仅属于幼儿期，顶多刚刚步入儿童期。面对刚离开以游戏、活动为主要学习方式的幼儿园、刚刚离开爸爸妈妈的六岁学生，教师要微笑相对，教态亲切；语言要儿童化，亲近、亲切；要有适当的肢体语言，表达爱意，如帮学生整理衣服、系系鞋带、摆摆文具等等。

教师具有亲和力的前提是教师要热爱学生，只有热爱学生，我们才会从内心流露出对学生的浓浓爱意，也才会有亲和力。当然，还要求教师提高自己的情绪调控能力和与学生沟通的能力。

第二，教学方法要有趣

新课标在第一学段中要求：学会汉语拼音。能读准声母、韵母、声调和整体认读音节。能准确地拼读音节，正确书写声母、韵母和音节。认识大写字母，熟记《汉语拼音字母表》。

要引导六岁的学生达到这些目标，就必须注意根据其特点，采用其喜闻乐见的学习方法进行教学。

（一）故事激趣法

拼音字母不像汉字，汉字每个字本身都具有一定的意义，而字母却比较枯燥。为使学生对字母产生兴趣，我们可以将字母寓于学生的生活之中，将字母编成故事，激发学生的学习兴趣。

如，一位老师教第一课“a o e”。教后，老师说：“小朋友们，我们现在来听故事猜字母。”学生瞪大了眼睛看着老师。老师说：“有一天早晨，幼儿园阿姨领着小朋友到河边玩儿，他们看到了坡上的公鸡正在喔喔喔地叫着，好像在欢迎小朋友。他们又看到了河里的大白鹅，大白鹅扭动着身子仿佛在跳舞，真漂亮。河里的小金鱼自由自在地游着，多美啊。小朋友们，这个故事里有哪些字母？把它说给同桌听。”学生听得仔细，猜得认真，说得积极。

（二）儿歌记忆法

即根据拼音字母音或形的特点，编儿歌记忆。如“张大嘴巴aaa，嘴巴圆圆ooo，嘴巴扁扁eee，铅笔戴帽iii，嘴巴向上uuu，小鱼接球üüü”“b像六，反六d，q像九，反九p，两个小门mmm，一个门洞nnn”等等。

又如“e”不容易写好，老师指导书写时，边说顺口溜边让学生看：“一横写中间，连笔不断线，留个小口，尾巴翘一边。”

（三）游戏巩固法

游戏是一年级学生喜闻乐见的教学方式。老师可以采用游戏的方法巩固汉语拼音。

如“开火车”，出示字母让学生一个接一个读；“猜谜”，一个学生小声对另一个学生说个字母，其他学生猜他说的是哪个字母，猜正确，全班学生掌声鼓励；“找朋友”，学生分别拿着声母和韵母，一个学生说音节，其他学生从自己手中找出该音节的声母和韵母；“争夺小红花”，进行认字母和读拼音比赛，比赛前定规则，读对30个得小红花，读对60个得大红花，读得越多，得的红花就越多。这种游戏没有失败者，每个人都可以朝着自己的目标努力。在游戏中，每个学生都能获得成功的体验。

再如读“文章”比赛。即引导学生读汉语拼音读物。学过拼音后，甚至学习拼音时，就可以引导学生读汉语拼音读物，在读中巩固字母，巩固拼法，提高直呼音节的能力和速度，在读中激发学生学习汉语拼音的积极性。同时，在学习汉语拼音阶段，就让学生提前阅读，提前学习书面语言。开始读时，老师可以领着学生读，一段时间后，就可以师生共读，或让“拼音感”强的学生先读，其他学生跟着读。读的形式可以多种多样。学生每读完一篇，老师都要予以奖励，或口头表扬，或发小红花，或给家长写喜报等等。

第三，学习中要多鼓励

六岁的孩子虽然已是小学生了，但是他们刚刚离开以游戏为主要学习方式的幼儿园，刚刚来到一个比较陌生的环境，刚刚要以一个小学生的角色开始自己的学习生活，他们会有很多不适应。在这种背景下又要学习比较枯燥的汉语拼音。所以，老师对他们要以鼓励为主，在鼓励中让学生喜欢学校，在鼓励中让学生喜欢老师，在鼓励中让学生比较轻松地学会汉语拼音。

拼音也需要有“语感”

在语文教学中，我们强调要培养学生的语感。

何谓语感？语感即人对语言文字或语文现象的敏锐感知和领悟能力。是否有语感、语感的强弱直接影响学生阅读的效果。语感强的学生能很好地理解和把握语言文字，能把抽象的文字变成生动的画面，尔后读得声情并茂，更能体会文章的情感。

那么，学生学习拼音也需要有“语感”。我们权且称它为“拼音感”。

有一个案例：一位学生拼读b–a，发出的音是“pa”；还有一位学生拼读zh–a，发出的音是“cha”。类似这种现象还有很多。怎么办？不用着急。这是刚入学的学生学习拼音时常有的现象。仔细分析，我们就会发现这些学生的“拼音感”稍微欠缺，他们会读声母、韵母，也会拼音方法，但是拼不出正确的音节。面对这种情况，老师和家长要共同配合，尽快培养学生的“拼音感”。

培养学生的“拼音感”和培养学生的语感方法相同，除用心揣摩、多听多“读”外别无他法。

一、多听

（一）多听同学读。课堂上，老师要多关注这些学生，不要急于让这些学生拼读给同学听，而是让这些学生多听其他同学读，然后再自己读。

（二）多听老师读。让学生练读拼音时，老师可以对这些学生重点辅导，范读给学生听，然后再让其读。或让学生练读，读对了及时鼓励，读错了及时纠正。

二、多“读”

给“读”加上引号，是因为这里的“读”既指看着字母进行拼读，也指背读。看着字母进行拼读是让“拼音感”欠缺的学生看着字母及音节直接读，如b–a–ba、m–a–ma、q–i–a–qia、k–u–a–kua等等。所谓的背读指的是不出示拼音，完全让学生自己用学过的声母和韵母练拼读。如学过sh后，就自己练sh–e–she、sh–a–sha；学过r后，就自己练r–e–re、r–u–ru等。在这种训练中培养“拼音感”。

三、同伴互助

学生们虽然刚入学，但是他们的发展参差不齐，老师可以开展争当“小老师”活动，让“拼音感”好的学生带其他学生，让他们在活动中互帮互助，增强“拼音感”。

四、家校联合

小学生的家长对孩子在学校的表现格外重视。老师可以联系家长，共同辅导学生。接送途中，家长可以拼读给孩子听，也可以让孩子拼读给自己听；生活中，可以联系具体事物让孩子练拼读。如，洗碗时拼读x–i–xi、w–an–wan，看电视时拼读k–an–kan、d–i–an–dian，睡觉时让孩子拼读sh–ui–shui、j–i–ao–jiao，上学时拼读sh–ang–shang、x–ue–xue，读书时拼读d–u–du、sh–u–shu……这样练拼读的资源多之又多，生活有多宽广，学习的资源就有多丰富。

教师要相信，只要注意引导学生多听多练，“拼音感”欠缺的问题就会很快解决。

生字教学，要分析音、形、义各自的难点

生字教学是语文教学的重要内容之一，常有教师抱怨学生学了就忘，总是记不住。仔细分析发现，教师在进行生字教学时对每个生字平均使用力量，这是识字教学费时多效果差的一个原因。再者，教师片面理解“尊重学生学习中的主体地位”，教学时，放手让学生自学，学生学到哪里算哪里，想怎么学就怎么学，缺乏对自学的有效点拨和引导。结果用时不少，效果不好。因此：

一、备课时，教师要对生字进行分析，对学生的认知基础进行分析，心中对生字音、形、义的难点一清二楚。然后在教学时对难易程度不同的生字使用不同的力量，引导学生采用有效方法突破难点，检测生字时突出难点。

如一位一年级老师对一年级350个生字进行分析，分析出如下重点难点字：

字音：左正巴升足走手水卜巾尺长山出目入春声认扫真早秀连定总赶专才闭量最往原再做竹从吹淡常选南就跳桃坐座在

字形：年瓜衣雨里果两片皮口西足走少出见目子七说春高绿爷节处真家放收气唱亮语秀连远定更意净网童黄得哪跟谁量最脸象像那都照海桥竹

面忘想念短热情给练常伙汽孩选南雪帮就球跳各坐座带急桃晚新在变条

字义：齐节秀更闭井冷淡热情坐座

通过这样的分析，老师教学时就能做到重难点明确，有的放矢，获得良好的教学效果。当然，这只是一般规律，学生不同实际情况还会有区别。

再如人教版三年级下册《西门豹》一课有14个生字，一位老师是这样处理其中几个生字的。

老师让学生初读课文，把生字读准、句子读通后，检查生字学习情况。

（出示生字“淹”。）

老师：读什么？

学生：淹（yān）。

老师：读书上有这个词的句子。

学生：要不给他送去，漳河就要发大水，把田地全淹了。

老师：非常好。“淹”是什么意思？我们怎样记住它呢？

学生：“淹”的意思是田地全泡在水里了。这个字和大水有关系，所以用的是三点水旁。把“掩护”的“掩”换成三点水旁就是“淹”。

（点评：这个字的音和义都是重点。老师采用将字带进语言环境中的方法，加深学生对字音的印象，联系句意理解了字义，在理解字义的基础上，帮助学生记住了字形。）

（出示生字词“官绅”。请学生读。）

老师：官绅是什么意思？（稍停片刻）理解这个词需要知道哪个字的意思？

学生：需要知道“绅”字的意思。

老师：请同学们快速查字典，看这个字的意思。

学生：这个字有两种解释，“官绅”应选第二种解释。

老师：对。官绅指过去地方上有权有势的人。

学生：过去有权势的人穿丝绸，所以这个字是绞丝旁。

老师：你怎么知道的？

学生：从电视剧里看到的。

老师：真会学习。说得有道理。

（点评：这个字意思是难点。学生看到“绅”，会联系学过的“申、神、伸”而掌握“绅”的读音，字义则不容易理解；老师引导学生先找词中的关键字理解词义，再查字典，学生很自然地知道了字义。）

（出示生字“姓”。）

老师：这个字在课文里组成什么词？

学生：老百姓。

老师：还可以组什么词？

学生：姓名。

老师：作业本上就有这两个字。我们都看它，在心里默写一遍，记住它。

（点评：老师利用学生生活中已有的、常见的资源学习新的知识，学生非常乐意且容易接受。）

（出示生字“睁”。）

老师：用这个字组词。

学生：睁眼、眼睁睁。

老师：怎样记住这个字？

学生：目字旁表示与眼睛有关，右边是这个字的读音。

（点评：老师引导学生根据形声字的特点学习生字。）

（出示生字“旱”。）

老师：这个上下结构的字，分别由什么组成？

学生：这个字由日和干（gàn）组成。

老师：干（gàn）还读什么音？

学生：干（gān）。

老师：干（gān）的意思是？

学生：就是没水分了。和“湿”是反义词。

老师：这个同学非常会学习，用反义词理解词义。

老师：根据这两个字的意思，你能分析出“旱”的意思吗？

学生：（学生思考后兴奋地）就是太阳晒得没水了，晒干了，就是旱。

老师表扬了学生，出示了课件，使学生进一步直观地看到了干旱的土地的样子，理解了“旱”的意思。

（点评：老师根据字的特点，引导学生自己分析了字义，在学生理解基础上，出示课件，让学生进一步加深对字义的理解。）

（出示生词“灌溉”。请一个学生读卡片——全班学生读卡片——随机指了五名学生读。）

老师：请同学们找到有这个词的句子读读。（学生练读后，老师指名学生读句子。）

学生：庄稼得到了灌溉，年年都得到了好收成。

老师：“灌溉”是什么意思？联系前面的句子想想？

学生：灌溉就是给庄稼浇水。

（点评：这个词学生平时接触不多，字音、字义、字形都是难点。老师让学生多读，强化字音，联系课文读句子巩固字音，理解词义。而字形则安排在下节课解决。）

再比如六年级《匆匆》一课。六年级也承担着识字写字的教学任务，我们也要认真对待。《匆匆》一课有两个生字“挪”和“蒸”。一位老师在教这两个生字时，让学生通过分析“挪”字的构成，记住这个字。学生思考后，豁然开朗：“用手把物品从这个地方移到那个地方就是‘挪’”。学生非常自然地记住了这个字。在学“蒸”字时，老师请同学们用数笔画的方法记住这个字。

从以上例子可以看出，这个老师对不同的生字采用不同的方法，学生学习轻松，学习主动，就可以比较顺利地达到预期的教学效果。

二、引导每个学生在学习时分析出自己的识字难点。

目前的学生多是独生子女，家长普遍重视孩子的学习。许多孩子或是在幼儿园、或是通过电视等媒体、或是通过家长的教育，或多或少认识了一些字。但他们的思维和认识水平不同，学时条件各异，对生字的难易认识也就会各不相同。因此，要引导学生在学习生字时，掌握学习生字的方法，分析出自己的难认、易认的生字，然后由易到难各个攻破。对难字及时复习，“一回生两回熟”，见面多了，也就认识了。

三、布置作业时要区别对待。

“现在（课后）写生字，每个生字写五遍，再组三个词。”这种布置作业的方式屡见不鲜。

对这种方式我们可以做进一步研究。量的问题，即写生字的遍数问题。写五遍，量还可以。说还可以，第一，是因为有的教师常常会布置成“每个生字写一行”，累得学生或叫爸爸妈妈替写，或是用透蓝纸书写，还有的是先把某个偏旁统一写完，再统一补写别的偏旁。试想，这样的作业效果在哪里？第二，说还可以，是因为还能再改进一下。如果是刚学完的生字，第一次写，可以每个字写三遍，再组两个词。第二次写，就可以改为“容易记的字写一遍，不容易记的字写三遍”。这样区分对待，既减轻学生作业负担，又引导学生审视学习内容，突出了重点和难点。

四、复习时要有重点、难点。教学中经常有复习生字的环节。教师要经常让生字中的重点字、难点字和学生见面。复习生字绝不应像有的老师那样简单处理——“这节课复习生字，每个生字抄写××遍”，如此既浪费学生的时间，又容易使学生疲劳和厌倦，适得其反。复习生字时也要根据生字本身音、形、义的重点、难点和学生个人的重点、难点区分对待，这样才能达到复习的效果。

运用字理教学，提高识字教学效果

你知道汉字的字理吗？运用汉字的字理进行教学，可以有效提高识字教学效果。

所谓字理，就是指汉字的构字依据和组成规律。每个汉字都有关于构成的说法、道理。字理识字是依据汉字的构字规律，通过对象形、指事、会意、形声、转注、假借等造字法的分析，运用直观、联想等手段识字，让学生见形知义，牢记于心，从而减轻识字负担，提高识字效率，达到识字目的。在这一过程中，进而激发学生识字兴趣，培养学生热爱祖国语言文字的情感，并使其升华为对祖国文化的热爱，对祖国的热爱。

案例一：

一位老师领着学生学习“疆”字。“疆”字特别难写难记，老师先让学生分析字形，“左部是‘弓’字，左下是‘土’，右边是三横加两个‘田’”，接着数笔画“1、2……19”。最后，让学生在本子上写五遍。

案例二：

一位老师领着学生学习“疆”字。老师首先引导学生猜猜：右边的“畺”由哪些部件组成，可能会有什么意思？有学生看完了说："两块田被三条线隔开了。"教师顺势引导："疆"字右部两个"田"字上下有三条横线，表示田界之意。在农村这是十分常见的现象。而左部有个"弓"字，是因为旧时丈量土地田亩的工具，形状像弓。其下有个"土"字，表示田地与"土"有关。这样合起来就可以说用弓丈量田地，画出界线，就是"疆"字，它的意思是边界。学生没想到，这么难学的字里竟有这样的意思，汉字太有趣了。试想，在这样的教学氛围中，在这种字理教学的启发下，"疆"字还难学吗?估计想让学生忘记字的写法都难!

而第一个案例，老师和学生都费劲不小，但是，繁杂的分析和数笔画，都没有涉及这个汉字的构字方法和字里的"内容"，看起来它的部件毫无关联、笔画繁多，学习效果可想而知。

再看下例。

大家会发现，学生写"疲劳"的"疲"和"作废"的"废"时，常写错，或把"废"字的广字头写成了病字头，或是相反。

一位老师让学生对这两个字进行了比较。

师：稿纸作废是不是生病的原因?

生：不是。

师：那么为什么要写病字头呢?

（学生笑了）

师："疲劳"的"疲"为什么是病字头呢?

生：疲劳了容易生病。

生：生病了会感到不舒服。

生：……

经过这样的讨论，这样的错别字还会再出现吗?

识字是低年级教学的重点，是学生阅读写作的基础，更是学生学习中华文化的起点。我们应该了解字理，学习字理，运用字理进行识字教学。

一般来说，汉字的造字方法有象形、指事、会意和形声，有的老师会说还有转注和假借，实际上，严格说来转注和假借应属于用字的方法。

象形，即根据物体的外形特征，用线条将其具体地勾画出来，如“山、水、日、月、马、鱼”等。

指事，即用象征性的符号表示意义的造字法，如“上、下、刃”等。

会意，就是把两个或两个以上的字，按意义合起来表示一个新的意义的造字法。如“从、休、比、尘、孬、尖、甭、林、森、众”等。

形声，即由形旁和声旁拼合成字的造字法。一般来讲，声旁表音，形旁表意。现在汉字中80%以上都是形声字，如“姆、愉、愈、瑜、渝、喻、渔、沐、刚、钢、岗、故、固、估、姑、咕、架”等。

当然，形声字声旁表音并不等同于它的读音与声旁完全相同，如“崇”字，它就不能读“zōng”。这就需要我们了解每个字的字理和变化，灵活运用和掌握。

如果我们了解字理，能够有意识地运用字理进行识字教学，就能及时把学生的无理分析和“奇思妙想”引导到汉字应有的内容上来；学生在学习汉字的同时，就会感受到祖国语言文字的精妙、神奇和魅力。

学习资料链接

推荐学习书目：

一、《字源谈趣》（陈政）

此书详说了800个常用汉字之由来。

与以往深奥枯涩的字源方面的书籍不一样，作者在每讲一个字之前皆以一段轻松有趣的故事引出，再娓娓道来。作为一本普及字源知识的大众读物，通俗性、趣味性、知识性、可读性并存是本书最大的特点。该书被海内外文字学界认为是“开文字学通俗化先河的奠基之作”。

二、《说文解字》（东汉许慎）

许慎是东汉时期的经学家、文字学家，他编撰的《说文解字》是中国第一部以六书理论系统分析字形、解释字义的字典，保存了大部分先秦字体以及汉代和以前的不少文字训诂，反映了上古汉语词汇的面貌，比较系统地提出分析文字的理论，是中国文字学史上第一部分析字形、解说字义、辨识声读的字典，是研究古文学和古汉语必不可少的材料。

三、《基础汉字形义释源（修订本）——〈说文〉部首今读本义》（邹晓丽著）

这是一本运用古文字材料来探求《说文解字》部首本义并注明其今读的专著。书中以《说文》部首为纲，将汉字基础理论融会在扎实的字形、字音、字义的深入考证与浅近的阐释之中。本书语言通俗简练，说解深入浅出，是一本极具文献价值、学术价值的工具书，也是一本雅俗共赏的古文字学读本。

关注生字出现的频率

频率本是物理学和数学中的概念。引入识字教学，可解释为生字复现的密度。

如人教版一年级下册第三课《邓小平爷爷植树》，这一课要求会写的字有六个："爷、节、岁、亲、的、行"。

仔细分析这六个字，教学时字音、字形和字义都不是难点。但是，随着时间的推移，随着一篇一篇课文的再学习，学生就会出现不一样的记忆效果。

生字"爷、节、岁、的"容易化为学生的永久记忆，原因是它们在学生生活中和课文中出现的频率高。

"爷爷"这个字，一是存在于学生的生活中，学生写句子、写话都会经常用到；二是第五课《看电视》中有生字"爸"，学习"爸"字时，必然要复习到"爷"字。紧接着第六课《胖乎乎的小手》两次出现了"爸爸"这个词语。接着在《学习园地二》的"读读想想"中出现"张爷爷"三个字，在"读读背背"中出现"爷爷奶奶回家，也把鞋脱下"，第十二课《失物招领》中又一次出现了"张爷爷"。在这么短的时间内，这个字一次又一次地和学生见面。出现的频率这么高，极好地帮助学生掌握这个字。

再看"节"字，学完这课后，接着就是"三·八"妇女节、“五·一”国际劳动节、“六·一”国际儿童节。这些节日依次到来，学生会在写话中频繁使用，从而很快掌握这个字。

“岁、的”两个字的记忆也是这个道理。

而“亲”和“行”则有可能再次成为“生字”，因为这两个字在学生生活和课文中出现的频率较低。

“亲”字，在《邓小平爷爷植树》这课学完后，在《识字2》后的“我会读”中出现了一个词“父亲”；在第二十五课《快乐的节日》中出现“亲爱的祖国”“亲爱的伙伴”。“行”字学完后，一直到第十五课《夏夜多美》才再次出现：“睡莲问：‘天这么黑，你能行吗？’”。

由此可以看出，生字的出现频率高低不同，而这直接影响着学生对生字的掌握和巩固效果。

我们在教学中应关注生字的出现频率，对出现频率低的生字应采用多种方法，人为地增加其出现频率，做到让生字和学生多见面，多接触，多交“朋友”，就会有效地帮助学生提高学习生字的效果。

识字教学还应关注“熟生字词”

识字教学中，我们除了要重视生字词教学外，还要关注“熟生字词”的教学。

一、何谓“熟生字词”

所谓“熟生字词”，包括两个层面。第一是学过的字，学生出现了回生现象，虽然学了，但是因种种原因忘了，没记住，又成了不认识的字。第二个层面是学这个生字时，这个生字当时组的是一个词。但是，随着学生年级的升高，随着识字量的增多，这个字又组成了一个新词。那么，这个新词对学生来讲就是“熟生字词”。如一年级下册第一课《识字1》中学的“齐”字，组的词是“百花齐放”。此时，学生受认知基础所限，组的词十分有限。那么，学生再学“整齐”一词时，就需要把“整”字学好外，再把“齐”字也复习一遍。另一种情况是，学“齐”字时学的词是“百花齐放”，学“整”字时学的词是“工整”，那么，“整”和“齐”组在一起成了新词，这个新词对学生来讲，就是“熟生字词”。如果遇到这种情况我们置之不理，那么，学生写“整齐”一词时就容易想当然地写成别字。因此，我们在教学中既要加强生字词的教学，同时也要注意“熟生字词”的教学和复习。

二、“熟生字词”的教学方法

有许多老师在这一方面非常有经验，效果非常好。他们的方法有：

（一）学习生字词，尽量多组词。只有放在具体的语言环境中，汉字才能体现其意义。“字不离词，词不离句”是多少年来我国老一辈语文教学专家创造出的识字教学方法，在今天仍然是有效的、惯用的识字方法。在识字教学中，可以在学生认知基础上、最近发展区内让学生尽量多组词。对学生组得正确的词老师可以板书在黑板上，也可以让学生板书到黑板上；对学生组错的词师生可以给予纠正。甚至，有一位有经验的老师为了防止学生组错词太多给其他学生一种误导（因为一个学生组错词，会给其他学生一种错误的、先入为主的效果），学完生字时，老师是“给”学生词。即老师提供这个生字组的词，让学生读，这样就让正确的词“先入为主”。当然，给的方式多种多样，可以老师直接给，也可以先让学生组词，在此基础上老师给容易组错的词。还有的是出示词语让学生读，或是直接出示句子，把生字放在具体的语言环境中让学生读，等等。这些方法一般多用于低年级。

（二）引导学生有意识地认识“熟生字词”。学生是学习的主人，其学习主动性的发挥需要教师适时点拨，学习“熟生字词”也是如此。一位教师在教学中，每课伊始都让学生读通课文。第一遍的要求是借助拼音读准字音；第二遍的要求是用笔画出你学到的新词，然后多读几遍，并想想它在文中的意思。认真分析，老师第二遍的要求很巧妙，妙在让学生联系上下文理解新词的意思，既学习了新词，又帮助理解了课文内容。还妙在既发挥了学生学习的主动性，引导学生有意识地发现新词，提高认识新词的效率，还体现了学生学习的个性。学生认知基础不同，他们所发现的新生字词也就不尽相同，让学生自己画出新词，那么，这些新词自然就是他们需要掌握的生字词了。这样，在有限时间内比较好地解决了“熟生字词”的问题。

（三）“好记性不如赖笔头”，引导学生常写“熟生字词”。新课程标准倡导学生积累语言，学习语言说到底是语言的积累和语言悟性的提高。在教学中，我们可以在学完每课后，让学生除了写生字词外，再写一写“熟生字词”。每课都这样，长期下去，学生会逐步扩大词汇量，提高书写字词的正确率，同时，学生还会培养一种意识——遇到“熟生字词”时会不自觉地多读几遍、默认几遍、在心里写一写或用手写一写。

总之，我们的识字教学面对的是小学生，我们要从小学生的角度出发，从教学细节出发，关注各个教学环节中的有效性，为学生发展考虑，切实通过我们的教学，为学生一生的健康成长扫清道路，为学生一生的发展奠定坚实的基础。

该拎出来的字要拎出来

案例一：

一位老师教人教版三年级下册《和时间赛跑》一课，复习过生字词后，老师让学生读带有“忧伤”“草坪”两个词语的句子。一位学生读到“我无法排除自己的忧伤，每天在学校的操（chāo）场上一圈一圈地跑着，跑得累倒在地上，扑在草（chǎo）坪上痛哭。”

老师及时点评并提醒：“读得很流利，就是要注意把平翘舌音读准。”

“谁再来读读这一句？”

一位学生站起来又读到：“我无法排除自己的忧伤，每天在学校的操（chāo）场上一圈一圈地跑着，跑得累倒在地上，扑在草（chǎo）坪上痛哭。”

老师有些无奈地笑着说：“读得也不错，就是平翘舌音也没读准。”

之后，开始了后面的教学。

案例二：

一位老师教人教版二年级下册《三个儿子》一课，学生在读生字词“既、嗓、拎、桶、晃、甸”。

“拎（līn）”字，不少学生读成了līng，老师予以纠正。

学生读正确了。

“怎么记住这些字的字形？”

在老师的启发下，学生思维非常活跃。

有的说，用“减一减”的方法，把“大概”的“概”去掉木字旁就是“既”。

有的说，“金嗓子喉宝”广告里就有“嗓”字。

有的说，“嗓”是形声字。

这时有学生说到，用换偏旁方法记住“拎”字，她妈妈叫志玲，把“玲”字的王字旁换成提手旁就是“拎（误读作līng）”。

接着另一个学生说到，红领巾的“领”换成提手旁，也是这个“拎（误读作līng）”。

老师微笑地看着学生。学生一边说，老师一边把“玲、领”板书到了“拎”字的下面。等学生说完后，老师说：“同学们，你们非常动脑筋，用找形近字的方法就记住了这个字的字形，使这个生字变得非常容易写。但是，在这些字的比较中，你们看出他们有哪些不同了吗？”

老师一点拨，学生立刻比较出了不同——韵母不同，声调也不同。

老师接着启发学生思考怎么记住“拎”的读音。

之后，老师让学生用“拎”字组词，用动作表示“拎”的意思，又出示了课文里有“拎”的句子让学生读。经过这一系列的强化练习，学生掌握了“拎”字的读音。

课后，老师和我们交流，他说，他已预设这个字的字音是难点，学生会提到“玲、领”字，甚至还会说到“冷”字。所以学生说时，老师不慌不忙地把学生说的字拎到了黑板上，进行深入的比较，通过比较，引导学生认真、仔细地辨别这些字读音的不同，巩固熟字、掌握生字。

课后的检测证明，让学生再读这几个字的读音，98%的学生读得正确。

分析：

从上面案例一可以看到，需要解决的问题是引导学生把平翘舌音读准，这是教学要达到的目标。这位老师的做法显然有些欠缺，这个时候该拎出来的字就要拎出来。应该把“操场”和“草坪”板书到黑板上。两个学生都读错了，说明这两个看似是常用、学生容易掌握或早该掌握的字词，现在却成为这个班一部分学生的“问题”。着眼于学生实际，此时就要把这两个字词拎出来，不仅让读错这两个词的学生练，而且要让所有的学生再练练，力争掌握。

而案例二，由于老师的教学活动关注学生的学习实际，能根据学生的反馈调整自己的教学，对不同的状况采用了有针对性的方法，所以，课堂教学达到了预期的效果。

因此，我们说，为使学生在小学阶段奠定坚实的基础，课堂上，该拎出来的字就要拎出来，从而避免出现平日老师们“这都学过了怎么还不会”的无奈感慨。

课堂教学的实效性就是要表现在学生的学习收获上，而且是在原有基础上进一步的收获，这样才可以说学生通过课堂的学习得到了发展。

系统了解新课标对写字教学的要求

新课标在总目标和学段目标中对写字教学提出了明确、具体的要求，系统了解这些要求，有助于帮助我们指导学生写好字，体现出写字指导的层次性，并在指导中引导学生感受汉字的美，激发学生对祖国语言文字的热爱。

总目标第6条：“能正确工整地书写汉字，并有一定的速度。”

各学段目标：

第一学段（1至2年级）：“掌握汉字的基本笔画和常用的偏旁部首，能按笔顺规则用硬笔写字，注意间架结构。初步感受汉字的形体美。”“养成正确的写字姿势和良好的写字习惯，书写规范、端正、整洁。”

第二学段（3至4年级）：“能使用硬笔熟练地书写正楷字，做到规范、端正、整洁。用毛笔临摹正楷字帖。”

第三学段（4至6年级）：“硬笔书写楷书，行款整齐，有一定的速度。”“能用毛笔书写楷书，在书写中体会汉字的优美。”

第四学段（7至9年级）：“在使用硬笔熟练地书写正楷字的基础上，学写规范、通行的行楷字，提高书写的速度。”“临摹名家书法，体会书法的审美价值。”

指导一年级学生写好铅笔字从握笔方法和写字姿势开始

一年级是学生开始系统接受学校写字指导的阶段。写好汉字对学生一生的发展都起着极其重要的作用，同时在对学生进行爱国主义教育、审美教育中的重要作用也毋庸置疑。因此，在这一阶段对学生进行写字指导就显得尤为重要。

但是在教学中，我们发现一年级学生写字存在的主要问题是握笔方法和写字姿势不正确，这一问题直接影响写字教学的效果，并影响学生的身体健康。

一、对问题的分析

教学中我们发现，很多学生的握笔方法不正确。如图：

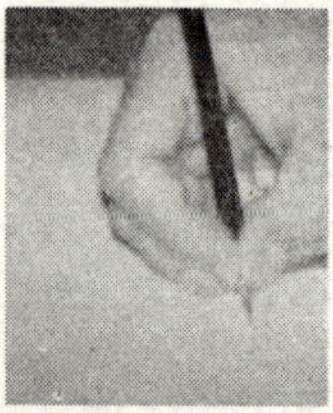

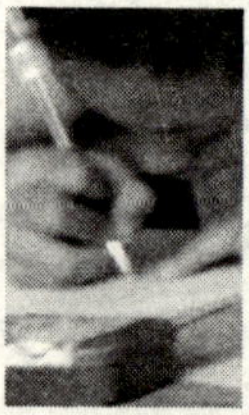

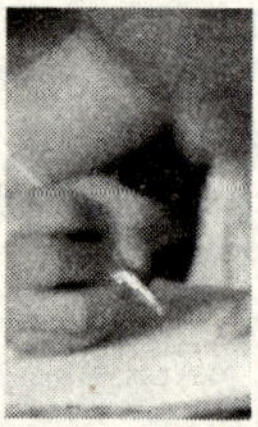

（握笔位置太低）　（拇指包手指）（食指朝里弯且头太低）

类似以上的问题还有很多很多。我们对学生进行综合素质抽测时，曾对学生的执笔方法做调查，统计如下：

年级	调查人数	握笔方法				写字姿势			
		正确人数	正确率	不正确人数	不正确率	正确人数	正确率	不正确人数	不正确率
一	132	67	50. 8%	65	49. 2%	61	46. 2%	71	53. 8%
四	157	81	51. 6%	76	48. 4%	78	49. 7%	79	50. 3%

握笔方法和写字姿势不正确，对学生百害而无一利。其一，影响学生写字水平。汉字美就美在它有结构、有笔画，需运笔，笔画间有呼应。握笔方法和写字姿势不正确，影响学生写字时用笔的灵活度，影响对汉字结构的布置，更不用说影响笔画间的呼应了。其二，影响学生身体健康。握笔方法和写字姿势不正确不仅写字时手容易疲劳，还会因握笔太低挡住视线，导致学生扭身歪头，眼与作业本距离过近，影响视力，影响脊椎发育。

因此，指导一年级学生写好铅笔字，我们首先要从握笔方法和写字姿势开始，通过这一环节，提高学生写铅笔字的效果。

二、解决问题的策略

第一，指导学生掌握正确的握笔方法。

一年级学生在学龄前，或在幼儿园，或在家长辅导下，写过字，画过画儿。这些经历促使学生形成了各种各样的握笔方法和写字姿势。指导他们写字时，我们首先要关注他们的握笔方法，指导其掌握正确的握笔方法。

正确的握笔方法是：笔杆放在拇指、食指和中指的三个指梢之间，食指在前，拇指在左后，中指在右下，食指应较拇指低些，手指尖应距笔尖约3厘米。笔杆与作业本保持六十度的倾斜，掌心虚圆，指关节略弯曲。

第二，指导学生掌握正确的写字姿势。

正确的写字姿势是：身体坐正，两腿自然平放，头和上身稍向前倾，胸部离桌子一拳，两臂平放在桌面。右手执笔写字，左手按纸，纸要放正，笔杆与作业本保持50-60度的倾斜。

平常，很多老师用“胸离桌子一拳，眼离作业一尺，手离笔尖一寸”的“三个一”口诀指导学生，也可以。

第三，在学生初入学时，教学中我们可以让学生多读多认而少写。少写，即每次写拼音字母或写字时，以写三遍为宜。这样能够减轻学生的疲劳，便于学生养成正确的写字姿势、习惯。

第四，为指导学生掌握正确的握笔方法和写字姿势，每次学生写字时，我们都要首先提醒他们注意姿势，帮助他们纠正错误姿势，然后再开始写字。

相信，只要持之以恒，学生就一定能掌握正确的执笔方法和写字姿势，为写好汉字奠定坚实的基础。

三年级学生面临写字新起点

三年级的学生开始用钢笔写字，这是学生进入中段学习乃至后续学习的需要，是学生提高汉字书写水平的需要，是学生体会、表现、传承中华汉字文化魅力的需要。

进入三年级，老师发现学生写的字没有一二年级工整了。

这是怎么回事呢？原因很简单。

一是学生在一二年级一般是用铅笔写字，进入三年级后，学生开始用钢笔写字。铅笔写字写错后想擦就擦，本子上很干净，不会出现不整洁现象；而用钢笔写错了不能随意擦，改错需要有一定的方法。

二是学生在一年级一般使用的是田字格本，老师从一开始就指导学生在田字格里写字，学生在田字格里写字有依托。进入三年级后，学生多是在方格本里或横格本子上写字。脱离了田字格，写的字就没有一二年级工整了。

这意味着三年级学生面临写字的新起点。

此时，需要老师重新耐心地给予辅导。辅导可以从三方面做起。

第一，“认识”钢笔

所谓认识钢笔，就是要了解钢笔的特点，了解钢笔对写好汉字的重要作用。钢笔和铅笔的最大不同是：铅笔写错了可以随即擦去重写，而钢笔则不能随意擦。但是，钢笔可以写出汉字的笔画美。

第二、指导写好钢笔字

1. 选好钢笔。笔尖过粗、过细，秃头、漏水的笔不能用，既影响书写又影响美观。

2. 继续指导学生掌握正确的姿势。写铅笔字需要用正确的姿势，写钢笔字同样要有正确的姿势。姿势不对，就写不出工整、美观的钢笔字。时间长了，不仅字写不好，还会影响身体的健康发育。

正确的姿势如下：

手：大拇指与食指的指头在上面捏住笔杆，笔杆上部自然斜倚在手掌的虎口出处。无名指和小指弯曲成行贴在纸面上，保证执笔运行的平稳。钢笔执笔讲究“指实掌虚”。所谓“实”，是执笔的手指一定要在指端用力，尤其是中指指甲上端左侧最为吃力，写字多时这里会压出一个小坑，甚至磨出茧来。这儿不用力，笔就抓不牢，运笔也就不得劲。所谓“虚”，是手掌中心要自然空虚，同时也指作为依托的无名指和小指不要死压在桌子上，要“虚”提一些，才能使运笔灵活。

头：写钢笔字，头可以略向左倾，便于看到笔尖的运行，处理字体的结构。一般写字，眼睛离笔尖约一尺左右，以便观察和调整字与上下左右字的关系。

身：臀部一般平坐在椅面略靠桌子的一边，脊背挺直，略向前倾。

胸：胸部要舒张，保持呼吸自如，与桌沿有一拳的距离。

臂：两肩应放松，上臂自然支在桌面上，小臂平放，双手配合，左手按纸，右手执笔。

3. 注意钢笔字的笔法。钢笔字有沉稳与飞动、粗壮与精细、阳刚与阴柔的对比；点划之间，不是平横直竖的组合，而是有节奏、有韵味、有动感。这样才能在适当的间架结构中显出美感。指导学生写字时，可以单练笔画，也可结合生字的书写指导练笔画。在练笔画的过程中引导学生领会钢笔书写时的轻重、快慢和刚柔的变化。

4. 写好字的间架结构。一个字是否好看，除了笔法，还要讲间架结构。间架结构好似人体，要匀称。结合学生写铅笔字的经验，指导学生写好各种结构的字。在写好字的间架结构的过程中，体会字的重心所在。

第三，指导学生在方格里写好字

学生的作文本就是方格的形式。在方格里写字，应指导学生：

1. 字要正。脱离了田字格的依托，写在方格里的字要端正，不能歪、不能斜。学生书写字体歪斜有几个原因，或是坐姿不正，或是本子不正，或是学生写字时竖画未写直。凡竖画歪斜，字就难以站稳。根据这些原因，我们可以有针对性地进行指导。

2. 字的大小要恰当、统一。恰当就是字的大小要合适，写

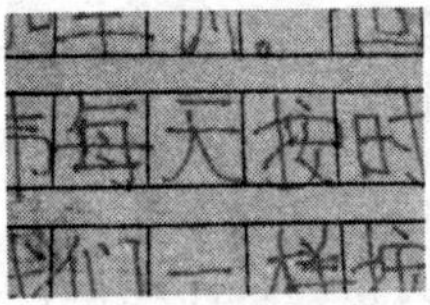

在方格里的字既不能太大，把格子撑得太满（如左图），也不能太小，显得方格“空”（如右图）。一句话，在方格里写字要“留天留地留两边”。统一就是字的大小基本一致，不能有大有小，这样书写出来的字整体上才美观。否则，就会显得很不整齐。

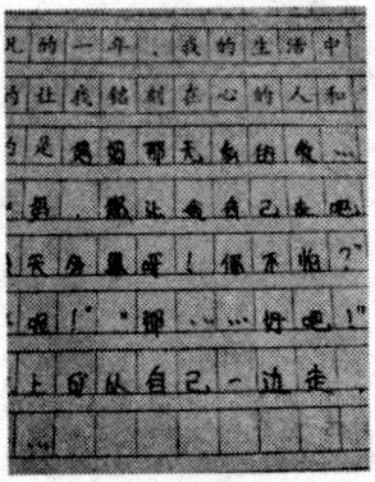

第四，指导学生在横格本里写好字

横格本是三年级以上学生经常要用的，在这种本子上写好字，应注意：

1. 字要正。在横格里写好字比在方格里写好字要困难，因

为横格一“横”到底，连方格的“格”的依托都没了。所以，更要强调字的端正。

2. 字的大小要恰当、统一。恰当就是字的大小要合适，写在横格里既不能太大，把格子撑得太满，也不能写得太小，显得格空。统一就是字不能有大有小，有胖有瘦。尤其是横格本没有了方格的约束，学生极容易把左右结构或左中右结构的字写宽。只有把字写得大小一致，才能做到行款整齐，整体上才美观。

3. 在横格本上书写，可以留天留地一字排开地写去，也可以留天不留地——字挨着横格的底线一字排开写去。无论哪种方法，都重在做到行款整齐。

4. 注意字和字之间的距离和谐美观。

5. 教给学生钢笔字改错的方法，以保证字面的整洁。

第五，引导学生养成良好的写字习惯

1. 随时提醒学生注意握笔姿势和写字姿势。

2. 让学生懂得每次写字即练字，提笔即练字，重视每次作业的书写。引导学生养成良好的写字习惯。

3. 引导学生经常自己和自己比。即写完一个字，或一段时间之后，看一看写字上有什么进步，或有哪些地方写得不够好，应该怎么改进。这样在对比中不断提高。

总之，三年级学生面临着写字的又一起点。教师应抓住这一转折点，给予正确、及时和有效的辅导，在辅导过程中激发学生写字的兴趣；教师的指导应以鼓励为主，以促成学生互帮为主，多搭平台让学生多交流，从而帮助学生顺利通过这一转折点。

开展写字比赛，激发学生写字兴趣

比赛是学生非常乐意参加的一项活动。我们可以利用写字比赛激发学生写字的兴趣，提高学生的写字水平。

一、比赛方式：采用试卷形式，统一写字内容，同一时间进行

试卷举例：

某市2009年小学生写字（钢笔）比赛试卷

要求：1. 时间：30分钟；2. 注意执笔方法和握笔姿势；

书写内容：

（一）将下面一段话抄写在方格内。

秋天的雨，有一盒五彩缤纷的颜料。你看，它把黄色给了银杏树，黄黄的叶子就像扇子，扇走了夏天的炎热。它把红色给了枫树，红红的枫叶好似邮票，邮来了秋天的凉爽。

（方格略）

（二）将下面一段话抄写在横线上。

我们登上了长城，凭高远眺。方圆几公里的范围内，聚集着一片茫茫的白云。

周围的群山时隐时现，远远望去，宛如一个个小岛出没在波涛滚滚的白浪之间。

（横线略）

二、说明

（一）书写内容可以是教材内容，也可以是课外读物内容；可以是名言警句，也可以是优美词句。书写内容，可以由老师选定，也可以由学生选定；可以提前告知，也可以随机指定；可以统一内容，也可以自选内容，还可以指定内容和自选内容结合。方式可以灵活多样，不拘一格。

（二）比赛可以是个人赛，也可以是团体赛。团体赛指小组或班级之间的比赛。右图即以班级为单位参赛的作品。

（三）评委可以是老师，可以是写字好的学生，也可以由老师、家长、学生代表共同组成。这样做，体现了评价的多元性。老师做评委，了解情况后可以更有针对性地指导学生书写；家长了解情况后，可以更好地辅导、督促自己的孩子写好字；学生做评委，既是对参加评字学生的鼓励，也是对其他学生的一种激发。

（四）比赛完后，可以展出优秀作品；可以开展写字比赛展示会，展示会上让获奖学生介绍自己的写字经验；可以让有进步的学生谈自己参加比赛的体会。同时允许学生参加第二轮比赛，直至自己满意为止。

（五）写字比赛可以和传统节日结合进行。如可以举行“六·一”节写字比赛，“十·一”爱祖国小学生写字比赛等等；可以和时事结合，如“迎奥运”写字赛，“游览世博会”写字赛等。

经常开展这样的写字比赛，有利于激发学生写字的兴趣，有利于提高学生写字的能力。

以课外“预习”作为课堂教学起点不可取

听课时，经常会看到这样的教学环节。

上课伊始，老师说：我来检查同学们的预习情况。或检查字词，或检查读课文。

然后，开始了教学。

对这种教学安排和教学流程进行分析，我们会发现它并不科学。

一、我们强调不留或少留家庭作业，家庭作业要体现多样性、创造性和自主性——不同的学生做不同的作业，而从老师检查的内容可以看出，老师布置的作业仍围绕着课本的学习。如果，这种预习的内容和检查预习的方法成为了老师教学和学生学习的常规模式，将不利于培养学生创造性、实践能力和探索精神。

二、控制学生家庭作业时间是教育部的规定，那么，预习也是学生在课前需要进行和完成的内容，这样做，实际是将课后作业前移，仍属于家庭作业的范畴，家庭学习负担并未减轻。

三、学生课外学习属于脱离了老师监管和引导的自主学习，学生每一个人都是一个生命的个体，都有自己独特的性格、习惯以及对学习的意识和觉悟，由此就必然导致学生预习效果不同。首先，他们对待学习的态度不同，也决定了学习的效果参差不齐。其次，学生的认知基础不同，学习的效果也会不同。再次，学生家庭环境的不同，对学生的影响和辅导也会不尽相同，学生学习的效果也会不同。既然如此，我们怎么能在课堂上以相同的预习效果作为前提开始教学呢。如果这样，很容易出现“困难生”。因此，以课外预习为基点开始教学不可取。

四、建议预习放在课堂上。我们的教学最终是要培养学生的学习能力。那么，预习是培养学生自学能力、促使学生养成主动学习的有效环节和过程，“预习”是学生们必须养成的习惯。在预习过程中，学生自己探索，自己动脑，自己理解，自学能力得以锻炼。所以，根据小学生年龄特征和学习基础，我们可以把预习放在课堂上，一方面学生能在老师的指导下“熟悉”预习的“路径”，逐步了解预习的方法，提高预习水平。同时，在学生预习过程中，老师可以及时了解学生的学习状态，对不同的学生给予不同的指导，并在教学过程中抓住重点、难点，有的放矢地进行教学，从而提高课堂教学效果，逐步培养学生的自学能力。

中低年级学生一读就懂的课文不要讲

案例：

有位年轻的教师要上公开课，找我备课。

她讲的是二年级下册《找春天》一课。

一见面，她就有些发愁，说："这篇课文不好讲。"

"怎么不好讲？你觉得难在哪里？"

"没什么可讲的，学生一看就懂。"

"没什么可讲的就不要讲。"

"不讲？那我课堂上讲什么？"

"没什么可讲的你讲什么？"

望着她迷惑的眼睛，我说："你为什么就一直想你要讲什么呢？难道学生一读就懂的课文，课堂上老师还一定要找出'讲点'讲吗？"

"那怎么办？"

"学生一读就懂的课文就不要讲了呗。"

她似乎明白了我的话。

经过对教材的分析和对学生认知基础的分析，最后，这位教师确定了这节课的教学步骤：教师配乐范读课文（这位教师朗读得非常好。范读的目的在于唤起学生对课文的喜爱，并把学生带入课文情境中）——学生读通课文（首先解决生字词问题）——欣赏“春天的美景”（即赏读课文）——背诵课文（在赏读基础上积累语言）——练笔写春天（运用、实践语言）。

思考：

一、通过共同研究，这位教师把上课的重点由原来的教师分析教材改变为：1. 学习生字词，读通课文。2. 让学生赏读课文，有感情地朗读课文。在这一学习过程中，教师的重点是指导学生读好课文中的各种句式。3. 背诵课文、积累语言。4. 小练笔——写春天，接着课文中的省略号想象，续说续写。可以看出，这样的教学设计，完全以学生认知基础为教学前提，以学生为学习的主体，学生的语言和思维在学习中得到发展。

二、教学应体现出课程标准提出的学段要求。上海大学文学院曹建召老师在《微观审视当前小学语文教学》一文中谈到“阅读教学”存在着“小学低段教学高段化，高段教学中学化”问题。“低段阅读教学相对于高段来说，文本偏短，内容偏浅，许多内容一读就懂，教学时好像没什么够分量的东西可以展示。于是课堂上教师使劲做‘加法’，品词、析句、拓展、仿写……能挂上钩的一样也少不了。殊不知，教师这样做却偏偏忽视了学段目标的坚持和落实。低段阅读教学的高段化倾向，是造成当前阅读教学课堂高耗时、低效率的主要原因，也是影响整个小学阶段语文教学质量的直接症结。”低段阅读教材相对于高段来说，文本偏短，内容偏浅，所以，学生一读就懂的课文教师就不要讲。

实际上，我们仔细研读教材就会发现，课文后的练习形式和要求都比较好地体现了学段的层次。如人教版二年级下册教材，32篇课文后面全部有读的要求，而且首先就是读的要求。其中25篇课文后面有朗读或分角色朗读要求，7篇课文后面有默读的要求。一年级上、下册和二年级上册课后的要求也是如此。

三、那么，课堂上不讲教师干什么呢？教师要围绕语文课程的“三维”目标，基于学生的认识水平，基于学生的最近发展区组织教学，采用多种形式让学生读、背、领悟、积累、运用，以读为主要的教学方式，以读为学生学习的主要方式，培养学生的读书能力。在朗读过程中，引导学生学习并巩固生字词，学习语言，积累语言，熏陶情感。这样，在教学生一读就懂的课文时，学生练的机会和时间不就更多了吗？这难道不是我们一直在追求的教学状态吗？

学生读课文调值要到位

听课中，我们经常发现学生朗读课文读出来的音很不协调，很不悦耳。深究其原因，才发现是学生读书时字音调值没读到位所引起。

一、学生发音存在的问题

举个例子说，如“它的颜色非常鲜艳”（选自人教版教材三年级下册《翠鸟》），这句话字音的调值是：它tā（55）的de（轻声）颜yán（35）色sè（51）非fēi（55）常cháng（35）鲜xiān（55）艳yàn（51）。而学生读的是：它（33）的de（轻声）颜（34）色（41）非（45）常（35）鲜（55）艳（51）。

再如“雪白的衣裳随风飘动”（选自人教版教材三年级下册《荷花》），这句话字音的调值是：雪xuě（214）白bái（35）的de（轻声）衣yī（55）裳shang（轻声）随suí（35）风fēng（55）飘piāo（55）动dòng（51）。学生读的是：雪xuě（213）白bái（34）的de（轻声）衣yī（45）裳shang（轻声）随suí（35）风fēng（55）飘piāo（55）动dòng（51）。

我们试照着学生的读法读一读，就会发现读音不悦耳的原因。

二、纠正的方法

（一）懂得汉字有调值

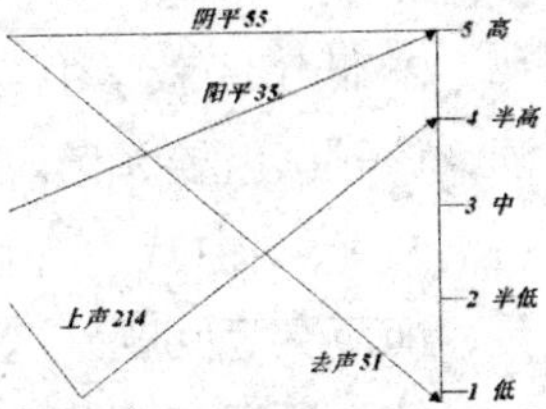

汉字的一大特点是有声调，而调值是声调的实际读法，也就是音节的高低、升降、曲直、长短的变化形式。描写声调的调值，通常用“五度标调法”：用一条竖线表示高低，根据这种标调法，普通话声调的四种调值可以用右图的线条表示出来。即：

调类	调号	例字	调型	调值	调值说明
1. 阴平	—	妈mā	高平	55	起音高高一路平
2. 阳平	／	麻má	中升	35	由中到高往上升
3. 上声	V	马mǎ	降升	214	先降然后再扬起
4. 去声	＼	骂mà	全降	51	从高降到最下层

普通话调值的发音要领是：

1. 高平调（55）：声音高而平，由5度到5度声带绷到最紧，没有明显的升降变化，保持高音。如“妈”。

2. 中升调（35）：声音由中音升到最高音，即由3度到5度。声带从微紧到最紧。如“人”。

3. 降升调（214）：声音从半低开始，降到最低点，接着升至半高音，即由2度降到1度再升到4度。声带从略微有些紧开始，立刻松弛下来，稍稍延长，然后迅速绷紧，但没有绷到最紧。降升调的音长在普通话4个声调中是最长的。如“理”。

4. 全降调（51）：声音从最高音降到最低音，由5度降到1度。声带从最紧开始，到完全松弛为止。全降调的音长在普通话4个声调中是最短的。如“上”。

（二）引导学生读书时把调值读到位

1. 教师在学生读书时要善于倾听，发现此类问题，及时给予纠正。

2. 低年级教学中要充分发挥教师的范读作用，该范读就范读，该领读就要领读。

3. 教学中减少齐读次数。齐读容易造成学生唱读、赶节奏、拖节奏等问题。这是造成学生读不到位的一个主要原因。

综上所述，老师在教学时要切实关注全体学生，在培养学生正确、流利、有感情地朗读课文上提高实效。

长课文也要读通

读通课文，即能正确、流利地读课文是衡量一节语文课是否达到教学目标的最基本的标准。

但是，六年级课文较长，如人教版六年级下册《桃花心木》一课读完约需要2分35秒，《凡卡》一课读完约需要4分40秒。课堂时间有限，如何能保证在有限的时间内让学生首先把课文读通呢?

一、引导学生养成认真读课文的习惯

读课文，应引导学生用心读。第一次读课文时，要一词一句地读。读到容易读的句子一读可以过，而读到比较拗口的词句时要多读几遍，直至读通。如《桃花心木》一课，这课的课题就需要多读几遍，因为学生平时接触的树名多是“桃树、柳树、银杏树”等两个字或是三个字的树名，四个字的树名并不多见。文中“所以当我看到桃花心木仅及膝盖的树苗，有点难以相信自己的眼睛”一句话，也是读通的难点。本来句中就有“桃花心木”，接着就是“膝盖”一词，“膝盖”学生容易读成“膝（qī）盖”，加之“仅及”两个字在这里做两个词讲，“及”在这里的解释为“到”，学生不经常见。因此，读这句话就需要非常用心地去读。这种方法学生一旦掌握，读一两遍就能把全文读通。

二、扫除预设难点，突破重点

老师在备课时，首先自己要通读课文，通读课文不止一遍、两遍……在这一过程中，分析哪些内容学生比较熟悉，哪些句子学生容易读通，而哪些内容学生会比较陌生，哪些句子学生不容易读通。学生可能感到陌生的内容和不容易读通的句子便是读通课文的难点。把这些内容和句子画出来，作为教学时的重点和难点，采取有效方法予以突破。

如《凡卡》一课。这是俄国作家契诃夫的文章，篇幅较长，内容和形式比较复杂。读一遍课文大约需要4分多钟。如何让学生尽快读通呢？首先，要求学生快速默读课文，边读边思考文章的大概内容。理出文章围绕凡卡“准备写信——写信——寄信”进行叙述的思路。其次，让学生交流，文中哪些内容不容易读，学生马上会说，人物的名字太拗口，不好读。老师再次让学生默读课文，要求画出文章中不容易读好的人名，快速读好。由于教师对课文中的难点比较清楚，在教学中安排有突破难点的环节，扫清了障碍，所以，学生比较顺利地读通了这篇长课文。

再如一位老师执教《跨越百年的美丽》一课时，认为读通本课的难点是读通长句子。于是，一上课，老师就让学生读课题“跨越百年的美丽”，接着问“课文中哪些地方点明了是跨越百年的美丽？”学生读第一自然段。老师问：“想想这么长的一句话该怎么读？”学生想了想，读到：“1998年｜是居里夫人和她的丈夫｜发现放射性元素镭｜一百周年……”老师说：“读得很好。想想这么读有什么作用？”学生认识到：恰当的停顿，不仅有利于读课文，而且能表现出文章的思想感情和突出文中的重点。老师说：“这课的长句子很多，读的时候希望大家注意停顿。”

教师在学生读书时对长句子有意识加以朗读指导，帮助学生尽快读通了课文。

三、同桌互读，提高学生读书的参与度

我们都有这样的体会，尽管课堂上老师非常注意指名阅读的覆盖面，但是，毕竟课堂时间有限，一节课我们也叫不了几个学生。怎么办？发挥学生学习共同体的作用，学生相互间读书。实践证明，学生之间读书，他们相互间的订正绝不亚于老师，所以，老师尽可放心让学生自己去互相帮助读课文。在此基础上，老师有重点地进行读书检查和指导。这一重点可以是重点学生，也可以是课文中要读通的重点。

总之，读通课文是实现语文课堂教学目标最基本的要求。再长的课文，我们也应让学生读通。

教学中可以留白——长课文短教

在教学中，很多老师反映，高年级的课文有些长，在规定的时间内很难完成教学任务。

怎么办？

一、我们可以研究长课文短教——允许教学中留白

留白，顾名思义，就是在作品中留下相应的空白。留白是绘画艺术的一种手法。留白使方寸之地亦显天地之宽。南宋马远的《寒江独钓图》（见右图），一幅

画中，只见一叶小舟，一个渔翁在垂钓。画面上的大片空白让人感到烟波浩渺，人舟皆于水中，效果非常强烈。

绘画中有留白，文学中也有留白，这种留白可以给读者留下思考和遐想的空间。语文教学中同样可以留白。

二、教学案例

案例一：人教版五年级上册《新型玻璃》

这课所在单元的学习要求是“学习本组的说明性文章，要

抓住课文的要点，了解基本的说明方法，并试着加以运用。”课后的要求是：“1. 默读课文，想一想课文介绍了几种新型玻璃。它们有什么特点和作用。小组合作设计一个表格，把它们的特点和作用填写在表格里。2. 举例说明，作者在介绍各种玻璃时运用了哪些说明方法。3. 请你试着做一回小发明家，把你想发明的玻璃用你喜欢的方式写出来。”选做题：“课后找一些商品的说明书读一读，看看它们是怎样介绍商品及其使用方法的。”全文一共6个自然段。前5个自然段依次介绍了5种新型玻璃“夹丝网防盗玻璃”“夹丝玻璃”“变色玻璃”“吸热玻璃”“吃音玻璃”的特点和作用。第6自然段总结全文，说明了新型玻璃在现代化建筑中的重要作用，预言人们将会创造出更多的奇迹。

这篇课文条理清楚，层次分明。如何讲？用几个课时完成教学？一位老师是这样安排的：

教学目标：

1. 认识5个生字，会写8个生字。正确读写“急促、报警、盗窃、犯罪、嫌疑、金属、银行、图纸、即使、规定、窗帘、保持、噪音、集中、处理、对付、研制、奇迹、博物馆、安然无恙、藕断丝连”等词语。

2. 正确、流利、有感情地朗读课文，理解课文内容，知道课文介绍的5种新型玻璃的特点和用途。

3. 了解迅速发展的当代科技及其在现代化建设中的作用，激发爱科学、学科学的积极性和为科技事业的发展进步而勤奋学习的自觉性。

4. 领悟作者的表达方法，并学习运用。

教学时间：2课时。

第一课时的教学内容是：完成教学目标1中认识字词、目标2、3和4中领悟作者表达方法的任务；第二课时完成写生字词和学习运用作者表达方法的教学任务。

我们只谈这位老师第一课时的教学。

（一）激趣引题

（预设用时1分钟）

（二）用自己喜欢的方式读课文，画出作者介绍了哪些新型玻璃

（预设学生用时3分钟，比较容易地画出了五种玻璃。评价：尽管有生字，但是并不妨碍学生对整篇课文的理解。学生对整篇课文有所了解，有利于满足学生对课文的好奇心，又有利于下一步学习生字词。）

（三）读课文，要求读准字音，结合课文理解字词，批注在书上。对确实不理解的内容用符号标出来

（教师让学生同桌互读课文，主要看能否正确、流利地读课文。预设用时5分钟。评价：在对课文有了整体了解后，学生再读课文就比较容易，对生字词的学习也能结合课文的内容。同桌互学，能够使每个学生都有读书的机会。）

（四）质疑

（预设用时1分钟）

（五）思考交流，读了课文，我们最想从这篇课文中学习什么内容

（老师预设的学习内容：1. 了解新型玻璃的特点和用途；2. 学习作者的表达方法。结果学生提出的学习内容除了预设的内容外，还有两个：这些玻璃为什么能具有这些特点，它们是用什么材料制成的。评价：这一环节，可以很好地诱发学生的思考，激发学生的问题意识，调动学生学习的积极性和主动性。预设用时2分钟。）

（六）选择自己喜欢的一种新型玻璃，读课文，了解它的特点是什么，并思考这种玻璃还可以在什么地方使用

（预设学生用时10分钟。学习后交流。交流的方式先读书，要读出这种玻璃的特点；然后，再用自己的话说这种玻璃的特点。评价：课文的理解和朗读能力的提高结合在一起，读帮助学生理解，理解促进学生读好书。学生交流中，教师引导学生围绕其中交流的一到两个段落进行深入学习和理解。其他段落不再具体交流，就是读，读出理解和对这种玻璃的“说明”。评价：这一环节体现了长文短教的方法。）

（七）读课文，说说作者使用怎样的表达方法进行说明

（引导学生体会作者的写作方法，包括段与段之间过渡和衔接的方法，品赏作者用词准确、形象的表达方法。评价：语文学科的学习，重在语言文字的学习，即便是科普说明文。这个环节在以上学习的基础上进行，很适时、很必要。预设用时5分钟。）

（八）小组合作，制作表格、填写表格。要求所列内容能使大家看清楚、看明白

（预设用时5分钟。之后，学生交流。评价：这一环节是对课文内容的整体梳理，也是对学生概括能力、表达能力的培养。）

（九）谈自己这节课的收获

（预设用时3分钟）

对这节课进行分析，老师长文短教，抓住了最基本的教学内容——字词教学、正确流利有感情地读课文；抓住了课文的脉络整理——画出五种新型玻璃，通过制表格、填表格帮助学生进一步理解课文内容；体现了学生的主体性——学生提出想学习的内容，自读、互读，读出自己的理解；长文短教，教学中有留白——在部分内容的重点学习中教给方法，其他内容作为学习中的“留白”。而这些“留白”给学生的自主学习留出了充分的时间和空间。

案例二：王崧舟老师执教《慈母情深》一课（人教版五年级上册）

王崧舟老师执教《慈母情深》一课，教学中就有大块的留白。

《慈母情深》这篇课文讲述的是在日常生活小事中表

现出的深沉的母爱。王老师在讲这课时，重点引领学生体会母亲挣钱的艰辛："瘦弱的脊背弯曲着，头和缝纫机挨得很近。"——瘦弱的母亲！"母亲掏衣兜，掏出一卷揉得皱皱的毛票，用龟裂的手指数着。"——贫苦的母亲！"母亲说完，立刻又坐了下去，立刻又弯曲了背，立刻又将头俯在缝纫机板上了，立刻又陷入了忙碌……"——辛劳的母亲！然而正是这位母亲，当同事认为我是要钱买闲书，劝阻她不要给我钱时，母亲却说："我挺高兴他爱看书的。"——通情达理的母亲。通过理解这些句子体会母亲的慈祥与善良，体会作者对母亲深深的敬意与无比的热爱。通过"背直起来了，我的母亲。转过身来了，我的母亲。褐色的口罩上方，一对眼神疲惫的眼睛吃惊地望着我，我的母亲……""那一天我第一次发现，母亲原来是那么瘦小！""我鼻子一酸，攥着钱跑了出去……""那天，我用那一元五角钱给母亲买了一听水果罐头"等句子，来一步一步体会慈母情深。而其他内容则作为教学中的留白。

教材无非是个例子，我们的教学可以留白。教学中实和虚相互映衬，也是教学的一种智慧和境界吧。

对六年级学生进行快速默读训练

六年级属于小学的高年级段。立足于六年级，着眼于学生的未来学习和现代社会信息化的特征，我们应在六年级的语文课堂上，结合教材内容，适时对学生进行快速默读训练。

一、对学生进行快速默读训练的理由

（一）六年级的课文明显加长，需要理解的内容多了、深了，如果篇篇课文还是像低、中年级那样教学，就很自然地出现“教学时间不够用”的问题。人教版小学语文教材六年级下册15课《凡卡》课后提出了这样的要求：“用比较快的速度默读课文，想想课文写了哪几个方面的内容？”

（二）很多学生小学毕业后进入初中学习很不适应。因为，学科多了，语文课文更长了，思维的难点增加了，需要理解的内容更深刻了。面对这些特点，学生如果没有快速默读文章的意识和能力，就很难适应初中的学习。

（三）六年级的学生已是十二三岁的少年，他们的思维水平、认知能力和低、中年级段相比已发生了很大变化，有了很多提高。我们应遵循学生身心发展的规律实施教学，教学要求靠近学生学习的最近发展区，教学方法适合学生的年龄特点。这样才能真正体现以学生发展为本的新课程理念。否则，我们

的教学就会滞后于学生的发展，影响学生的发展。

（四）阅读是一个人终身学习所需要的主要学习方式，阅读对发展智力、丰富人的精神有着举足轻重的作用。2009年高考“神童”孙天瑞的父亲介绍孙天瑞学习经验，其中一条就是从小培养孩子快速阅读的能力，遇到读不懂的地方也没关系，孩子的书读得多了，自然就懂了。读的书多，兴趣就能培养出来了，这样，孩子就形成了主动学习的习惯。由此可见，快速阅读这一能力对学生发展至关重要。现在的社会是信息化社会，学生通过各种传播媒体，接触的信息量急剧增加，如何在大量的信息中快速搜集到自己所需要的信息，就需要一种能力。这种能力建立在快速默读能力的基础上。

综上分析，在进行小学六年级教学时应该结合教材相机对学生进行快速默读的训练。

二、对学生进行快速默读训练的方法

方法之一：带着问题快速默读。

一位老师在教人教版六年级下册《一夜的工作》一课时，在学生读通课文之后，对学生说：“同学们，作者从几个方面写了总理一夜的工作？”片刻后，对沉思的学生说：“给同学们两分钟时间，快速默读课文，思考这个问题。”

这个环节，老师的问题清楚，时间明确，因此，学生马上进入了专心致志的读书状态。

一分钟左右，一位男生举起了手，老师走到他跟前进行了个别交流。接着，陆续又有学生举起了手……

在交流中，学生各谈各的理解。一名学生说：“作者从两个方面写了总理的工作。一是生活简朴，二是工作劳苦。”老师问：“你是怎么概括出来的？”学生笑着说：“作者写了：这就是我们的总理。我看见了他一夜的工作。他是多么劳苦，多么简朴！我认为这句概括了总理一夜的工作。”老师表扬了这位同学会读书，提示其他学生学习这种方法：抓重点段、重点句理解文章的主要内容。

这个教学案例中，老师既对学生快速默读有时间要求，又在学生学习过程中进行了读书方法的指导。

方法之二，快速默读中找“问题”。

有位老师执教人教版六年级下册《我最好的老师》一课。他的教学过程是：

第一步，学生读课题，想想最好的老师应该是什么样的。

第二步，请学生快速默读课文，读后提出自己认为应该讨论、研究的问题。

第三步，交流问题，提炼出有价值的问题。

第四步，围绕提炼出的问题研读课文。

以上只是举例，只要我们有对学生进行快速默读训练的意识，努力去实践，就会探索出很多有效的教学方法。当然，快速默读的训练也可以结合课外阅读活动进行。

学生出版“小人书”

作家出书，名家出书，我们小学生也可以出书！这对学生该是多么大的鼓励啊。

那么，就让我们的小学生也每学期出本“小人书”吧。

习作教学、习作辅导是我们语文教师的常规工作，也是一项具有创新性的工作。因为，篇篇习作都是学生心声和情感的流露。这既是我们教学的成果，更是学生运用综合素质而创造出的作品，这既能让我们不断地看到学生的进步，又能成为促进学生不断进步的加油站。因此，这也就自然地成为了我们教学的宝贵资源。

怎么利用这些资源呢？

一位教师的做法是在期末复习阶段，通过让学生出版“小人书”，引导学生复习，同时整理出自己一学期的习作成果，效果很好。

首先，教师告诉学生习作的复习目标——出版自己的“小人书”。目标明确，学生兴趣盎然。

其次，教师让学生对自己一学期的习作进行整理，并引导学生明确工作程序：1. 自己修改习作；2. “编辑小组”互改习作。所谓编辑小组就是三至四个好朋友自由组合，称为编辑小组。编辑小组成立后，大家互改“稿件”（稿件就是小组内每个成员的习作）；3. 结合大家的意见，自己再修改。4. 学生提交自己最欣赏的习作1至2篇。要求提交的并不是简单的文字稿件，而是经过“作者”精心设计、装帧过的稿子。学生或手写在漂亮的纸上，或在电脑上好好设计、装饰再打印出来。学生的作品，会再一次让我们由衷感叹：给学生一次机会，学生会还以精彩。5. 互写评语。作品交来后，教师又用一节课时间让学生在学习小组中互读，然后，相互间以赞赏的语气写评语。目的在于再一次对学生进行习作激励，并对学生在习作整理中各自创造性的劳动进行激励。

最后，装订“出版”。“出版”前，学生设计“小人书”封面，教师在扉页上写下了情真意切的寄语。凝结着全班学生智慧的“小人书”正式“出版”了，它在学生手中传递，在家长手中传递；它传递的是习作经验，传递的是学生之间的友情，传递的是进一步激发学生习作兴趣的火种，传递是引发学生运用智慧创造学习成果的激情……

人教版六年级下册教材《口语交际·习作五》中提出了这方面的要求：“小学生活即将结束了，建议你编一本自己的习作选。先把自己写得比较满意的习作收集起来，用稿纸抄写或用电脑打印出来；再按照写人、写事等分类，也可以按照习作时间顺序排列；然后写一篇‘编者的话’放在最前面，并按次序编写目录放在‘编者的话’之后；最后把习作装订成册，并起一个有个性的书名。如有可能，还可以制作一个漂亮的封面，给一些文章配上图画。这样，你的习作选就更棒了。”

因此，我们完全可以组织学生编制“小人书”，用这种方式激发学生的习作热情，进而激发学生对学习的热情。

让学生迷恋背诵

一次闲聊，一位老师的话给我很多启发。

我们聊的话题是这位老师的学生为什么会背那么多的成语。

真的，和我聊天的是位中年教师，听她的课，发现她班的学生发言时语言非常丰富，很多成语张口就来。

谈到这个话题，这位老师不无得意地笑了。她说，她的学生不仅背成语上瘾，背课文、看课外书同样上瘾。

"你用的是什么灵丹妙方？"

"很简单。"她介绍说，"有一枚小红花就行了。"

原来，她自己刻了一枚小红花，每周进行争红花竞赛。

每周一，老师宣布本周竞赛内容，然后和学生共同制定得红花的标准。比如，背成语这一阶段，老师说本周我们比赛背成语。大家说说得红花的标准吧。学生经过讨论，形成一致意见：每天背十个，一周不算双休日，背五十个。背五十个得五个小红花，以下递减，超过五十个递增。

是否完成，可以让家长评价签字，也可以给要好的同学背，让同学签字证明。周末用一节课时间进行验收，并在教室后面的专栏里张贴小红花。

学生谁会甘心落后？结果可想而知。得六个、七个、八个红花的大有人在。

家长打电话，高兴地问老师："您用什么方法在激励孩子？吃饭都要给我背成语，一背一串。背的成语有的我都不知道？"

背唐诗宋词阶段，这位老师同样用了激励的方法，收到了很好的效果。

一个家长对教师说："我的孩子迷恋上背唐诗宋词了。她背这些上瘾了。"

试问，还有什么比孩子迷恋学习、学习上瘾让家长和老师更高兴的呢?

分析这位老师的做法，看似简单，实则是根据孩子的心理，运用了有效的激励方式才达到了这样的教学效果。依此类推，用同样的激励方式（也可以是不一样的方法），在其他方面，也可以去实践和尝试。

当然，不同年级、不同年龄的学生心理是有区别的。也许有人会说这种做法对低年级的学生有效，对高年级的学生就不见得有效。的确如此，高年级的学生对小红花可能不屑一顾，但是，激励的正面作用这一点应该是相通的吧。

相信，只要我们动脑筋，就会想出有效的办法让我们的学生迷上学习，对学习上瘾——这是每位教师都非常愿意看到的。

六年级课堂要给学生写学习笔记的时间

写笔记是我们在学习中经常要做的事情。写笔记是一种有效的学习方法，大学生要写笔记，高中生要写笔记，初中生也要写笔记。我们如何为六年级学生奠定进入高一级学校学习的基础，为他们减缓小升初衔接的坡度呢？

小学六年级尤其是下学期，我们应该在课堂上给学生留出整理学习笔记的时间，并教给学生一些写笔记的基本方法。

一、引导学生认识写笔记的好处

首先要告诉学生，我们原来课堂上的批批画画就属于简单的笔记。接着，让学生思考：这样的批批画画有什么作用？这样，学生就能从自己的学习实践中直观地体会到写笔记的好处。

二、引导学生感知笔记的内容

首先，让学生想想语文课都学习哪些内容——有字词、句子、段落、整篇课文，有对课文内容的理解，等等。接着，老师让学生思考：你认为哪些内容需要记下来？学生思考后，会有些初步的感知，老师可以让学生试着把自己想记的内容记下来。最后，交流学习笔记，认识笔记的基本内容。在学生自主实践的基础上，老师组织学生交流学习笔记，不仅交流记的内容，而且要说出为什么这么记和是怎么记的。在交流的过程中让学生进一步明白笔记的基本内容。写课堂笔记一般要记好下面四个方面的内容：一是记本节课的重点。如自己对重点句子含义的理解，对重点内容的感悟等。二是本节课所学的新知识。如人教版小学语文教材六年级下册第六单元，在学习这一内容时，老师和同学一定会谈到写临别赠言的方法，这些方法会比较系统、比较新，这些方法就可以作为课堂笔记记下来。另外，还可以是对新学字词的理解、不易读懂的句子的意思等。三是记好那些“实用”的内容，如自己平时容易出错的知识。四是与自己的爱好有关的、对扩大自己的知识面有帮助的，或对自己的学习有启迪的知识。五是不懂的问题，这也是笔记的内容。

三、引导学生认识写笔记的基本方法

（一）批注式笔记

即在课本上进行简单批注。批注包括评议和注释。评议是指对课文内容中的某个句子或某个段落进行点评，也就是写出自己的理解和感悟。注释，是对课文中一些生词、难句和典故等进行注释。包括教学中对字、词、句的分析，课文的段落层次以及有争议的地方，学习中的疑难问题等，都可直接批注在书中与之相应的地方，既省时，又方便。采用这种方式，可以是课后进行，也可以在学课文时进行。我们会经常听到有的老师提醒学生把有些内容批注在书上，并提醒学生说“要养成不动笔墨不读书的习惯”，采用的就是这种方式。

（二）提炼式笔记

即固定一个学习笔记本，学完课文后根据所学内容，根据自己的实际，对所学内容进行分析、提炼，然后记下来。

下面是一位学生的学习笔记：

18. 跨越百年的美丽

一、字词：

人声鼎沸：鼎原指古代的烹饪之器，词中指锅。人的声音像水在锅里沸腾一样，形容人声嘈杂。

神色庄重：神色严肃稳重。

一袭：袭，量词。成套的衣服。

乏力：乏，疲乏。无力，没有力气。

歧视：不平等、不公正地看待。

迄今：至今，到现在（书面语）。

二、居里夫人的美丽表现在：

1. “一位年轻漂亮、神色庄重又略显疲倦的妇人走上讲台，全场立即肃然无声。”

“玛丽·居里穿着一袭黑色长裙，白净端庄的脸庞显出坚定又略带淡泊的神情，那双微微内陷的大眼睛，让你觉得能看透一切，看透未来。”

——她出现在人声鼎沸的会场，显得漂亮。她的穿着、神情让我觉得她异常美丽。

2. 第二、三自然段：她对科学忘我的探索，不懈的追求，让我觉得这位美丽的女性更美丽了。

3. 爱因斯坦对她的高度评价，让我觉得这位女科学家更美丽了。

三、重点句子：

对重点句子的感悟见书上批注。

四、习作方面的收获：

1. 作者在文章中写玛丽·居里夫人的美丽，意思一层比一层深刻。先是写她美丽的形象，接着写她研究发现镭的艰苦经过，最后写她对名利的淡泊。由容貌到工作再到品格，让我越来越觉得她不仅美丽，而且伟大。

2. “她从一个漂亮的小姑娘……里程碑。”这个句式值得我学习。

3. 以著名人物的话作为文章的结尾，非常新颖，又让人觉得结尾很利索、干脆。

五、问题：

1. 镭的用处还有哪些？

因为镭的用处越大，越能说明玛丽·居里夫人对世界的贡献大，更能说明玛丽·居里夫人的美丽能跨越百年。

2. 她的丈夫皮埃尔·居里有哪些科学贡献？

从这个学生的学习笔记可以看出，这种方法能够充分体现学生的独特体验。教师要及时了解学生写笔记的情况，有针对性地加以辅导。

辅导时教师要提醒学生：

第一，笔记本要固定。

第二，要记清楚课次。

第三，要根据自己的学习需要、实际记。不同内容可以用不同颜色的笔记录。

俗话说："好记性不如赖笔头。"许多优秀学生学习实践证明，做好学习笔记是提高学习效率的有效方法，这一方法可以促使学生专心地投入到学习中，促使学生在学习中动脑动手，同时有利于学生及时巩固复习，有利于养成严谨周密的良好学习习惯。

引导学生有感情地朗读课文可从课题开始

小学语文教材中的课文均文质兼美，多数课文后面都有朗读课文的要求。如人教版教材一年级下册课文后面全部有朗读课文的要求；高年级的课文后面也多有“我要有感情地朗读课文”的要求。如何指导学生有感情地朗读课文，提高学生的朗读水平呢？

我们完全可以从课题开始就引导学生有感情地朗读。

以人教版四年级下册为例。

第二课是《桂林山水》。上课伊始，老师让学生交流课前搜集的有关桂林山水的资料，通过学生交流，学生会初步感知到桂林的山水非常美。此时，老师可以让学生想想，这么美的桂林山水，课题应该怎么读，经过老师这么引导，学生会很自然地饱含深情地读“桂林山水”。全文学过后，学生对桂林山水的美有了进一步的了解，老师再让学生读课题，学生会更加深情地、用给人无限遐想的和赞美的语气读“桂林山水”。第十七课《触摸春天》，老师启发学生想，春天给人一种什么样的感觉？交谈中就会引发学生对春天的赞美和向往。老师接着启发学生想，触摸这么美好的春天人们又是什么样的感觉？“太幸福，太美好了。”老师说：“请读课题”。学生读得太美了，不仅声音美，姿态美，更重要的是读出了心灵的感受！

学过课文后，学生感受到的、触摸的不仅是美丽的大自然的春天，而是一位盲童对生活的热爱，对生命的热爱。她虽然残疾，但对生活、对生命的爱，使她创造了属于自己的缤纷世界，也使我们认识到“每一个人都拥有生活的权利，无论你是否拥有健全的身体，只要热爱生活、热爱生命，就一定能够创造出一个属于自己的缤纷世界，一个属于自己的春天”。此时，老师再让学生读课题，学生就不再是“触摸春天”，而是在触摸真实的生活和生命。

情感充沛的课文可以这么读课题，其他类的文章也可以这么读。

第三课是《记金华的双龙洞》，这一课属于游记。怎么读这类文章的课题呢？我们可以引导学生想：这篇文章的题目告诉了我们什么？学生会说：告诉了我们他写的是一个地方——金华的双龙洞。老师引导学生想，怎样读能让听者听明白、听清楚作者写的地方，学生会情真意切地读到“记金华的丨双龙洞”，把“双龙洞”突出出来。

从课题入手就引导学生有感情地读，就会像唱歌前定“欢快”“悲伤”等基调一样，在心理上给朗读课文做了定调准备，学生会有意识地去寻找激情点，有意识地思考自己应该怎么读好文中的每个重点段、重点句或重点词。

说明文、寓言类等课文也是如此。

指导朗读时，我们不仅要在朗读技巧上给学生以指导，更重要的是要在引导学生体会文章情感的基础上进行指导。

如，全国著名小学语文教学专家支玉恒老师执教《地震中的父与子》一课时板书课题后：

师：一起读一遍课题。（生齐读课题）

师：地震中的谁？

生：父与子。

师：读课题告诉我课文写了地震中的谁？

生：地震中的父与子。

师：听出来了，有了重音。再读一次。（生再次读课题，重音更明显。）

师：什么时候的父与子？读课题。

生：地震中的父与子。（对“地震中”有所强调）

师：对，大家已经掌握了朗读的诀窍，把要强调的、要回答问题的字读出重音，要读好它们。

（摘录于《小学语文教学》2009年第5期）

由此可见，指导朗读要从文章内容入手、从文章情感入手。因为，任何时候，都是内容决定形式，形式为内容服务。

引导学生读出文章的思想情感、读出文章所要表达的内容，提高学生的朗读水平，就让我们从引导学生读好课题开始吧。

“我是小小播音员”——引导学生美读

正确、流利、有感情地朗读课文是语文学习最重要的方式之一，也是小学生应具备的重要能力之一。如何调动学生读课文的积极性，诱导学生读课文时入情入境呢。我们可以结合学生的年龄特点，将语文学习寓于活动之中。为此，我们可以开展“我是小小播音员”活动。

一位四年级老师是这样做的。

一次，学校给广播站选广播员，同学们都纷纷参与竞选。结果，班里只有两名学生入选。面对沮丧的落选学生，老师说：“同学们，我们每个人都能做播音员。”面对迷惑不解的学生，老师又说道，“不是吗？我们每天都要读课文，这一篇一篇课文像不像一篇一篇的稿子？”学生们恍然大悟地说：“是啊！”“那就让我们都来做播音员好吗？”

学生兴趣高涨，老师首先让学生讨论，做播音员需要具备什么条件。学生讨论后，得出：1. 姿势要标准。站着读稿子，要身直挺胸，两手端书。头要正，眼离书本要一尺远。坐着读稿子，两臂平放手拿书，眼离书本一尺远。2. 朗读正确、流利。不能读错字，不能多字、少字，不能重复，长句子要停顿合适。3. 朗读有感情。要根据文章的思想感情，读出抑扬顿挫。4. 声音要悦耳。

老师高兴地说："好，播音员们，开始按照这些条件练吧。明天早晨，我们班的广播站就开始广播。"

第二天早上，学生们早早来到学校，开始了班级"广播"。看着学生端庄的姿势，听着他们那认真悦耳的声音，老师笑了。

早上"广播"，一个单元学完后，用一节课时间进行"本单元广播"，对课外阅读中的精彩文章片段进行"广播"。这些"广播"激发了学生的朗读热情，锻炼了学生的朗读胆量，提高了学生的朗读水平。

家长高兴地对老师说："您用了什么方法？孩子到家一有时间就朗读，读给我听，缠着让她爸爸听。"

听这个班的课的老师们也都说，这个班的孩子们读书有品位，显雅致。

真没想到，一个活动，就这么有效地激发了学生读书的积极性，而且朗读时都努力入情入境。

他们还真在朝播音员的目标努力！

忌：“你说的，我听明白了，请坐。”

一、屡见不鲜的现象

课堂上，老师请学生回答问题，学生语言滞后于思维，语无伦次。学生越表述不清，老师越听得认真。学生说完后，老师说：“好，你说的我听明白了，请坐。”

这种现象屡见不鲜。

二、引起的思考

这一现象应引起我们的思考。

其一，我们请学生回答问题的目的是什么？我们请学生回答问题，除了解学生对所讲内容的理解程度，培养学生阅读理解能力外，学生能将自己的看法清晰、明确、有条理地表达出来，让人听明白，也是我们的培养目标之一。新课标在总目标中明确提出：具有日常口语交际的基本能力，在各种交际活动中，学会倾听、表达与交流，初步学会文明地进行人际沟通和社会交往，发展合作精神。此外，各学段对学生的口语交际也提出了具体的要求。

基于以上分析，我们就不能在学生虽然“理解了”，但是还未或还不会顺畅地表达出自己的意见的情况下，做出“你的意思我明白了，请坐”的决定。

其二，听学生回答问题的主体是谁？课堂上，教师是学生学习的促进者和服务者，每个学生都是学习的主体；作为一个班级，所有学生就是一个学习的共同体，这个共同体在学生个体的学习中发挥着举足轻重的作用。因为，同伴之间的相互学习和促进，在某种程度上，有时是成人都不能比拟的。而这位老师恰恰忽略了学习的主体问题，这时老师是课堂的主体，不然，就不会说出"我听明白了，请坐"。老师听明白了，其他同学听明白了吗？学生的回答只是给老师听的吗？再者，这个学生说的只有老师才能听明白，那么这样的发言对其他同学又有什么启发作用，或又能引起其他同学什么样的再思考呢？此时，发言的学生是主体，其他的学生也是课堂学习的主体，老师注意到了吗？

其三，不利于形成良好的班级学习方式。学生个体有其特有的学习方式，每个班也有每个班的学习方式。新课程中，教学是师生活动的过程。同样，在班级学生共同体中，教学也应该是学生与学生互动的过程。课堂上，师生互动、生生互动，相互激励、相互启发、相互探讨，最后认知得以提升——这才是我们应建立的积极的班级学习方式，这也是学习型组织外在形式的一个特征。而相对应的比较消极的班级学习方式是老师说，学生听；一个学生说，其他学生听；一个学生读书、发言，其他学生的思维活动就是"船抛锚""车进站"——全停。这时有学习任务的就只是这个被老师叫起来的学生。将两种学习方式进行对比，课堂教学的实效性、学生的发展，差别可想而知。

三、教学建议

要解决以上问题，我们可以在教学中从以下两个方面入手。

第一，老师要胸怀大目标。所谓的"大目标"，即老师对课程标准提出的目标要了然于胸，包括总目标、各学段的目标、每册书的目标、每个单元的目标等等。无论进行哪一课的教学，无论在课堂教学中的哪个环节，老师都要善于抓住学生发展的契机，考虑到学生的实在发展而进行教学。如上例，老师进行本课教学、本环节教学，就要知道这节课、这个环节不仅要完成这节课的定时目标，还应在此时相机对学生进行大目标的教学，可以让学生想想怎么能把话说清楚，重说一遍。发言的这个学生如果有了思维、语言的再组织，相信他的表达就不仅会让老师听清楚，也会让其他学生听清楚。而且发言的学生有了这一次“历练”，悟到了把话说清楚的方法。引导学生把话说清楚也是我们要培养的目标之一，而且是学生终身发展需要具备的能力之一。

第二，逐步培养班级良好的学习方式。课堂上，教师要善于抓生成性的教学资源，营造对话氛围。教学需要对话，只有对话，师生才能互相敞开心扉，才能产生心灵的触动，才能使学生的思维真正展开羽翼而翱翔，教师才能走进学生的心灵世界，使教学如春雨润物般滋润学生的心灵，才能使学生的心智不断成长。因此，课堂上教师要善于抓生成性教学资源，营造对话氛围。如上例，这个学生说过后，老师可以耐心地让其再说一遍，同时要求其他学生注意听。说完后，老师可以让其他学生或补充，或发表不同的意见，甚至可以进行争辩。老师则可以像主持人一样抛出话题，引发学生思维，引发学生在讨论中，思维产生碰撞。之后，让第一个发言的学生再次表达自己的意见。相信这种学习会从学生的心灵深处激发他们学习的激情，增进学生之间的友情。当然，在这个过程中，教师要引导学生学会参与对话。如，发言时，针对不同的内容，可以采用不同的说话方式来文明、友好地表明自已要发言的意愿，如“我来补充这个同学的意见……”“我同意他的观点，但是我要给他补充……”“我不同意他的意见，我认为……”等。相信，这种引导，必然有利于班级良好学习方式的建立和培养。

因此，课堂上，忌说：“你说的，我听明白了，请坐。”

听记——一种很好的学习方式

"听记"，顾名思义就是学生一边听一边记，可以是用脑子记，也可以是用笔记。听记是一种很好的学习方式。这里主要讲边听边用笔记。

一、听记的作用

（一）听记有利于提高学生的注意力。

（二）听记有利于提高学生的记忆力。

（三）听记有利于学生学习语言、积累语言和丰富语言。

（四）听记有利于学生复习巩固汉字，有利于帮助学生提高运用汉字的能力，同时减少错别字。

（五）如果听记的是文章，则有利于学生学习习作的表达方法。

因此，我们在教学中可以经常对学生进行听记练习。

二、听记内容及方法

年级不同，听记的内容也应有所不同。无论听记什么内容，在听记时，老师都要对学生进行听记方法的引导。一般听记的内容和方法有：

（一）听记生字词。这是我们在教学中复习巩固生字词常用的一种方法。听记时老师读两遍，视生字词字数多少两遍之间间隔二至三秒钟。学生完整地听完第一遍生字词后记，听第二遍时对照检查。

（二）听记课文片段。方法是老师读三遍，每一遍都以标点符号为标志停顿。如果是长句子（或复句），也可以在其中适合停顿的地方停顿。视句子长短，在句与句之间间隔适当的时间。一种方式是老师先完整地读一遍，学生集中注意力听，用脑子记。然后，老师再一句一句地读第二遍，学生听一句记一句。老师读第三遍时，学生补记并检查，即补写听第二遍时未记上的内容，同时检查所记内容正确、完整与否。另一种方式是老师读三遍，学生从第一遍开始就听记，第二遍补写听记内容，第三遍检查听记内容。至于采用何种方式，老师可以视学生对听记内容的感知程度而决定。

（三）听记美文。听记美文，可以按照上述第二种方法进行。不同的是老师可以根据文章的内容和长短，引导、要求学生可以听时记全文，或记自己欣赏的句子，或记优美词语。

三、听记练习提示

1. 听记的目的之一就是要在听记过程中培养学生的专注力。因此，每次听记时应提醒学生做好准备，集中注意力。

2. 在听记练习中要以鼓励为主。每次听记之后，老师都可以做简单的小结，表扬听记中注意力集中的学生，表扬能够认真完成听记任务的学生，表扬听记中有进步的学生，表扬书写认真的学生……可以进行听记练习的展示，可以评出优秀的听记作业……总之，让学生在听记中感受到学习的快乐。

3. 在听记练习中注意学生的层次性。对暂时有困难的学生，在不伤害学生自尊心的前提下给予有针对性地提示和辅导。如听后记不住或记不全的学生，老师可以用眼睛注视着这个学生，告诉学生所读的内容，帮助学生记忆；对仍然记不住或记不全的学生，在写时，老师可以适当提示。对能记住内容但因有不会写的字而耽误记的学生，老师可以提醒学生先空着，待全部听记结束再查这些字补写上去；对因不会写的字比较多而耽误记的学生，老师可以让学生看看自己读的“内容”，把这些字写上去。总之，听记是个学习的过程，老师要视听记内容的不同和学生的不同，灵活地采用适合学生的方法进行。

挖掘口语交际教学资源，培养学生口语交际能力

口语交际能力是现代公民的必备能力，新课标将其列为四大教学内容之一。

各年级如何进行口语交际教学，提高学生口语交际能力呢?

一、熟悉“标准”，明确要求

有位一年级的老师问我，一年级的口语交际教学，这么小的孩子应该达到什么样的标准呢?

我不禁端详起这位老师：怎么会提这样的问题呢？课程标准上不是有具体的要求吗？但是，仔细一想，老师提出这样的问题实属奇而不怪。奇，因为他原本就不需要问别人，课程标准上就有明确的说法。不怪，因为一般教一年级的老师都是从中高学段下来的老师，面对六岁的学生，口语交际教学的标准该怎么把握呢？这确实是教学时首先应该解决的问题。

在听了一些常态的口语交际课后，发现三年级的课和五年级的课教学要求无差异。教学中不同的年级、不同的学生段层次非常模糊。

由以上情况可以看出，进行口语交际教学，提高口语交际

教学的效果，我们首先要熟悉课程标准，明确课程标准在口语交际内容上对各学段的要求。

新课标对口语交际的系列要求是：

总目标第九条："具有日常口语交际的基本能力，在各种交际活动中，学会倾听、表达与交流，初步学会文明地进行人际沟通和社会交往，发展合作精神。"

第一学段的要求有六条：

1. 学讲普通话，逐步养成讲普通话的习惯。

2. 能认真听别人讲话，努力了解讲话的主要内容。

3. 听故事、看音像作品，能复述大意和精彩情节。

4. 能较完整地讲述小故事，能简要讲述自己感兴趣的见闻。

5. 与别人交谈，态度自然大方，有礼貌。

6. 有表达的自信心。积极参加讨论，对感兴趣的话题发表意见。

第二学段的要求有四条：

1. 能用普通话交谈。在交谈中能认真倾听，并能就不理解的地方向人请教，就不同的意见与人商讨。

2. 听人说话能把握主要内容，并能简要转述。

3. 能清楚明白地讲述见闻，并说出自己的感受和想法。

4. 能具体主动地讲述故事，努力用语言打动他人。

第三学段的要求有六条：

1. 与人交流能尊重、理解对方。

2. 乐于参与讨论，敢于发表自己的意见。

3. 听他人说话认真耐心，能抓住要点，并能简要转述。

4. 表达要有条理，语气、语调适当。

5. 能根据交流的对象和场合，稍做准备，做简单的发言。

6. 在交际中注意语言美，抵制不文明的语言。

第四学段的要求有八条：

1. 能注意对象和场合，学习文明得体地进行交流。

2. 耐心专注地倾听，能根据对方的话语、表情、手势等，理解对方的观点和意图。

3. 自信、负责地表达自己的观点，做到清楚、连贯、不偏离话题。

4. 注意表情和语气，使说话有感染力和说服力。

5. 在交流过程中，注意根据需要调整自己的表达内容和方式，不断提高应对能力。

6. 讲述见闻，内容具体，语言生动。复述转述，完整准确、突出要点。

7. 能就适当的话题作即席讲话和有准备的主题演讲，有自己的观点，有一定说服力。

8. 课堂内外讨论问题，能积极发表自己的看法，有中心、有条理、有根据。能听出讨论的焦点，并有针对性地发表意见。

当然，仔细分析这些标准就会发现，教学中我们需要对这些标准进行再分解，分解成具体的、可操作、易于评价的系列“子”要求。如：如何做就是“能认真听别人讲话，努力了解讲话的主要内容”，怎么做就是“与别人交谈，态度自然大方，有礼貌”和“有表达的自信心。积极参加讨论，对感兴趣的话题发表意见”，等等。

二、挖掘“话题”资源，提高教学效果

进行口语交际教学，需要有学生感兴趣的“话题”，话题从何而来呢?

（一）开发与利用教材话题。在人教版教材中，一至四年级每个单元的学习园地、五六年级每个单元后都设有口语交际专题。如五年级下册关于口语交际练习的设计是：

单元	内容
一	策划一次和远方小学生“手拉手”活动。
二	难忘的童年，要求说清楚、说具体。
三	劝说。
四	选一件令你感动、使你难忘的事讲给同学听，要求充满感情，说清楚，说具体，让听的人被你讲的故事所打动。
五	设计表演课本剧。
七	讲人物故事。
八	聊聊热门话题。
备注	六单元是综合性学习。

（二）开发利用学生生活资源。学生生活极其丰富，他们鲜活的生命成长过程中有很多有趣的话题，我们可以提炼成口语交际的教学资源。

如，一位五年级老师发现近段学生中出现了起绰号的事情，便因势利导，上了一节口语交际课。

上课部分情景采撷如下：

师：同学们，你们有绰号吗？

生：（相互间看看，不好意思）

师：老师就有绰号，不止一个呢。

生：（很好奇的样子）

师：有人根据我的姓，叫我？

生：孙悟空！

师：对呀。还有人觉得我眼睛特别厉害，同学们课堂上的一切都在我的眼中，所以就叫我？

生：火眼金睛。

师：对啊。告诉我，你们有什么绰号？

（部分学生举起了手）

一生：同学们叫我森林。

一生：同学们叫我无敌。

师：（赞许地）这么有魅力的绰号，不错。再说的时候，能说出这么叫你的理由吗？

生：同学们叫我森林，因为我很强壮。

生：我的绰号是无敌，因为我的力气在班里最大，无人能敌。

一女生：男生叫我向日葵。（有些哽咽）

师：多好听的绰号。怎么还哭了？

一女生：我不喜欢。我的名字叫夏明坤，他们就叫我向日葵。

师：此时你们对绰号有了什么样的了解？

（学生交流后，懂得好的绰号给人带来喜悦，送去友情，给人以激励和鼓舞。而不好的绰号却给人带来伤害，令人痛苦。）

师：你知道哪些名人的绰号吗？

（学生交流：李白是诗仙，杜甫是诗圣，姚明是巨人，刘翔是飞人，水稻之父袁隆平，铁榔头郎平，铁人王进喜，等等。）

师：名花也有绰号。

（学生交流到，花中之王是牡丹，水中仙子是水仙，等等。）

师：同学们都有自己的优势和特点，相互间起个绰号吧。待会儿交流时，想想怎么交流能让同学听明白，听得心里暖暖的。

（交流略）

简评：这节课，第一，老师将教学和学生生活紧密结合，抓住学生生活中的“问题”做话题，学生对话题非常感兴趣，有话可说，愿意说。第二，老师将语文教学和班主任工作紧密结合，将萌芽中的问题悄无痕迹地解决在了语文教学中，收到了语文教学和思想教育的双重功效，可谓是一箭双雕。

（三）挖掘社会时事热点。我们的教学应使学生“风声雨声读书声声声入耳，家事国事天下事事事关心”，而不能“两耳不闻窗外事，一心只读圣贤书”。课程标准也提出要努力建设开放而有活力的语文课程，并在教学实施建议中指出：“语文课程资源包括课堂教学资源和课外学习资源，例如：教科书、教学挂图、工具书、其他图书、报刊，电影、电视、广播、网络，报告会、演讲会、辩论会、研讨会、戏剧表演，图书馆、博物馆、纪念馆、展览馆，布告栏、报廊、各种标牌广告，等等。自然风光、文物古迹、风俗民情，国内外的重要事件，以及日常生活话题等也都可以成为语文课程的资源。”“各地区都蕴藏着自然、社会、人文等多种语文课程资源。要有强烈的资源意识，去努力开发，积极利用。”因此，教学中教师要充分体现课程开发意识，发现和利用社会的热点“话题”。如，2008年奥运会火炬在我市传递时，一位老师就以“奥运火炬，在我市传递！”为话题进行教学，学生交流时情绪激昂，口齿清晰，声情并茂，爱国之情溢于言表，收到了思想教育和表达能力训练的良好效果。再如，四川“5·12”大地震发生后，有许多老师结合这一话题进行了一系列的每日“关爱四川”新闻交际。

（四）挖掘“博览”资源。当今社会是信息化的社会，我们可以结合学生的阅读、看电视、上网、相互间信息交流等，从学生通过多种途经和媒体浏览到的信息中寻觅、提炼话题。如，学过《牧场之国》一课后，可以让学生搜集关于荷兰的资料，然后进行“我所知道的荷兰”口语交际；2009年春晚之后，“小沈阳”一夜之间走进了千家万户，教学中可以组织学生进行“我眼中的小沈阳”口语交际等等。

（五）开发利用课堂互动资源。课堂是发展学生语文素养的主要途径，在课堂教学的对话互动活动中，有许多可以进行口语交际的资源。如，组织学生讨论问题时，可以引导学生用适当的语言对同学意见表示赞同、补充，或辩论、反驳，在这一自然状态下的口语交际过程中，培养学生倾听、表达、应对的能力和文明、和谐地进行人际交流的素养。

只要我们具有开发利用口语交际教学资源的意识，就会发现这种资源多之又多，随处可见。

口语交际可以结合积累语言进行

一位乡里的一年级老师进行《夸家乡》口语交际教学。

对一年级学生而言，词汇有限，表达能力有限。为提高学生的表达能力，为学生“夸家乡”做好准备，老师做了这样的教学设计。

第一步，告诉学生学习园地中的口语交际内容。

第二步，带领学生走向桃园，走向麦田，走向农贸市场……

第三步，引导学生复习教材中的课文，想想学过的哪些词语能形容家乡的美景。

第四步，老师给学生朗读《燕子》等描写春天景物的文章，让学生听并说出听到了哪些自己感兴趣的词语，启发学生课下搜集描写春天景物的词语。

第五步，进行口语交际教学。

由于课前师生做了“考察”家乡、积累词语的工作，所以，课堂达到了预期的教学效果。

口语交际本身就是语言的运用，那么，口语交际完全可以结合积累语言进行。

把口语交际中学生的“听”落到实处

“听”，是口语交际时必不可少的因素和条件，是人主动接受别人学习成果的一种能力，也是口语交际教学的培养目标之一。

日本教育界著名学者佐藤学先生曾这样说：学习，一般认为这是能动的行为，但不能忘记的是，在能动的行为之前，还有倾听这一被动的行为。学习，是从身心向他人敞开，接纳异质的未知的东西开始的，是靠“被动的能动性”来实现的行为。（见《静悄悄的革命》一书）

由此可见，要交际，首先就必须具有倾听的意识和能力。

口语交际中的听应该是什么样的状态呢？

一位老师上课时是这么做的。

老师说：“同学们，今天我们进行口语交际。你们想聊什么话题呢？”

站在第四排靠窗户的学生说：“老师，我们聊武松吧。”（刚学完《景阳冈》一课）

另一个学生站起来说：“我们聊《水浒》中的一百单八将吧。”

老师巡视着其他目视前方、端坐着的学生，问道：“同学在发言的时候，我们该怎么办？”

学生答道："应该认真听。"

老师："怎么样就表示你在认真听？"

学生无语。

老师说："眼睛是心灵的窗户，你可以用眼神、神态表示你在听啊。"

老师看到学生迷惑不解，接着说："刚才这两位同学发表意见，你们就可以转过身去看着他们，一方面听他们说，同时可以通过你的眼神、你的神态和他们交流，流露出你的意见，同时也表示你对说话人的尊重。明白了吗？"

学生恍然大悟，立刻转过身去望着刚才发言、仍站着的同学。

一节课，同学们就以这种"听"的姿态进入到口语交际活动之中。

实践证明，这种姿态的"听"有助于学生的听，有助于学生相互之间的交流。

这节课也给我们这样的启示，在教学中，我们要把课程标准中的要求进行分解，将其分解到学生的行为要求上，我们的教学才会更有效。

口语交际，不仅要交际，更要学会交际

在进行口语交际教学时，要注重引导学生打开交流思路，引导学生有话可说，这个环节很重要——这是学生交流的前提。但是，在此基础上引导学生学会交际更为重要——因为这才是我们教学的目的所在。

一位老师执教“请传话”时，是这样做的。

老师设置了一个情境：请李红将下面的通知告诉张颖。

“学校通知，合唱队的同学周四下午两点半到学校彩排节目，要穿好服装，准时参加。”

学生讨论，李红会用什么样的方式通知张颖。

讨论结果，李红用打电话的方式最好。

模拟，李红给张颖打电话，转告学校的通知。

（评价：此环节贴近学生的实际生活，学生兴趣很浓，有话可说，纷纷模拟电话通知。）

评议，刚才的电话通知怎样。

学生从是否说清楚了，是否说得有礼貌等方面进行了评议。

（评价：这一环节属于反思或元认知环节，通过“回回头”评议，学生在积极说的基础上进一步明白了应该怎么说。这样，才能使学生在有话说的基础上提高交际能力。）

接着，老师又提出新的交际情境：李红通知时，张颖不在家，在家的是谁呢？或许是张颖的奶奶、亲戚、小表弟。面对这些人又该怎么通知呢?

学生思考后，老师让学生三人一组，任选一种情况模拟。

之后，进行全班交流、评议，再交流、再评议。

（这一环节增加了交际的难度，在这一环节中，面对不同的对象要用不同的语言交际，才能达到交际的目的。而恰恰在这一增加了难度的交际情境中，学生的交际能力得到了发展。）

所以，我们在进行口语交际教学时，不仅要让学生有话可说，更要关注学生口语交际能力的发展和提高。

系统了解新课标对习作教学的要求

系统了解新课标对习作的要求，包括对第四学段（初中阶段）的要求，有助于我们在教学中把握教学层次，更好地对学生进行习作指导。

新课标总目标中指出：能具体明确、文从字顺地表述自己的意思。能根据日常生活需要，运用常见的表达方式写作。

第一学段的目标共三条：

1. 对写话有兴趣，写自己想说的话，写想象中的事物，写出自己对周围事物的认识和感想。

2. 在写话中乐于运用阅读和生活中学到的词语。

3. 根据表达的需要，学习使用逗号、句号、问号、感叹号。

第二学段的目标共八条：

1. 留心周围事物，乐于书面表达，增强习作的自信心。

2. 能不拘形式地写下见闻、感受和想象，注意表现自己觉得新奇有趣的、或印象最深、最受感动的内容。

3. 愿意将自己的习作读给人听，与他人分享习作的快乐。

4. 能用简短的书信便条进行书面交际。

5. 尝试在习作中运用自己平时积累的语言材料，特别是有新鲜感的词句。

6. 根据表达的需要，使用冒号、引号。

7. 学习修改习作中有明显错误的词句。

8. 课内习作每学年16次左右。

第三学段的目标共七条：

1. 懂得写作是为了自我表达和与人交流。

2. 养成留心观察周围事物的习惯，有意识地丰富自己的见闻，珍视个人的独特感受，积累习作素材。

3. 能写简单的记实作文和想象作文，内容具体，感情真实。能根据习作内容表达的需要，分段表述。

4. 学写读书笔记和常见应用文。

5. 能根据表达需要，使用常用的标点符号。

6. 修改自己的习作，并主动与他人交换修改，做到语句通顺，行款正确，书写规范、整洁。

7. 课内习作每学年16次左右。40分钟能完成不少于400字的习作。

第四学段的目标共十条：

1. 写作时考虑不同的目的和对象。

2. 写作要感情真挚，力求表达自己对自然、社会、人生的独特感受和真切体验。

3. 多角度地观察生活，发现生活的丰富多彩，捕捉事物的特征，力求有创意地表达。

4. 根据表达的中心，选择恰当的表达方式。合理安排内容的先后和详略，条理清楚地表达自己的意思。运用联想和想象，丰富表达的内容。

5. 写记叙文，做到内容具体；写简单的说明文，做到明白清楚；写简单的议论文，努力做到有理有据；根据生活需要，写日常应用文。

6. 能从文章中提取主要信息，进行缩写；能根据文章的内在联系和自己的合理想象，进行扩写、续写；能变换文章的文体或表达方式等，进行改写。

7. 有独立完成写作的意识，注重写作过程中搜集素材、构思立意、列纲起草、修改加工等环节。

8. 养成修改自己作文的习惯，修改时能借助语感和语法修辞常识，做到文从字顺。能与他人交流写作心得，互相评改作文，以分享感受，沟通见解。

9. 能正确使用常用的标点符号。

10. 作文每学年一般不少于14次，其他练笔不少于1万字。45分钟能完成不少于500字的习作。

在教学建议中指出：

写作是运用语言文字进行表达和交流的重要方式，是认识世界、认识自我、进行创造性表述的过程。写作能力是语文素养的综合体现。写作教学应贴近学生实际，让学生易于动笔，乐于表达，应引导学生关注现实，热爱生活，表达真情实感。

1～4年级从写话、习作入手，是为了降低起始阶段的难度，重在培养学生的写作兴趣和自信心。

在写作教学中，应注重培养观察、思考、表现、评价的能力。要求学生说真话、实话、心里话，不说假话，空话、套话。激发学生展开想象和幻想，鼓励学生写想象中的事物。

为学生的自主写作提供有利条件和广阔空间，减少对学生写作的束缚，鼓励自由表达和有创意的表达。提倡学生自主拟题，少写命题作文。

写作知识的教学务必精要有用。应抓住取材、构思、起草、加工等环节，让学生在写作实践中学会写作。重视引导学生在自我修改和相互修改的过程中提高写作能力。

系统了解了这些要求后，我们在教学中就要结合学生的学段、年龄特点和认知基础进行教学，既不盲目拔高要求，又不可随意降低教学要求。

习作方法的教学要求散见于教材中

新课标教材，取消了过去教材中的“读写例话”，那么是否就意味着降低了对习作方法的教学要求呢？非也。仔细研读教材，我们就会发现，实际上教材对习作方法的教学要求散见于教材之中。

一、教材举例分析

如人教版教材六年级下册。

第一单元的导读是：

“一滴露珠可以折射太阳的光辉，一片绿叶可以显示大地的生机……平凡的小事，常常使人有所感悟，受到启发。让我们走进本组课文，看看作者是如何感悟生活，获得人生启示的。”

“学习本组课文，要抓住重点句段，联系生活实际，领悟文章蕴含的道理；在把握主要内容的基础上，体会作者表达感悟的不同方法，并试着在习作中运用。”

…………

第二篇课文《匆匆》课后的实践题是：

“1. 有感情地朗读课文。想一想课文主要写的是什么。2. 找出含义深刻的或自己特别喜欢的句子……联系生活实际，和同学说说自己的理解和感受。3. 作者是怎样具体描述日子去来的匆匆的？仿照课文中的写法，再写几句。4. 背诵课文，并把喜欢的句子抄下来。”

本单元“交流平台”内容是：

“阅读同一篇文章，不同的人往往会有不同的理解和感受。阅读的时候，我们可以联系上下文或结合生活实际，进行独立思考。拿《桃花心木》这篇课文来说，读到‘在不确定中找到水源、拼命扎根的树，长成百年的大树就不成问题了’，你会心有所思：课文以桃花心木为题，恐怕不是单纯地写树木。继续往下读，联系上文想一想，你就能明白，作者是借树木的生长，来比喻人的成长。再联系自己的生活实际，说说自己的所思、所想，这样一来，就形成了自己的见解。”

“结合本组课文和以前的语文学习，交流交流对学过的某篇课文的理解和感受，说说自己的见解是怎样获得的，是如何加深的；也可以交流本组课文在表达作者的感悟方面有什么特点，你在习作中是怎样运用这些方法的。”

对以上内容进行分析，我们就会发现：

导读中的第二段“体会作者表达感悟的不同方法，并试着在习作中运用”、《匆匆》一课后的第3题和交流平台的教学要求都是对习作方法的教学要求。其他册的教材也是如此。

二、教学建议

针对教材特点，我们在教学中应注意把握以下几点。

（一）通读教材要求。通读教材包括两个维度。一是通读，既指通读单元，也指通读一册教材，还指通读一个学段的教材，甚至整个小学阶段、义务教育阶段的教材。这样比较系统地了解教材对小学生习作方法的教学要求，同时也了解第四学段（初中）的写作学习内容。从而在教学中做到“教学有方向，心中有目标”。二是在通读的基础上把散落于导读中、课文后、交流平台里的习作方法整理出来，然后形成一个遵循教材要求的、自己的习作方法系列。

（二）通读教材觅源点。即将习作方法的教学要求，具体落实在相对应的课文学习中。如《桃花心木》一课，交流平台中出示了借物喻人的习作方法，而课文后面的思考题中却没有出示。我们就不能等到进行交流平台的教学时再讲借物喻人的习作方法，而应该在进行课文的教学时就渗透习作方法。并且结合这种习作方法的教学更好地帮助学生理解课文的含义。这就需要我们通读教材，寻觅习作方法的源点，从这一源点开始，就渗透习作方法的教学。待到进行交流平台的教学时，可以再回顾、再拓展、再实践、再运用，提高学生的习作能力。

随课文，学习作

习作是学生语文学习的一项重要内容。学生，尤其是小学生，他们习作能力不可能与生俱来，天赋再好的学生，也需要“师傅领进门”。小学语文老师，如何将学生领进门，领进哪道门，指向何方，课程标准所列要求太宏观，如何落实在课堂教学中？这些都需要老师们加以认真研究和探索。

就全国的习作教学看，各地有各地的做法，有经验的老师也各有各的做法。无论什么方法，可以说是殊途同归。

朱熹说：“古人作文作诗，多是模仿前人而作之。盖学文既久，自然纯熟。”教材中所选的课文均是名篇佳作，这些文章都可以作为学生习作的范文。那么，我们完全可以结合阅读教学对学生进行习作指导。

安阳市铁佛寺小学的丁文贞老师曾做过这样的尝试，她写过一篇题为《阅读与习作美丽地牵手》介绍她的做法：

在讲课时只要觉得某个地方写得好，不论是词、句还是段，我就让学生进行模仿或迁移，使学生通过迁移运用，把语言形式的表情达意功能扎根于自己的语言宝库，习得句、段、篇的构思范式，促进习作能力的提高。教学中，我主要从以下几方面寻找练笔的生长点，有的放矢地帮助学生随文练笔。

1．随文练笔，扣好词。

精彩的词语往往是作者思想的闪光点，紧扣词语意思让学生说话写话，可以起到一举多得的作用。例如在教学《把铁路修到拉萨去》一课时，学生在理解“不翼而飞”一词的意思后，指导学生用上“不翼而飞”说一个句子。我的引导加深了学生对词语的理解，训练了学生的思维，还丰富了学生对词语的积累与运用。

2．随文练笔，扣好句。

对文中许多语言优美、表现力强的句子，我或侧重于语言的积累，让学生当堂背诵，或侧重于写法的迁移运用。如五年级上册《走遍天下书为侣》中“一本你喜爱的书就是一位朋友，也是一处你随时都可以去的故地”这句话很生动，我引导学生根据自己读书的感受补充句子：一本你喜爱的书还是__________。此时再启发学生的思维：生活中还有什么是你的朋友呢？如你喜爱的一项游戏，你喜爱的小动物、植物、玩具、文具等。这样学生以后在写“我喜爱的__________”时，语句将更生动。

3．随文练笔，扣好段。

针对我班学生的学习情况，在教学中我也注重进行仿写片段训练。如在教学《威尼斯的小艇》第二自然段时先让学生根据课文中插图，用自己的话描述小艇的样子，再通过读书与课文描写相对比，加深对课文的理解，促进学生积累语言。我趁热打铁指导学生用一段话，写写家乡的某处景或某个物，要写出特点来。由读到写，由仿入门，有法可鉴，起到了良好的教学效果。

4．随文练笔，补留白。

亚里士多德说过：没有想象，心灵就不会思想。在教学中，让学生带着鲜明的“作者意识”走进阅读，在“阅读期待”中勾起学生的写作欲望，必将达到良好的效果。如在《桥》这一篇课文的第二部分。“老汉似乎要喊什么？”如果他还来得及喊，他会喊什么？课文的第三部分，“老汉牺牲后，村民们会怎么说？怎么做？”想象当时的一个场景，以不同的身份写个片段。让学生“情动而辞发”，既是情感的凝聚和提升，又是语言实践的活动。

“落红不是无情物，化作春泥更护花。”既然我和学生在春天培育出了鲜艳的花儿，就让我们期待来年的“文花”烂漫吧。

随课文学习作，取得显著效果的经验还有很多。

如，一位教师执教《再见了，亲人》一课。读书中，学生领悟到了中朝人民用鲜血凝成的伟大友谊，体会到了作者列举的“大娘”“小金花”“大嫂”三个典型事例的表达方法。之后，老师让学生交流志愿军为了朝鲜人民做出的牺牲和贡献，学生谈到了“毛岸英”，谈到了《谁是最可爱的人》一文中的英雄，谈到了电影《英雄儿女》中的王成，谈到了为救朝鲜儿童掉下冰窟窿牺牲的罗盛教……这一切的一切，和《再见了，亲人》中的事例交融在一起，构成了一幅幅感人的画面。老师启发学生：“如果你是朝鲜的大娘、大嫂、儿童，想起志愿军为他们所做的一切，你会表达怎样的情感，你会怎样表达你的情感？”引导学生仿照课文的方法写一段话。学生很自然地用从课文中学到的方法：第二人称，采用反问、设问、排比的句式和总分总的构段方式，写出感人至深的话，和课文内容恰当呼应。

这次练习，学生既加深了对文章情感的理解，又非常自然地进行了习作练笔。

另一位老师执教人教版六年级下册《真理诞生于一百个问号之后》，学过课文后，老师让学生交流自己搜集的科学家的感人事迹，学生说到了爱迪生、瓦特、陈景润、袁隆平的事迹等等。老师启发：“让我们当一次作者，从自己搜集的材料中选一个典型的、你最了解和熟悉的写下来。”

学生仿照作者的构段方法，也先摆出现象，然后提出问题进行探究，最后得出了正确的结论，很快成文并进行交流。

在此基础上，老师启发说："如果把我们写的这一段安排到文章中，使其作为文章中的一个段落，应该再做些什么？"学生稍加思考恍然悟到，使其成为文章的一个段落，还应该注意写好段落的第一句，也就是写好过渡句，这样才能非常和谐、自然地融入课文。但是，写好过渡段并非易事，因为文中三个事例，第一个事例的开头是"洗澡是一件非常普通的事情，而美国麻省理工学院……"，第二个事例的开头是"无独有偶"，第三个事例的开头是"最有趣的是一位奥地利医生"。那么，第三个事例都"最有趣了"，学生写的第四个事例怎样开头才能和前文自然衔接上呢，也就是该怎么"过渡"呢?

学生写道：

此类事情还有很多。在60多年前，一位名叫密卡尔逊的生物学家，调查蚯蚓在地球上的分布情况，发现美国东海岸有一种蚯蚓，欧洲西海岸同纬度地区也有这种蚯蚓，但在美国西海岸却没有。他无法回答，这究竟是为什么？密卡尔逊提出的这个问题，引起了德国地质学家魏格纳的注意。当时，魏格纳正在研究大陆和海洋的起源问题。他认为，那小小的蚯蚓，活动能量很有限，无法横跨大洋，这种分布情况揭示了这样一个秘密：欧洲大陆与美洲大陆本来是连在一起的，后来才裂开分为两个洲。他把蚯蚓的地理分布作为例证之一，写进了他的名著《大陆和海洋的起源》一书。

更有趣的是这件事。一天傍晚，牛顿坐在苹果树下乘凉，一个苹果从树上掉了下来。他忽然想到：为什么苹果只向地面落，而不向天上飞呢？他分析了哥白尼的日心说和开普勒的三定律，进而思考：行星为何绕着太阳而不脱离？行星速度为何距太阳近就快，远就慢？离太阳越远的行星，为何运行周期就越长？牛顿认为它们的根本原因是太阳具有巨大无比的吸引力。经过一系列的实验、观测和演算，牛顿发现太阳的引力与它巨大的质量密切相关。牛顿进而揭示了宇宙的普遍规律：凡物体都有吸引力；质量越大，吸引力也越大；间距越大，吸引力就越小。这就是经典力学中著名的“万有引力定律”。

像他们一样爱刨根问底的人很多。瓦特也是其中的一个。瓦特看到水开后，壶盖啪啪啪地响，不停地往上跳动，感到很奇怪，他在思索：为什么水开了壶盖就跳动？是什么使壶盖跳动？是什么东西推动它吗？瓦特不断探索，了解水蒸气推动壶盖跳动的物理现象，由此发明了蒸汽机。蒸汽机的发明，使英国成为世界上最早利用蒸汽推动铁制“海轮”的国家。

写好后，学生们又提炼出一句加到第六自然段“洗澡水的漩涡，紫罗兰的变色，睡觉时眼珠的转动”后面，使文章浑然一体。

通过这样的练习，学生得到了锻炼。

再比如人教版一年级下册《柳树醒了》一课，学生熟读成诵后，知道作者抓住了“春雷、春雨、春风、春燕、柳树”这些特征写出春天到来了。老师可以利用小泡泡中“在春天里，还有什么醒了呢”的问题，引导学生仿照课文进行说话。这样的练习，是说话，也属于低年级的习作。

随课文学习作，很多老师都做了有益的探索。安阳市殷都实验小学孙巍老师的论文《在课内阅读中把握习作契机》介绍到：

“吃的是草，挤出的是奶”，这句话原本是比喻人的奉献精神，如果用来比喻阅读与写作的关系，我想也不无道理。读书好比牛吃草，写作好比挤牛奶。叶圣陶先生说得好：“阅读是吸收，写作是倾吐。”这就明确地告诉我们：阅读是作文的基础，阅读好像蜜蜂采花，作文好像蜜蜂酿蜜。读和写是相辅相成的，读写结合是我国语文教学中的一条传统经验，已成为定论。新课标在各阶段的目标中也提出了课内阅读与习作结合的具体要求：“在写话中乐于运用阅读和生活中学到的词语”（第一学段）；“尝试在习作中运用自己平时积累的语言材料，特别是有新鲜感的词句”（第二学段）；“能根据习作内容表达的需要，分段表达”（第三学段）；“运用联想和想象，丰富表达的内容，能根据文章的内在联系和自己的合理想象，进行扩写、续写”（第四学段）。由此可见，发挥课堂教学主阵地的作用，注重课内阅读中习作的指导，可以夯实语言和思维基础，使阅读与习作有机结合。

一、深度挖掘教材，找准读写训练点

如何在课堂教学中落实“读写结合”，切实做到简简单单教语文，扎扎实实学语文呢？其实小学语文课本的许多经典课文，都是学生学习写作的范例。除了结合每个单元导读的重点训练及课后的小练笔外，我们要善于挖掘教材的潜力，寻找读写结合的生成点，设计各种形式的片段练习，进行读写基本功训练，培养学生的读写能力。

实现读写结合，关键在于深度挖掘教材，找准读写训练点，抓住学生的兴奋点，捕捉学生的真切感受，拓展写的空间，让学生乐于动笔。即抓住文本中的描写动情处、词句优美处、生动有趣处、思维创新处……这些兴奋处成为读写训练点。

（一）从文中重点词句入手，巧妙地写

在阅读教学中，老师带领学生对课文中的重点词句精心品味，这种品味不仅要让学生读通读透，更应指导学生在读的基础上，悟出写法，领会意图，进而学会运用。同时在阅读教学中引导学生品词品句，也是为写作积累了丰富的词汇。例如《我的战友邱少云》一文，在描写“我”的内心活动这一片段中，我抓住“担心”“不敢朝他那儿看”“忍不住不看”这些词语引导学生思考：“我”当时内心十分痛苦、十分矛盾，是因为邱少云的处境实在是太危险了。然后抓住描写邱少云外表的重点句子“邱少云像千斤巨石一般，趴在火堆里一动也不动”来剖析邱少云的内心世界，设计小练笔。引导学生结合课文内容去想象他的内心活动，不仅加深邱少云在学生心目中的

光辉形象，使学生受到不畏牺牲、严守纪律的思想教育，而且巧妙地进行了写作训练。

在《鸟的天堂》一课中，描写群鸟振翅欢畅，可以引导学生："大榕树上有哪些鸟？它们在怎样享受天堂之乐？"接着，播放有鸟叫的音乐，学生摩拳擦掌，开始写作，只几分钟，学生们便写出了许多闪烁着思想火花的精彩片断。

（二）从文中典型段落入手，有目的地写

学生动笔写固然很好，但是，写的素材一定不要脱离文本，要与阅读教学进行有机地融合。在《三个儿子》的教学时，出现了"一个……一个……另一个……"这样的训练点。我从文本中找出适合用"有的……有的……"表达的内容：不仅三个儿子的表现不同，他们的妈妈也有所差异。因此，我让学生用"有的……有的……还有的……"这样的句式归纳了妈妈的不同表现，既训练了学生动笔写，又加深了学生对课文内容的理解。

又如《匆匆》一文，"洗手的时候，……吃饭的时候……默默时……"一句写出了时间在不经意间悄悄流逝，我就要求学生去读读这些语句，而后进行仿写训练，有学生这样写："玩游戏的时候，日子从专注的双眼前过去；聊天的时候，日子从滔滔不绝的话语中过去；打球的时候，日子从欢乐的笑声中过去……"再如文中的"过去的日子，如轻烟被微风吹散了，如薄雾，被初阳蒸融了"这个句子，我也引导学生进行了仿写，学生写得非常精彩。又如课文开头的一组排比句也很有特色，很值得模仿，因此，我也随即引导学生进行了仿句练习，学生的文笔让老师也自愧不如，有学生这样写："花儿落了，有再开放的时候；河水结冰了，有解冻的时候；阴雨蒙蒙，有再晴的时候……"

（三）从故事的结局入手

依据原文，进行创造性地续写，对于发展孩子的创造性思维，培养写作兴趣，提高写作水平都有很大的帮助。教《我要的是葫芦》时，让学生根据结尾进行一次创编，写《第二年种葫芦》，学生写得可好了。他们把那个人看见蚜虫就赶紧捉的细节写上了，所有的学生都写到了种葫芦人的收获，有的说葫芦真的像南瓜那么大；有的说，葫芦太多了，他拿到市场上卖了好多钱；还有的说，他送给邻居一个大葫芦，感谢他曾经劝他捉虫子……

（四）从文章的思想感情入手

语文课是人文性和工具性的结合，每篇文章都存在各自的思想因素，抓住这些因素创设练笔的情境进行训练，可以增强学生的感受和体验，激发写作兴趣和爱好。如《再见了亲人》一文中，作者的感情非常浓厚，此时可以创设情境，设想同学们自己正在与亲人、朋友告别，会对亲人、朋友说些什么。

二、挖掘习作资源，不拘形式地读写结合

小学语文教材上的课文，都是经典之作，不乏名家名篇。这些文章写得生动优美，对学生进行写法指导很有好处。教学中，我们应该重视课本，善于发现和挖掘课本中可以点燃创新火花的空白处，那也是训练习作创新的一道亮丽的风景。依仗课文就好比是给刚学走路的孩子一个扶手，使之少摔跟斗，尽快学会走路。这样的起步可以使学生少走弯路，避免学生犯许多不必要的写作毛病，从而提高写作指导的效率。

（一）模仿

仿写以课文为基础，为学生拓开作文的思路，而不能成为限制他们创造力的框框。因此范文必须具有典型性，使学生触类旁通。作为教师，在进行课文教学时，应充分挖掘文章中的写作知识，加以强化训练。

儿童有着天生的模仿才能，仿写是小学生学习作文的重要途径和训练形式，是从阅读到独立写作过程中起桥梁作用的一种有效的训练手段。借助范文指导学生进行仿写，能激发学生写作兴趣，提高写作能力，我们应利用这一特点来培养学生

的思维能力，提高学生的作文能力，指导学生把阅读中学到的知识通过模仿运用到作文实践中，让学生在模仿中形成写作技能，培养思维的准确性和条理性，真正做到“以读促写”。

第一，模仿可以有以下几种：

（1）对照模仿式。它是直接从模仿对象处学习其某一方面或几方面的特点，依样在自己的作文中使用的一种方式。它可以是结构的模仿，也可以是情节的模仿，可以是人物塑造的模仿，也可以是语言技巧的模仿。如《与象共舞》一文的最后一段，句子间的逻辑关系非常紧密，可以引导学生用“看到……”、“不，那是……”这样比喻加否定的句式对人、对景物进行描写。

（2）借题发挥式。它是相对于对照模仿来说的，不是一对一的简单模仿，而是在对认识感悟更多对象的基础上把其中印象深刻之处巧妙地应用在自己的作文中，在新的语言环境中赋予其全新的意义。

（3）创新发展式。它是指在原作的思路上，进行创新改造，融入自己的情感，增加自己的新的生活体验和素材，这是对原作的创新与再创造。

第二，从模仿的范围来说：

（1）仿片段，亦称点仿。点仿是局部模仿范文的作文方式。局部模仿，内容较多，范文较广，它是训练学生作文基本功的一种有效方法。主要包括句式表达、段落构成、开头结尾、过渡照应、抒情联想、描写议论等。但应指出的是，不是课文中的每一个片段都可以作为仿写训练的材料，而是需要精心地选择那些具有明显特征的片段，进行仿写练习。换句话说，要精心指导学生学习、分析范文，找准和把握仿写之“点”。这仿写之“点”，就是范文中将被模仿的地方。因为一篇文章或一段话，可仿之“点”很多，需要研究的问题也很多。哪些该仿，哪些不该仿，模仿哪些“特点”，怎样模仿等，都需要教师细细指点。例如有些课文中的片段，或属总起分述段，或属分述总结段，或是空间叙述清楚，或是细节描写形象……像这样在写法上独具特点的片段，就可以作为读写结合的“点”进行仿写。仿写时，同时告诉学生这种片段在写法上的规律，使学生有规可循，有法可依，有例可仿。如要训练学生用总分方式写法，其规律是：①总起句位于句首，是全段的中心句；②分述句之间的关系大都是并列的或连贯的。如《第一场雪》的第四自然段主要写了雪后的美丽景色。这一段在构段方式上是从整体到部分，在写法上运用了静态描写和动态描写。学文后，我要求学生按这种构段方式运用这两种描写方法来写一处景物。

（2）仿篇，亦称为全仿。这种方法是从整体上模仿范文作文的方式。可全面模仿《桂林山水》一文的写法：以总—分—总的构段方式布局全文，按一定的顺序观察和描写每一个观察点的景物，在抓住特点描写景物的同时展开联想、抒发感情，在句式表达上要求运用比喻、排比等手法。如写《我爱故乡的山水》。

（二）改写教材，传承文化经典

古诗语言精练，意境优美，同时，又具有含蓄、跳跃的特点。教学时可启发学生展开合理想象，进行改写。例如，学习了《黄鹤楼送孟浩然之广陵》后，学生懂得了李白对老朋友情深谊厚。教师可启发：李白在什么情况下为老朋友送行？他怎么为老朋友送行？他们在黄鹤楼上怎么想的？会说些什么？看着孤帆远去，李白心情怎样？学生受到启发后驰骋想象，李白和孟浩然依依惜别的情景跃然纸上。读写结合应该结合得确切自然，不能牵强。如果能坚持进行言之有物、言之有序的训练，一定会收到良好的效果。

（1）变换叙述人称，让学生从另一个角度来表述同一内容。如把第一人称改第三人称叙述等等。

（2）变换叙述方式，让学生换一种方式来叙述同一内容。语文教材每册都编排有古诗。这些古诗的内容浅显易懂。写景的将景物描绘得细腻生动，抒情的情感真挚感人。在理解诗句的基础上，可以要学生将这些古诗改成现代文。在第十册教材中，《清平乐·村居》可以改写成一篇描写家庭和谐之乐的记叙文，《赠汪伦》可以改写成一篇以“送别”为内容的叙事文。

（3）变换篇幅，如把具体的内容缩写，把概括的内容扩写。

（4）改变写作顺序，如将倒叙改为按顺序写。

（三）发挥想象写

语文教材中，有很多课文的中间或结尾都留有空白点，给读者留下极为广阔的想象空间，可发挥学生想象力丰富的特点，将课文的空白点补充完整。指导学生写想象作文，能培养思维的敏捷性和独创性。想象的方式可以有以下一些：

（1）看图想象。根据插图画面展开合理想象。

（2）换位想象。将自己与作者换位或与文中的角色进行换位想象后写作。

（3）拓展想象。课文有些地方写得含蓄，或简练，或意犹未尽，给学生的思维留下了想象、延伸、拓展的空间。学这样的文章，可以让学生把简练的地方补写完整，把含蓄的地方进行填充和扩展，把文中未尽之意，按原文思路加以想象与延伸，写出新气象；或者对一些有意义的童话或寓言故事进行拓展想象，写出更丰富多彩的结尾。如《草原》一文的第一自然段，作者描写了草原有美丽景色后，又写了自己的感受：“这种境界，既使人惊叹，又叫人舒服，既愿久立四望，又想坐下低吟一首奇丽的小诗。”学完这一段后，学生充分感受到了草原的辽阔与美丽。我乘兴问学生：“如果你此刻就在这如绿海般的草原上，你会吟一首怎样的小诗呢？”学生的兴趣一下子被调动了，都想尝试着当一回“小诗人”。这种新颖别致的填补练习拓展了学生的思维，培养了学生对美的欣赏和领悟能力。

（四）读后感

有些文章的内容能给学生以强烈的感染力。学生如读文有感，可以写一写读后感。《将相和》一文是对孩子们进行思想教育，培养孩子们合作意识的优秀课文。待孩子们在老师的引导下，自己读懂全文后，我随机提问：学了这篇课文，你读懂了什么？孩子们纷纷发表自己的见解："做什么事都应以大局为重。""团结就是力量。""我认识到了蔺相如机智勇敢、顾全大局的品质；廉颇知错就改，也是一位好汉。"于是我接着问：读了这篇课文，你想到了什么人或什么事？不管是你身边的，还是你所知道的。你能不能把你想到的内容与课文联系起来，写一篇读后感。这次练笔成功率也很高。因为孩子们在老师的帮助下，首先抓住了"感点"，接着又有了以生活实际为基础的具体内容，一气呵成。观其作文，虽认识程度参差不齐，但百花齐放，确实是有感而发。可见，教学完一篇课文，在老师的有效指导下试着让学生写写读后感，对于提高学生的阅读理解、分析认识能力、作文水平都有很大的帮助。

总而言之，教师要善于用自己的眼光来看教材，挖掘课文中的习作资源，不拘形式地拓展习作范围，让孩子们在大量的练笔中学会表达，爱上习作，为他们创设一个分享交流的情境，长此以往，定会点燃学生习作创新的火花，让他们轻松快乐地完成每一篇习作，从而提高写作水平，享受习作乐趣。

从以上案例可以看出，老师们结合阅读教学，结合教材，寻找习作内容和习作方法的连接点，就能恰当地引导学生读写结合，在学习课文中进行习作练习。

只要我们能紧密结合课文，寻找课文与习作的连接点进行"无痕连接"，相机引导学生进行习作练习，在练习中有模仿、有指导，学生的习作水平、表达能力就一定会日渐提高。

高年级学生习作，应该掌握一些表达方法

新课程实施后，现行的语文教材删去了过去每单元的“读写例话”，新课标总目标中虽有“能具体明确、文从字顺地表述自己的意思。能根据日常生活需要，运用常见的表达方式写作”的要求，但是，落实在小学阶段，只在第三学段中提出“根据习作内容表达的需要，分段表述”。第四学段提出了比较具体的关于表达方法的教学要求：“根据表达的中心，选择恰当的表达方式。合理安排内容的先后和详略，条理清楚地表达自己的意思。运用联想和想象，丰富表达的内容。”分析这些要求，并将这些要求与教材联系，我们会发现这些并不意味着新课程对习作教学要求降低或削弱了。仔细研读教材，我们就会发现对习作的教学要求渗透在了每个单元的导读中、课前的导语中、课文后的练习题里以及“回顾、拓展”里，其中都有对学生进行习作方法指导的要求。

因此，我们应根据教材要求，结合阅读教学，相机对学生进行习作方法的指导，引导学生掌握一些表达方法。

如，安阳市铁佛寺小学的董喜娟老师就曾结合阅读教学，引导学生“让作文题目亮起来”。她的做法是：

一、教学中引导

在教学《晏子使楚》《小嘎子和胖墩比赛摔跤》《凤辣子初见林黛玉》时，让学生们明白这类写人的文章，可以以主人公及他做的事情为题，也就是用“谁干什么”为题；教《临死前的严监生》时引导学生联系《杨氏之子》《刷子李》两篇课文的题目，使学生明白写人的作文可以文章的主要人物为题目，有时可以在人物的前面加上特点；推而广之，有时也可以作文围绕的中心事物为题……总之课文就是一个很好的例子，教学每一篇课文时，都让学生有意识地去研究这篇课文拟题的方法，琢磨这个题目的好处。

二、归纳总结

课文学完后，组织学生探索“小学语文课本中的记叙文一般是从哪几个方面设计题目的”，学生经过谈论，得出：

1. 以文章中人物的名字为题。例如《临死前的严监生》《杨氏之子》《刷子李》。

2. 以文章围绕的中心事物为题。例如《半截蜡烛》《祖父的园子》《威尼斯的小艇》《彩色的非洲》等。

3. 以文章记叙的重要人物及与人物紧密联系的事物为题。例如《猴王出世》《晏子使楚》《小嘎子和胖墩比赛摔跤》《“凤辣子”初见林黛玉》等。

4. 以事情及事情发生的地点为题，如《景阳冈》。

5. 以文章中紧密联系的人和物或物和物为题。例如《狐狸和乌鸦》《冬阳·童年·骆驼队》。

6. 以特定的环境及特定环境中的人或物为题。例如《狼牙山五壮士》。

7. 以事情的结局为题。如《将相和》。

8. 以事情及事情发生的时间为题。如《十六年前的回忆》等。

9. 以人物的语言为题。如《“你们想错了”》。

10. 以问题做题目。如《黄河是怎样变化的》。

11. 以文章中能够反映人物品质的事物为题。如《桥》《金色的鱼钩》。

看到这些方法，学生都感到惊奇："哇，有这么多的方法！"

此后，学生在写作文的时候，也有意识地按照这些方法给自己的习作拟题目，不再为习作的题目发愁了，有些题目令人眼前一亮。记得三·八妇女节的时候，一个学生写第一次帮妈妈拖地，题目是《第一次"送礼"》。另一个学生写自己帮妈妈洗脚，起的题目是《"妈妈，洗脚"》，运用了电视上的一句广告词，很是吸引人。在表演完课本剧《半截蜡烛》后，有人把自己的习作题目定为《第一次当导演》《都是紧张惹的祸》《克服三大难》。班里举行了运动会后，学生们写的作文题目有《我们班的"奥运会"》《"小姚明"郭津伟》……

学生作文的题目越来越新颖，越来越"亮"。这，应该得益于老师结合阅读教学引导学生掌握了习作命题的方法。

那么，我们教学中，是否也应该对教材进行研读，在阅读教学中引导学生掌握其他习作的方法呢？比如：开头、结尾、详写和略写、总分、总分总、过渡段或过渡语、揭示"中心"，等等。

当然，这些只可以作为引导，因为，习作是极具个性化的，不能一刀切强行要求；但是，这些又必须引导，因为这些方法有助于学生顺畅地表达、有技巧地表达，何况我们必须承认学生中确实有习作悟性高的学生，经过我们的引导，他们会达到他们能达到的发展目标。这不也体现了"以学生发展为本"的理念吗？

习作，应该“面”评——在师生面对面的交流中引导学生发展

写作是运用语言文字进行交流和表达的重要方式，是人们认识世界、认识自我、进行创造性表述的过程。写作能力是学生语文素养的综合体现。

所谓习作面评，即教师面对学生个体，交流自己对学生习作的看法，在师生面对面的交流中引导学生发展，这句话中的关键词是学生个体。习作是学生最具有个性的学习内容，篇篇习作都是学生独特体验的表述和个体情感的流露。因此，我们要真正尊重每一位学生，真正以每一位学生的发展为本，就要对每一位学生的习作进行面评，在面评中就每一篇习作与每一位学生进行真诚地交流，在交流中对学生进行引导。

一、如何“面”评

案例一：和学生共同修改“问题习作”。

在平时的教学中，每个班是否都会有学生写出这样的作文（见右图）？我们是否会为这样的习作发愁?

怎么办？我们要和学生当面交流，在

交流中对学生加以引导，改变这种现状。

第一步，诊断。即先对问题习作进行分析，找出问题所在。

认真分析这些习作，我们会发现其问题在于：

（一）篇幅短。显而易见，问题的实质是学生没有把内容写具体。课程标准对小学高年段的要求之一就是“养成留心观察周围事物的习惯，有意识地丰富自己的见闻，珍视个人的独特感受，积累习作素材”“能写简单的记实作文和想象作文，内容具体，感情真实。能根据内容表达的需要，分段表述”，这些要求表现在习作的外部特征上，就是要有一定的篇幅。那么，导致习作篇幅短的原因，一是学生的观察能力欠缺，观察不仔细；二是学生的想象能力欠缺，想象不丰富。因此，这篇习作的内容不够具体，学生自己的独特感受和真实感情未能表露出来。

（二）语句欠通顺，未能达到课程标准中提出的“能具体明确、文从字顺地表述自己的意思”的基本习作要求。

（三）字体欠工整，影响习作的整体效果。

第二步，师生共同修改。即老师对学生的习作进行面评，在面评中师生进行对话，老师的作用是启发和引导，而绝不能越俎代庖。

下面是一位教师的做法：

老师把学生叫到跟前：“你的习作不错，选材很好。”

（点评：老师的开场评价客观，学生的选材确实不错。这种赏识和激励，使学生丝毫未感到自己是“差生”，为下面教学的进行营造了良好的交流氛围，打下了良好的心理基础。）

“但是，”老师指着习作本上的“两颗星”，“你的习作水平需要再提高，想想，怎么样才可以再提高？”

学生：“再写长一些。”

老师：“还有呢？”

学生语塞。

老师拿出了另外的习作本，让学生观察对比。

学生："把字写工整。"

（点评：老师采用启发式的方法，引导学生自己找出问题所在。）

老师："不错。分析得很准。这两个问题解决了，你的习作水平就能提高一大截。想想这两个问题哪个更困难？"

学生："我不知道怎样把作文写长。"

老师："好，我们就先解决这个问题，其实把习作写长很容易。"

老师让学生读自己的习作。学生读过后，老师在学生的习作上画了几处"⋆"。

老师说："你读过后，这些地方我不清楚。你能不能把这些地方写具体？"

学生："能。"

老师："你只要能把这些地方写清楚，你的作文就长了，你就可以得四颗星。"

学生非常高兴地写了起来……

最终，学生看着习作本上的四颗星笑了。

老师又拿起这个学生的另一篇习作，"你能不能自己把这篇习作写具体、写长？"

学生在老师的引导下，学会了把习作写"长"。

案例一的启示：

一，我们要从儿童的心理出发，站在他们的角度看待问题。学生的习作再差，也是学生思维的流露，是学生情感的表达。要相信每一个学生都想成为好学生，都想把自己的习作写好，只不过是在表达方法上需要我们帮一把、扶一把，而这也恰恰是教师的责任所在。所以，对每一个学生评价都要客观，都要以期待、赞赏、激励的心态去对待。

二，对问题习作的修改过程是师生情感交流、学习交流的过程，对话要在师生关系平等的前提下进行，这样易于学生接受教师的指导。

三，在这一过程中，教师是主导但不能越俎代庖，要启发学生自己发现问题，自己解决问题。既培养学生自主学习的能力，又让学生不断体验成功的快乐。

四，要认识到教学工作和学生学习成长的复杂性、长期性。这个案例中教师对学生的辅导告一段落，实际上，有许多问题不是一两次面评就能解决的，甚至多次面评都收效甚微。因此，教师对学生应有足够的耐心，并根据学生的不同情况调整自己的辅导方法。譬如，对学习困难大的学生，可以在开始时，帮助他一句一句地写具体，然后再慢慢地让他自己去实践。辅导学生写某一篇，学生写长了，可是换一篇，又写不具体了。没关系，老师可以再进行具体的辅导。也就是说，有的学生老师稍加指点，就有效，而有的学生则需要老师扶着多走一程，再多走一程。这个过程需要的是教师的耐心和有针对性的方法指导。

案例二：允许学生“超常”发展

问题习作需要面评，那么，平时我们所说的“好学生”的习作是否也需要面评呢。

答案是：需要。习作是学生最具有个性化的学习内容。学生家庭环境不同，生活的地域不同，接受的外部信息层次不同，阅历不同，阅读量不同，在阅读中对文字的理解感受能力不同，因此，在习作中的表现差异非常大。我们既要严格按照课程标准实施教学，引导每位学生达到义务教育阶段小学生应该达到的最基本的标准，同时，又要关注学生个性化的成长，即在习作教学中，允许学生“超常发展”——超出课程标准的发展。

分析右图中的学生习作，我们会发现习作基本达到了课程标准提出的“文通字顺，内容具体”的要求。

面评什么呢？

下面是一位老师的做法：

老师和学生单独进行交流。

老师：“你对自己的习作满意吗？”

学生：“不满意，我认为我的习作结尾没有张帆写得好。”

（点评：1. 在这之前，老师让学生各自交流了习作。2. 凡是能写出这样习作的学生一般都比较要强，比较关注别人的优点并努力去学习别人的优点。）

老师：好。想想，你的这篇习作怎么结尾会更好？能改改吗？

学生：能。

学生改过后，老师和学生再次交流。交流中对学生又一次进行了指导。

试想，这样批改习作的效果是否要比老师在学生的习作后面写上几句批语效果好得多？

老师对这位“好学生”进行了习作结尾方法的指导，此外习作的开头、过渡句、句式、修辞等内容都可以进行指导，只要是属于学生“最近发展区”，老师尽可以进行引导。

那么什么时间评呢？

看到这些案例，老师们会说，一个班五六十个学生，甚至更多。哪有时间面评呢！

建议：

（一）做好计划。即把学生进行分类，然后，根据不同情况用不同的时间进行辅导。即使做不到对每个学生的每篇习作进行面评，起码做到在一个学期里能对每个学生面评一次或几次。

（二）巧用时间。即合理安排时间，适时对学生进行面评。如，习作课上，大家开始习作，而老师此时就可以对文不通字不顺的学生（相信这样的学生每个班不会很多）进行辅导，让学生先口述，然后说一句再写一句。学生在老师的具体辅导下写出的习作常常要高于其原来的水平。再如，对展不开篇幅的学生，在其他学生写新的习作时，这个学生就可以不用写，在这个时间内继续用师生交流中习得的方法修改过去的习作，继续学习怎样把习作写具体，把习作篇幅展开，直至问题得以解决。对“好学生”也如此。也就是习作课不要一刀切，不用统一行动，完全可以是自主的、多样的、“分餐式”的学习。另外，课前课后、午前午后，只要我们想做，就会找到和学生交流习作的时间。

（三）方法多样。老师和学生进行习作交流很重要，同时，学生之间的习作交流也非常重要。老师可以充分发挥学生互助的作用，让同层次的学生交流，他们可以互相借鉴，共享经验；让不同层次的学生交流（应该是好伙伴），同样也能收到教学的效果。老师可以和学生进行语言交流，也可以通过书信交流，老师在书信中给学生指出前进和努力的方向，学生在书信中给老师谈困惑，谈收获。

面评习作，不仅能促进学生习作能力的提高，同时也能增进师生的交流，改善师生关系，这对提高教学实效是十分有益的。

作业应在课堂完成

一、教学现象

课堂上老师和学生互动学习非常活跃，老师问学生答，学生一会儿小组讨论，一会儿全班交流……

即将下课时，老师说“请同学们回家背诵课文第四段”或“请同学们下课后把每个生字写五遍”或“请同学们下课后完成这篇作文”等等。

这是我们在听课时经常看到的现象。

二、理性分析

仔细分析以上现象，我们就会发现其存在许多弊端。

首先，这种做法有产生“学习暂时落后生”的漏洞和使学生学习出现缺陷的问题。比如“请同学们回家背诵课文第四段”。试想，背诵是小学生乃至每个人积累语言的必经途径，是提高小学生感悟语言能力的有效方式。同时，背诵有哪些方法，用什么样的方法背诵，小学生都需要教师引导。在这一过程中，对一时对学习无兴趣的学生进行监督、对背诵有困难的学生进行帮扶，都需要教师做大量的细致的工作，这样才有可能达到预期的教学效果。岂能一句“请同学们回家背诵课文第四段”了事。如果每节课我们都把课的高潮——真正要让学生去动脑、动口、动笔实践的过程放在课外、放到课下，那么，教学效果自然大打折扣了。再比如："请同学们下课后把每个生字写五遍。"教师考虑这样布置作业的效果了吗？写生字当然非常必要，但是将这样需要记忆的作业放在学生自由支配的时间里完成，是否能够达到预期要求，需要再考虑。根据儿童学习心理，儿童一般是在有监督的情况下注意力比较集中，这种状态中学习的效果高于注意力松散、自由状态下的效果。教学中长期这样将学生的学习任务布置在课外，必然会出现"学习暂时落后生"，学生的学习必然出现缺陷。因此，这样的作业应尽可能地在课堂完成。类似"请同学们下课后把这篇作文完成"或"请同学们下课后把这份卷子抄写一遍"等问题也是这种情况。

其次，这样的作业"价值"不大。当今社会对人的素质要求越来越高、越来越全面，教学的目光不应仅仅盯着教材上的教学内容，而应通过学校系统的教学，激发学生对知识的渴望，引导学生自主地探索自己感兴趣的更广泛的知识，在这个过程中，开阔视野，锻炼能力，提高对社会的了解和认识。这样改变一下我们的教学着眼点，我们还会给学生布置那么多课外死记硬背的作业吗？至于具体布置什么作业，需要老师自己进行研究。总之，要布置有利于促进学生思维发展，培养学生动手能力、探索精神和创新精神的作业。

第三，这样容易磨灭学生学习的兴趣，加重学生学习负担。提高课堂教学实效性，旨在优化课堂教学，减轻学生学习负担。学生的学习负担包括两个方面，第一是学生学习的心理负担，第二是学生学习的课业负担。心理负担即学生对所做的事物毫无兴趣，又必须去做，就容易产生厌烦情绪，这种情绪导致学生把所要做的事物当成了负担。心理学研究证明，感兴趣的、愿意去做的事情，再多、再难、做的时候再累都不是负担。而不感兴趣的、不愿做的事情无论多与少、轻与重都是负担，这种负担就是心理负担。我们布置的机械的、毫无创造性、学生不感兴趣的作业，容易导致学生产生心理负担，这种心理负担极易抹杀学生学习的积极性和学习兴趣。同时，把这样应该在课堂完成的作业放在课外，占用学生课余时间，也加重了学生学习的课业负担。因此，我们不宜布置这样的作业，或可以少布置这样的作业。

第四，作业本身就是学习内容的一部分，课堂是学生学习的时间，那么，我们有什么理由不让学生在课堂完成作业，而放在课外去完成呢？因此，我们应转变多年来的教学时间观念，把课堂真正还给学生，在教学中，研究课堂教学的有效性，减去不必要的环节和老师过多的话语，节省课堂时间，让学生在课堂完成作业。这样既可以提高作业的质量，又能够减轻学生的课外学习负担，“把中小学生从过重的课业负担中解放出来，让学生有更多的时间思考、实践、创造。”（见温家宝总理2009年3月5日《政府工作报告》）

早晨第一节课不评价家庭作业

布置适当的家庭作业是必要的，它有助于帮助学生养成良好的预习、主动学习和复习等学习习惯，有助于不同爱好、不同层次的学生选择不同的学习内容，有助于引导学生动手实践和创造性地学习。所谓家庭作业，就是离开了学校、离开了老师的指导，在学校学习之外学生自己或是在家长辅导下的学习过程。既然具有这一特征，既然是家庭作业，那么就难免会因为各种原因导致学生完成作业情况达不到教师所期望和要求的标准。既然会出现部分学生不能按照教师的要求完成作业，那么就难免会影响教师的情绪，因此，教师早晨不要急于评讲家庭作业，避免因学生家庭作业完成不好而将不良情绪带到课堂，使师生双方以不愉快的心情开始一天的学习。如果以不愉快的心情开始一天的学习，那么学习效果可想而知，师生“学习着并快乐着，工作着并快乐着”就只能是奢谈了。

另外，早晨评价家庭作业，下午放学时再布置家庭作业，因“时差”原因，作业评价效果也就被削弱了。因此，早晨第一节课不要急于评讲家庭作业，让教师和学生以愉快的心情开始一天的工作和学习生活。

每周进行一次优秀作业展览

走进学校、走进老师的办公室、走进班级，翻看学生的作业本，一丝愁绪涌上心头。

学生作业本或残缺，或不整洁；翻开本子，字面干净、书写规范的有，但是比例不高，离让每一位学生都得到良好发展的教学目标还有很大距离。

小学教育是基础教育的基础，因此，引导学生养成良好的学习习惯和严谨做事的态度非常重要。

我所钦佩的袁蓉老师在教学中就非常重视对学生进行良好习惯的培养。在她的学生的桌子上，除当堂用的课本、文具以外，别无他物。学生跟着老师朗读课文，用两手捧起书，书本大致与桌面成七十五度角；学生用过的作业本平整洁净……当然，这一切并不能一蹴而就，需要“滴水穿石”的工夫。

那么，培养学生养成良好的学习习惯和严谨做事的态度就让我们从学生的作业本开始吧。

学生每天都在写作业。这个环节是学生学习的过程，是教学中的过程，也应当是学生接受教育或者自己教育自己的过程。其关键在于教师是否对这个环节提出了明确的要求，并给予了必要和及时的辅导。

1. 教师要意识到这个环节是结合学生的学习常态进行教育

的环节，对这个环节的教育要予以充分的重视，而不应仅仅关注学生的作业写完没有，写正确没有。

2. 对如何使用作业本、写好作业提出明确要求。

一位特级教师的做法非常值得我们借鉴。

她发任何作业本，只要是学生第一次用这样的本，她都首先让学生认识这种本，知道这种本的用法。

如发作文本时，她让学生了解横格和方格的不同作用，之后，讲使用横格和方格应该注意的事项。同时，提出使用和爱护作业本的要求。

尽管老师讲得很清楚，但是学生的作业本却是良莠不齐。老师便每周进行一次优秀作业展览，既对好学生进行鼓励，又对没有达到要求的学生作了示范和引领。

当然，老师还采用了很多很多的方法。

经过这样的辅导，这个老师班里学生的作业及作业本怎么样，想必大家都能想象到吧。

让我们努力，从学生作业和作业本做起，让学生每本作业都能成为优秀作业，在提高学习成绩的同时，培养学生良好的学习习惯和严谨做事的态度。

第二辑 教学策略源于对教学理念的思考

随着新课程实施，新的教学理念似徐徐春风向我们吹来，给我们带来生机和活力。理念引领、指导、提升着行为。如何结合教学实践，改变传统的教学方式，理解和落实这些教学理念，便成为我们不得不思考的问题。

微笑进课堂

学生的心灵极其敏感和脆弱。尤其是小学生，他们年龄小，离开对自己百般呵护的家人来到学校，会对学校、老师、同学时刻存有恐惧感，心里渴望从老师处寻求到“保护”。他们非常在意老师对自己的态度，在意老师的言语、动作，甚至是眼神。这就涉及儿童的心理。

法国现代心理学家瓦龙认为，人是一个处在与周围环境经常相互作用中的积极的活体，不仅是行动的客体，也是行动的主体。他在《心理生活研究概论》一文中写道：“无论是心理学的或是生物学的事实，都是从活体与其环境的接触开始。”由此可见，由老师的微笑开始，为学生创设宽松的、“安全”的心理氛围是多么重要。它能极好地消除小学生初到学校时固有的恐惧心理。这种心理会使人神经高度紧张，内心充满害怕，导致学习时注意力无法集中，脑子里会一片空白。甚至影响到人的心理成长，长期具有恐惧感，会导致人不能正确判断或控制自己的举止而变得容易冲动。

因此，提倡教师微笑进课堂，上课开始，就让学生心理感觉到温暖，感觉到安全，从而心情轻松、愉快地进入学习状态。

对微笑的赞美之辞太多了，为进一步增强大家对微笑的认识，现摘录一首小诗献给大家（摘录时稍有改动）：

微笑可以表达快乐，微笑可以表达喜悦；
微笑可以表达轻松，微笑可以表达善意；
微笑可以表达好感，微笑可以表达亲情；
微笑可以表达关心，微笑可以表达友爱；
微笑可以表达同情，微笑可以表达智慧。
微笑可以表达自信，微笑可以表达从容；
微笑可以表达胸有成竹的把握，
微笑可以表达对生活的积极态度。
微笑更可以表达出教师对学生的满心喜欢。
当学生心情压抑时，你的微笑可以驱散他心中的乌云；
当学生情绪浮躁时，你的微笑可以抚慰他心中的浪潮；
当有学生误解你时，你的微笑可以融化他心中的坚冰；
——这就是微笑的魅力。

其实，微笑不仅是一种表情，更是一种愉悦的生活心态，幸福的工作体验和对学生健康发展的热忱期待；微笑既是现代社会高雅人士的一种表象特征，更是现代教师体现职业素质的外在需求。

让我们一起面对学生微笑，以微笑开始我们的教学吧！

坚持“一个中心、两个基本点”，构建语文大课堂

教学的最终价值指向应该是提高人的人文素养，而语文教学属于教育教学中的一个极其重要的教学内容，它的价值指向应该是培养学生的语文素养。语文教学兼具工具性和人文性，我们的教学就要通过培养学生的语文素养，来达到教学的最终价值指向，即提升学生的人文素养。基于这种思考，新课程实施中，我们的语文教学，也应坚持“一个中心，两个基本点”，形成语文大课堂的教学格局。通过语文大课堂的建构，使学生沐浴在语文教学的清新空气中健康快乐地成长。

一、“一个中心、两个基本点”的具体内容

一个中心：以提高学生的语文素养为中心；两个基本点：一是课堂教学惜时增效，二是课外资源绿色滋养。

提高学生的语文素养是我们语文教学的任务和职责，是我们工作的重心。关于语文素养的内容，新课标说得非常明确：“九年义务教育阶段的语文课程，必须面向全体学生，使学生获得基本的语文素养。语文课程应培养学生热爱祖国语文的思想感情，指导学生正确地理解和运用祖国语文，丰富语言的积累，培养语感，发展思维，使他们具有适应实际需要的识字写字能力、阅读能力、写作能力、口语交际能力。语文课程还应

重视提高学生的品德修养和审美情趣，使他们逐步形成良好的个性和健全的人格，促进德、智、体、美的和谐发展。”

如何培养学生的语文素养呢？我们要坚持两个基本点。

其一是课堂教学要惜时增效。课堂教学是学生学习语文的主要渠道，我们要研究在有限的课堂教学时间内，提高教学效果。通过课堂教学，激发学生学习兴趣，诱导学生主动学习，教给学生学习方法，培养学生学习能力，引导学生养成良好的学习习惯；通过课堂教学，夯实学生应具有的、课程标准中提出的“三维目标”基础，改变“课堂教学效率低，课外师生补课忙”的现状，为学生的自主发展、创新发展提供必要的空间和时间。要做到课堂教学惜时增效，就要结合课堂教学，在新课程理念指导下进行教学的实践性研究，研究新课程理念下的有效教学策略。在教学中，勤于学习，善于思考，勇于实践，敢于反思，探索有效教学方式，提高教学实效。

其二是课外资源绿色滋养。语文的特质是语文存在于生活之中，语文存在于书籍中，语文存在于各种媒体中，语文存在于人与人的交流之中，可以说，生活中处处有语文。由于语文这一特质，仅靠课堂培养学生的语文素养只能说是“杯水车薪”。因此，我们必须研究开发和利用课外资源滋养学生。

所谓课外资源，指的是我们中华民族千百年来积淀的优秀传统文化和现代文化。所谓滋养，就是要使课外的语文资源，如春雨润物般自然、悄无声息地对学生产生影响。这种滋养虽是隐性的，但恰恰是人的发展最重要的、不可或缺的环节。所谓绿色，即学生有学习兴趣（乐意学习），有学习觉悟（自觉学习），有学习能力（能够学习），有良好的学习习惯（成就学习），而不是被动地、功利地、“被污染”地去学习。在这种绿色滋养过程中，学生视学习为成长需要，视学习为自己应承担的责任，轻松学习，快乐生活。

做到课外资源绿色滋养，就要引导学生走向社会，做调查研究；引导学生诵读经典，在中华民族传统的优秀文化中汲取终身可用的营养；引导学生阅读优秀文字，体验“书”中人物的精神世界，体会“书”中祖国语言文字的魅力；引导学生走进网络，了解世界；等等。

确立大课程观，构建语文大课堂，符合语文自身的规律——语文存在于人的生活之中，与人的生活、活动密切相关，“生活即教育”，同样，“生活即语文”；符合新课程要求——“语文课程应植根于现实，面向世界，面向未来。努力建设开放而有活力的语文课程。语文教师应高度重视课程资源的开发与利用，创造性地开展各类活动，增强学生在各种场合学语文、用语文的意识，多方面提高学生的语文能力。”坚持一个中心，两个基本点，课内课外结合，就会使学生学习得法于课内，得益于课外，并因此终身受益。

二、建构语文大课堂的原则

语文教学的资源就像珍珠一样散落于生活的每一个角落，蕴藏于每一篇经典文章之中，我们如何以课程观来予以审视、采撷，使之作用于我们的教学呢？可遵循以下四个原则：

（一）保底性原则。所谓保底性原则，是指在建构语文大课堂的过程中，必须首先保证国家规定的语文教学任务得以完成。关于小学阶段的语文教学任务，国家制定了语文课程标准，编有各种版本的语文教材，我们的教学必须首先要遵循课程标准，以教材为基本的教学依据，认真实施教学，保证这个底线扎实稳固。《中国教育报》曾经报道过这样一个事例，某地一所小学的一名优秀青年教师因为进行“素质教育”致使学生考试成绩下降，结果家长问责，教师自责。最后，教师向学生家长表态再也不搞素质教育了。这个事例提醒我们，在实践中，我们必须处理好两个基本点的关系，应把保底的课程纳入到语文大课堂中，在夯实课堂教学、提高课堂教学实效性的基础上开发利用课外资源。

（二）自主性原则。在教学中，许多学校、许多教师表现出自己的教学特色。所以，在建构语文大课堂过程中，各学校、各位教师可以充分体现自己的学科特色，在继承本校、本人以往经验的基础上，再赋予教学新的内容。如，安阳市汤阴县第二实验小学韩秀琴老师，根据农村学校实际，根据农村孩子特点，营造书香班级，自己购置、收集别人读过的《读者》《少年文学》等杂志建立班级“开放图书馆”，并将图书馆活动融入语文教学之中。还编写了班级经典诵读“教材”、《成语接龙300条》《八字成语歌》等，拓展了教学内容，丰富了学生的语文积淀。安阳市文明大道小学的校园里，有唐诗宋词墙，钢三路小学尝试在二年级设立背诵《大学》《论语》的课程。安阳市区很多学校下午“正课前”播放古典音乐，学生在悠扬的琴声中练字……所有这些都有效地促进了新课程实施中的语文教学。

（三）快乐性原则。语文素养的提高，首先就要唤起学生热爱语文的情感、激发学生热爱语文的兴趣，诱导学生将“语文”融入自己的生活中甚至生命中。这就要求我们在语文大课堂的实施中，根据学生的身心特点，研究教学方法，引导学生爱学、乐学、会学。不能以牺牲学生对语文乃至对学习的情感和兴趣为代价，而“强硬”地实施语文大课堂，那样，将得不偿失。

（四）有效性原则。建构语文大课堂就是要实现教育教学的目的，实现语文教学的目的。因此，我们在实施语文大课堂的过程中，无论是第一个基本点——课堂教学，还是第二个基本点——课外资源的绿色滋养，都要研究有效教学方法，关注教学目标的达成度，注意提高每个教学环节的效果。

三、建构语文大课堂的途径

资源“流向”归结为两个渠道，一是课堂教学，二是课外学习。那么，如何使这些资源在这两条渠道上能顺畅、欢快地奔向我们的目标呢？

（一）在教学中进行实践性的理论研究

实践性理论，顾名思义，既含有实践，也含有理论。它指"教师在自我的或体察他人的实践经历、经验的基础上，运用相关教学理论，借助一定媒介，对某一个或某一些、某一类教学实施进行分析或归纳，从而形成有一定创见或新意，能对个人后续教学或同行教学有所启发和助益，具有较强操作性和较强条理性、规律性的教学思考和教学观念"（见《人民教育》2009年第11期冯卫东《教师如何生成自己的理论》一文）。

在坚持"一个中心、两个基本点"的语文大课堂中，会有许多问题需要研究，而在这些研究中，我们应当结合自己的教学，运用一定的教学理论、运用新课程理念指导自己的研究，指导自己的教学，在这一过程中，提升自己的研究水平，提高自己的专业能力。因此，要在教学中进行理论和实际紧密结合的实践性研究。

（二）要研究教学实施中的具体策略

全国著名教学专家王敏勤说过，目前，中国不缺教学理念，对教师来讲，缺的是具体的教学方法。的确如此，新课程实施以来，我们经过各级培训，对新课程理念有了初步的了解和认识，并在教学实践中努力加以运用。实践探索中，有收获，有成功的喜悦。但是，反思现在的教学，尤其反思课堂教学，我们会发现有时课堂呈现的教学状态和新的教学理念有很大距离。也就是说，教学理念在课堂教学中出现了落差。减少这种落差，就需要提高我们将理念向实践转化的能力，研究具体的教学策略。

第一，研究教学策略，提高课堂教学实效性。

在坚持"一个中心、两个基本点"的语文大课堂中，要保证两个基本点的和谐共处，共发展，就需要我们研究提高课堂教学这个基本点的效率。只有课堂教学效率提高了，课堂上完成教学任务了，课外资源的绿色滋养才有时间保证。比如，本书中提出的所有教学建议，都是我们教学实践中的探索和经验总结，这些建议有效地促进了课堂教学效率的提高。当然，这种研究无止境，教学的生命历程有多长，教学研究的时间就有多长；教学是极具创新性的工作，教师不同，学生不同，决定了教学方法也应有不同。而所有这些不同，要求我们让研究伴随教学，让研究促进教学的生成和自我的成长。

第二，研究课外资源的绿色滋养。

教材之外的学习时间是学生自主学习和自主发展的空间。第一个基本点——课堂教学效率提高了，自然就为学生腾出了更多的课外自主学习、自主发展的时间，我们要有效地开发和利用这些宝贵时间，研究有效策略，保证课外资源的有效滋养。1. 研究确定校本教学内容。中华民族的文化源远流长，文化瑰宝璀璨耀眼，我们可以根据区域文化特色、学生年龄特点，采撷瑰宝确定为校本教材，对学生进行语文素养的滋养。如，林州第二实验小学，开设了“走进红旗渠”课程，编有教材，建有展室，固定时间，学生在固定的课时里读文章，练讲解，走出教室访问除险队长任羊成。安阳市钢三路小学，将诵读经典作为本校教学内容，而且将这一工作融入教学研究之中，探讨年级序列内容，在台湾台中师范大学王财贵教授的指导下进行深入研究，有效促进了学生语文素养的提高。有的学校列出学生必读书目，并分解到了每个年级。2. 改革课程结构，设置语文特色课。课程是教学的载体，犹如桥梁，只有架起这座桥，才能更好地将教学内容和学生发展连接起来。因此，要研究、改革课程结构，将校本教学、班本教学内容纳入到课程之中，或进行长短课时的探索，或占地方课时，或从常规的语文课中抽取一节。用这些课时开设阅读课、书法课、经典诵读课、评论课、新闻发言交流课等等。课程结构的改革，课时的确立，从时间上保证了学生对课外资源的学习。3. 研究教学方法，促进学生快乐学习。在课外学习中，要达到绿色滋养的目的，就必须研究符合学生实际的有效的教学方法，激发学生学习兴趣。如，文明大道小学在“书香校园”的创建中，开展“小博士评选”活动，凡是读够五本书的学生可当读书小明星，读够十本书的学生可当小博士，在每周一的升旗仪式上给予表彰。有的老师采用“发小红花”的方式激励学生读书、背书。相信，只要教师具有研究意识，有效方法就会层出不穷。

学习型社会的教学呼唤语文大课堂，新课程的实施需要大课堂，学生全面快乐发展更需要语文大课堂。因此，我们有必要将“坚持一个中心，两个基本点，建构语文大课堂”作为一个课题进行研究，通过研究，真正促进语文教学效率的提高，促进学生语文素养的提高，促进学生人文素养的提高。

我想，这才可能达到通过构建开放的语文课程来培养学生的语文素养乃至人文素养的目的吧。

学习"课标"，明确教学目标

"国家课程标准是教材编写、教学、评估和考试命题的依据，是国家管理和评价课程的基础。应体现国家对不同阶段的学生在知识与技能、过程与方法、情感态度与价值观等方面的基本要求，规定各门课程的性质、目标、内容框架，提出教学和评价建议。"（见《基础教育课程改革纲要（试行）》）因此，我们实施有效教学必须遵循国家的课程标准，明确课程标准提出的教育教学目标以及对各学段提出的具体教育教学目标。并在此基础上，结合教材细致分析出每一个年级的教学目标。教学目标明确，教学要求清楚是实现教学实效性的前提和基础，否则，就会随时出现教学低效，课堂漏洞课外补，教师辛苦学生累的问题。更为严重的是，老师在这种辛苦中磨灭了职业的幸福感，失去了应有的教学激情；而学生丧失了学习快乐感、学习兴趣和激情。

因此，学习课程标准，明确教学目标，围绕教学目标实施教学是提高课堂教学实效性首先要做的工作。

关于语文学科的教学目标，新课程标准明确提出"全面提高学生的语文素养"，并把这一要求分解到了"课程目标"中。总目标有十条："1. 在语文学习过程中，培养爱国主义感情、社会主义道德品质，逐步形成积极的人生态度和正确的价值观，提高文化品位和审美情趣。2. 认识中华文化的丰厚博大，吸收民族文化智慧。关心当代文化生活，尊重多样文化，吸取人类优秀文化的营养。3. 培植热爱祖国语言文字的情感，养成语文学习的自信心和良好习惯，掌握最基本的语文学习方法。4. 在发展语言能力的同时，发展思维能力，激发想象力和创造潜能。逐步养成实事求是、崇尚真知的科学态度，初步掌握科学的思想方法。5. 能主动进行探究性学习，在实践中学习、运用语文。6. 学会汉语拼音。能说普通话。认识3500个左右常用汉字。能正确工整地书写汉字，并有一定的速度。7. 具有独立阅读的能力，注重情感体验，有较丰富的积累，形成良好的语感。学会运用多种阅读方法。能初步理解、鉴赏文学作品，受到高尚情操与趣味的熏陶，发展个性，丰富自己的精神世界。能借助工具书阅读浅易文言文。九年课外阅读总量应在400万字以上。8. 能具体明确、文从字顺地表述自己的意思。能根据日常生活需要，运用常见的表达方式写作。9. 具有日常口语交际的基本能力，在各种交际活动中，学会倾听、表达与交流，初步学会文明地进行人际沟通和社会交往，发展合作精神。10. 学会使用常用的语文工具书。初步具备搜集和处理信息的能力。”各学段又有各学段的目标。这些目标是我们教学时应遵循的，同时，结合常态的具体教学分析这些目标，我们会发现，这些目标需要我们教学时结合学生身心特点和教材特点，进行再分解，把这些目标具体分解到年级、每个学期，落实到每个课时中。

由此可见，进行目标分析，明确教学目标是我们教师要做的首要工作。

譬如，课程标准对第一学段，从“识字与写字”“阅读”“写话”“口语交际”“综合性学习”五个方面提出了教学的目标，这些目标包括一、二两个年级。教师需要在遵循这些目标的基础上，结合教学，对目标进行再分解。也就是教师要充分发挥自己在教学中的主体作用，对目标做细致分解。然后，围绕这些目标实施教学。以下为通过研究，对第一学段“识字与写字”目标的分解。

1. 喜欢学习汉字，有主动识字的愿望。

2. 共认识常用汉字1600−1800个，其中会写800−1000个。具体来说，一年级上册认识生字400个，会写生字100个；一年级下册认识生字550个，会写生字250个；二年级上册认识生字450个，会写生字350个；二年级下册认识生字400个，会写生字300个。

3. 一年级掌握汉字的基本笔画和常用的偏旁部首，能按笔顺规则用硬笔写字，注意间架结构。初步感受汉字形体美。二年级继续学习常用的偏旁部首，巩固写字时的笔画笔顺，掌握常见的间架结构，感受汉字的形态美。

4. 一年级掌握正确的写字姿势和握笔方法，养成良好的写字习惯，书写规范。二年级写字姿势、握笔方法正确。书写规范、端正、整洁。

5. 一年级学会汉语拼音。能读准声母、韵母、声调和整体认读音节。能准确拼读音节甚至直呼音节，正确书写声母、韵母和音节。认识大写字母，熟记《汉语拼音字母表》。

6. 一年级能借助汉语拼音认读汉字。能用音序查字法查字典，学习独立识字。二年级能用部首查字法查字典，学习独立识字。

阅读、写话、口语交际、综合性学习等内容也应进行详尽地研究和分解。

第一学段是这样，其他学段也应如此。

无论哪个学段，哪个年级，哪位教师，进行哪一册教材的教学，进行哪一课的教学，进行哪一个环节的教学，都必须对教学目标和教学要求了然于胸，然后才能实施教学。否则，“以其昏昏，使人昭昭”，提高教学实效性是不可能的。

改变教学思路——由“教学”变为“学教”，把课堂真正还给学生

在实施课程改革的今天，在听课过程中，仍发现不少教师在课堂上首先考虑的还是自己的教，把自己教什么、怎么教、怎么样在课堂上出现高潮作为教学的出发点和归宿点，一切以自己的教为中心考虑和组织教学，甚至只考虑自己的教不考虑学生的学。课堂上教师背教案、讲教案，学生听教案、记教案。学生的一切学习思维活动均服务于教师的教学思路，导致课堂上教师教的内容脱离或滞后于学生的认知基础和思维水平。反思课堂教学，我们不禁要问，这节课学生真正“学习”了吗？这节课学生获得了多少？有多大发展？

出现这种状况，我认为是教师教学时的教学思路陷在了“教学”上。也就是说教师在教学时首先考虑的是自己怎么教，而后才考虑怎么让学生学习。显然，这种“教”在前“学”在后的教学思维方式不符合课程改革的要求，不利于学生全面主动的发展。因此，我们必须予以改变。把教学思路由原来的“教学”改变为“学教”，从而把语文课堂真正还给学生。

我们在教学思路上要先考虑“学”再考虑“教”，一切教的活动都能够基于学生的认知基础，都能考虑到学生的发展，

在教学的出发点和着眼点上来个根本转变，使我们的语文课堂教学发生符合新课程理念、有利于学生发展的明显变化。

那么，确立了学在前、教在后的教学思路后，我们从哪些方面入手组织自己的教学呢？我的体会是要做到“三个着眼于”。

一、着眼于学生学习能力的提高

德国教育家第斯多惠说：“一个不好的教师奉送真理，一个好的教师则教人发现真理。”诺贝尔奖获得者丁肇中也敦促教师：“不要教死知识，要授之以方法，打开学生的思路，培养他们的自学能力。”可见教会学生终生学习的本领，使学生获得可持续发展的学习能力，是我们每位教师应追求的教学境界。

如：借助教学培养学生搜集信息、处理信息及运用信息的能力。

搜集信息、处理信息、运用信息是21世纪人应具备的能力之一，教师应立足于课堂培养学生此种能力。1. 立足教材挖掘信息源。教材是学生发展的凭借，教师可引导学生利用教材浩瀚知识中的一个“点”，引导学生最大限度地获得由此“点”辐射到的信息，使今天的教育为学生的终身学习、可持续发展奠定基础。如依据《桂林山水》一课，可以搜集有关桂林山水形成的原因及当地的风土人情，还可以搜集我国其他名胜概况，搜集有关桂林的名篇佳作。依据《长城》一课，可以搜集有关长城的民间故事，有关世界各地古长城的资料……这样我们从课文中某一点散发开去，为学生搜集信息寻到出发点。2. 为了让学生们互相借鉴，互相学习，充分实现真正意义上的资源共享，我们可以适时地采用不同的方法、在不同的时间交流信息。上课伊始，用约五分钟时间交流信息，然后引入新课。课中间，交流信息，丰富教学内容，帮助学生更深层次地理解教学重点。课将结束时交流信息，引诱学生将学习的兴趣延伸至课后。课上交流信息不尽兴，可以定期举行手抄报、读书卡、剪贴本展览，让学生尽情地畅游在信息的浩瀚海洋中。也可以将信息交流拓展为语文综合活动，如《世界各国国旗介绍》《迪斯尼乐园》《邮票世界》等，还可以举办好文章共享或读书交流会。学生在交流信息的过程中，发展了语言，锻炼了整理信息、运用信息的能力。

提高学生搜集、处理及运用信息的能力，既扩展了学生搜集资料的空间，又减少了学生搜集资料的盲目性；既有利于本课的学习，又拓展了学生的视野；既培养了学生的语文素养，又提高了学生的综合能力。

再如：借助教学培养学生的问题意识和大胆质疑、主动探索的精神。现在的小学生受传统教育观念影响，普遍缺少问题意识，缺少大胆质疑和主动探索的精神。孔子很早提出“不愤不启，不悱不发”的主张，强调了问题意识在思维与学习活动中的重要性。亚里士多德讲过：思维是从疑问和惊奇开始的。可以说问题意识是创造性、创新能力的基础。早在30年代，陶行知先生就曾讲：创造始于问题，有了问题才会思考，有了思考，才会有解决问题的方法，才有找到独立思考的可能。我们传统的课堂教学，教师都仅仅满足于解决问题，被袁振国教授称为“去问题教学”的课堂。一节课下来，学生没有了任何问题。21世纪对人的创新意识和创造能力提出了更高的要求，我们的教学应引导学生带着问题走进教室，带着更多的问题走出教室。在这种以问题为纽带的教育中，教师不仅以知识传授为目的，更应以增强学生的问题意识、使学生独立探索进而形成自己对问题的独立见解为目的。解决“让学生有问题”这个问题的关键就在教师。

教学时，我们要着眼于培养学生的问题意识和大胆质疑、探索的精神。从教材中寻找“问题源”，鼓励学生敢于提问题、善于提问题，敢于质疑教材、质疑教师，对问题敢于发表自己独特的见解；给学生独立思考的时间，让他们从课文中发现问题，自己寻找答案。教师更多地把自己当做学生共同学习的伙伴，在和学生共同发现问题、共同解决问题的过程中一起进步，一起成长，这也是新世纪教师成熟睿智的标志。

因此，教学时我们首先要考虑围绕学生应具备的能力来思考、设计、组织自己的教学。

二、着眼于创新意识和能力的提高

创新精神是一个民族进步的灵魂，是素质教育的核心。在学习语文过程中，由于每个学生的认知基础不同、阅历不同，对一部作品的理解也不尽相同。一千个读者，就有一千个哈姆雷特。“创新教育的本质是一种精神教育，是人性的张扬，它是形式主义的敌人。”所以我们要鼓励学生自由品读课文，珍视学生独特的体验和理解，并相机加以引导。

新课程标准在培养创新精神方面，提倡独立阅读、创造性的阅读，鼓励学生自由写作、自由表达、有创意地表达，并鼓励学生有独特的感受与见解，用适合自己的方法和策略学习。因此，在教学中，我们要思考如何利用教材激起学生的好奇心，利用教材引发学生丰富的想象，利用教学契机诱发学生发表不同的观点和独特的见解，使学生之间发生辩论，鼓励学生勇于创新、勇于冒尖。结合课堂教学，我们不妨从以下几方面努力：

（一）在良好的氛围中激发创新意识

课堂中，我们应把更多的时间让给学生，让他们充分思考、交流。如在学习《陶罐和铁罐》时，可以让学生想象“陶罐”和“铁罐”对话时的情景，然后让学生以小组为单位分角色读课文。在教学实践中，大家兴致极高，学生把陶罐的谦虚忍让，铁罐的傲慢无礼，读得淋漓尽致。学生们的创新意识在自由的想象中，在小组合作中被激发起来。

（二）在动手实践中培养创新能力

将活动引入语文教学，以活动促进学生的语文学习已成为我们的共识。我们可以在语文实践活动中培养学生的创新能力。如在实践活动课《我们的剪贴本》中，老师和学生共同讨论出要求后，放手让学生自主实践。虽然老师只是布置了做剪贴本的任务，但学生的创新能力却着实令人吃惊，他们各显神通，提出了各种搜集资料的方法，还把亲朋好友动员起来。剪贴本更具特色，设计精美的封面，分类清晰的排版，稚嫩的插图，认真的学生还加了批语，圈了好词，令人耳目一新。他们的创新能力超出了教师的想象，动手能力在实践中得到发展。

（三）在鼓励冒尖中张扬个性

我们要引导学生在遇到问题时独立思考，参与讨论时要尽量避免从众心理，在未发现自己错误前，不要轻易放弃自己的观点。我们的课堂由于鼓励孩子冒尖，给他们张扬个性的机会，所以常会听到对某一个问题的不同层次、不同侧面的精彩阐述和对一个问题的激烈辩论。

三、着眼于学生的可持续发展

我们的教学既要满足于学生目前的生活、学习需要，同时，又要着眼于学生未来发展的需要。也就是说，我们在进行教学时，属于学生现阶段必备的知识和能力的，在教学中就要夯实；属于学生终身学习必备的知识和能力，我们就可以结合教材进行“超越”和拓展。要做到这一点，就要求我们在分析学生认知基础同时，研读文本，在研读文本基础上，开发、搜集“课外”资源，融入教学。

学生是我们教学工作的对象，学生发展是我们工作的出发点和归宿点，也是我们工作的目的和个人社会价值的体现。教学时，我们只有首先考虑学生的发展需要，然后来思考、设计、组织自己的教学，我们的教学才会真正落实学生在学习中的主体地位，也才能真正做到把课堂还给学生。

提升教学智慧，提高教学质量

课堂教学是学生学习语文的主要渠道。因此，我们要研究在有限的课堂教学时间内，提高教学效果。通过课堂教学，激发学生学习兴趣，诱导学生主动学习，教给学生学习方法，培养学生学习能力，引导学生养成良好的学习习惯；通过课堂教学，夯实课程标准中提出的“三维目标”基础，改变“课堂教学效率低，课外师生补课忙”的现状，为学生的自主发展、创新发展提供必要的更多的空间和时间。如何达到这种效果呢？我认为我们必须在教育教学实践中不断提升教学智慧，依靠教学智慧，全面提高教学质量。

一、对教学智慧的理解

所谓教学智慧是指教师能根据课程标准要求，根据时代发展特点，根据学生终身发展需要，确定正确、科学的教学方向，运用自己的知识、经验、能力和教学技巧、艺术，有效地解决教学中的问题，达到师生负担轻而教学质量高的目的。

从教师的角度分析课堂实效，我们会发现一般有四种状态：一是教师投入多，学生发展“好”。所谓教师投入多，就是指我们平常说的教师工作很勤奋，很辛苦，从早到晚地不分课内和课外拽着学生忙，结果考试时成绩还不错。二是教师投入多，学生发展不理想。教师工作也很勤奋，很辛苦，但是学生无论是学习习惯、思维水平还是考试成绩都不理想。最后，教师只落得个“问心无愧”。三是教师投入少，学生发展不理想。这类教师不像前两种状态的教师那么投入。四是教师投入少，学生发展好。即，这类教师看似不像前两种状态的教师那么投入，但是，学生无论是学习习惯、思维水平还是考试成绩却都比较理想。对这四种状态，我们可以做以下分析。第二、三种状态的结果都是学生发展不理想，自然应该舍弃。对第一种状态，我们可以从两个维度进行分析。一是从学生角度分析，虽然是学生发展好，但是，这种好却只是考试成绩还可以。那么，学生对语文学习的兴趣、学习的习惯、思维水平、课外阅读等方面又如何呢？恐怕这些都淹没在教师从早到晚的“忙”中了，学生应该有的自主活动和发展的时间和空间被无情占用了。二是从教师角度分析，学生这种片面的好，建立在了教师投入多的基础上。教师投入多，整天从早到晚、从课内到课外围着学生忙，这种忙消耗着教师的精力和宝贵的时间，这种看似自然的“忙”剥夺了教师应该有的学习时间、反思时间乃至生活时间，更磨蚀了教师工作的幸福感和教学热情。分析至此，不言而喻，我们应该追求的是第四种状态——教师投入少，学生发展好。为达到这种状态，我们就要进行课堂教学研究，不断提升教学智慧，依靠教学智慧，来全面地提高教学质量。

二、教学智慧表现在课堂上，是教师的三种能力

（一）教师具有选择教学内容的能力

课程改革目标之一就是：改变课程内容“难、繁、偏、旧”和过于注重书本知识的现状，加强课程内容与学生生活以及现代社会和科技发展的联系，关注学生的学习兴趣和经验，精选学生终身学习必备的基础知识和技能。教师在教学中，也应该具有增添、删减、组合、拓展教学内容的能力。这样做的

前提是：研读教材，准确把握教材。目前教学中存在的主要问题是教学活动游离于教材文本之外，具体表现在：泛生活化，偏离文本；泛活动化，架空文本。导致我们的教学课内课外不分，教师忙学生累。减轻学生过重的学习负担就成了空谈，而且教学质量也不高。面对这样的状态，我们首先就要学会选择教学内容。

解决的策略首先是研读教材、学习教材、分析教材、整理教材、运用教材。其次，在此基础上，进行教学内容的拓展，可以结合时代特征开发和利用教学信息，用单元教学意识、主题教学意识等对教学资源进行调整或组合。

在教学常态下教师教学内容的依据一般是教材、考试形式和内容、语文课程标准（之所以把课程标准放在后面，是因为在教学中，教师们的课程标准意识还需要进一步加强）。用新课程标准来衡量，显然这样做远远不够，我们应该根据语文课程标准规定的“识字写字、阅读、写话（习作）、口语交际、综合性学习”等内容，围绕发展学生的语文素养、人文素养这一中心来重新选择教学内容，用我们的教学智慧为学生的学习、为学生的终身需要选择必需的学习内容。

（二）教师具有研究教学策略的能力

新课标指出：要改变课程实施过于强调接受学习、死记硬背、机械训练的现状，倡导学生主动参与，乐于探究，勤于动手，培养学生搜集和处理信息的能力，获取新知识的能力，分析和解决问题的能力以及交流与合作的能力。因此，我们在课堂教学中应研究有利于学生学习和发展的、具体有效的教学策略。

如识字写字教学，我们提炼出“生字教学，要分析音、形、义各自的难点”“运用字理教学，提高识字教学效果”等有效的教学方法。在阅读教学方面，对于长课文，我们提炼出了“教学中可以留白——长课文短教”“中低年级学生一读就懂的课文不要讲”等方法。口语交际是新课标着力加强的新的教学内容，但是，有些低年级教师却不予重视，认为低年级学生年龄小，话都说不完整怎能进行交际呢？经过研究，我们提炼出了“口语交际可以结合积累语言进行”等。课堂教学为我们提供了极其丰富的研究资源。教师完全可以结合教学内容和学生身心特点、学习状态进行研究，真正做个研究型教师，提升我们的教学智慧，提高教学质量。通过提高课堂教学质量，使学生在课堂有限的时间里知识技能、学习习惯、学习方法、情感态度价值观等得到全面发展。

（三）教师具有运用发展性评价的能力

评价是一个价值判断的过程。评价在学生的发展过程中，起着导向、激励、鉴定等至关重要的作用。

教师对学生的评价有广义和狭义之分。狭义的评价一般指终结性评价（如学生成长记录袋、学科测试成绩、班主任评语等），广义的评价是指教育教学活动过程中来自教师的对学生发展产生影响的态度、意识、言语、行为、情感反应等。

这里要讨论的是广义的评价。因为，这种评价对学生的发展影响极大。

案例：

学生张明回到家，高兴地对妈妈说：“今天，我们老师对我笑了。”孩子内心的喜悦溢于言表——仅仅是因为老师对他笑了。

课堂上，学生王浩发言后，老师赞许地点了点头。王浩眸子里的光更亮了……

张山的作业本上，老师用鲜红的笔迹写着：“今天的字更漂亮了！真棒！”学生心里像吃了蜜一样甜。

谁能说这些对学生的成长不会发生作用呢？谁能说这些不是评价呢？

因此，教师要具有运用发展性评价的能力，要研究评价，让发展性评价伴随我们的教育，让发展性评价伴随我们的教学，让发展性评价促进学生的健康成长。

根据现代社会对教育的要求，依据现代教育理念，依据学生发展的需要，我们需要的是通过学习、思考、探索、积淀，不断提升教育智慧，从而不断提高教学质量。

备课时把教案写成教学设计

新课程实施以来，我们经过各级培训，对新课程理念有了初步的了解和认识，并在教学实践中努力加以运用。实践探索中，有收获，有成功的喜悦。

但是，反思我们的教学，尤其是课堂教学，我们会发现有时课堂呈现的教学状态和新的教学理念有很大距离。要改变这种状态，就需要提高我们将理念向实践转化的能力。

如何结合常规教学——每日必不可少的教学工作提升我们的转化能力呢？将每节课的教案改写为教学设计是提高这种转化能力的有效途径。

一、什么是教学设计？

教学设计即为了实现一定的教学目标，教师依据课程内容、学生特征和环境条件，运用教与学的原理，为学生策划学习资源和学习活动的过程。教学设计是在现代教育理论指导下，为了促进学生学习和发展而设计的解决教与学问题的一套系统化程序。

其主要特质是为学生的学习而设计，为学生的发展而设计，一切为了学生，一切为了学生的发展。强调以学为本，教师的教完全为学生的学习服务。

教学设计的内容一般包括：学习内容特征分析、学习者特征分析、任务分析、教学目标、设计思路或设计理念或设计意图、教学过程、课堂小结（含板书设计）、自主性教学评价（教学反思）、教学资源等。

二、教学设计和传统教案的联系与区别

备课、书写教案是教师进行教学必不可少的准备环节，长期以来这一环节已经成为教师教学工作的传统环节，对提高课堂教学质量起到了举足轻重的作用。传统教案的书写一般包括：教材分析、教学目的、教学重点难点、教具准备、课时安排、教学环节等。

分析教学设计和传统教案，二者有联系也有区别。

案例：

《假如》教案

教材简析：

《假如》是一首清新活泼的儿童诗，小作者借马良的神笔，表达了对小树、小鸟、残疾人发自内心的关爱，这些关爱显示了作者一颗博大而纯真的心。我们要通过这篇课文的教学，启发学生关爱他人，关爱生活，关爱环境的美好愿望。

学习目标：

1. 创设情境，正确、流利、有感情地朗读课文并背诵。

2. 在读书、感悟、体验中激发学生关爱他人、关爱环境的愿望。

学习重点：

重点：有感情地朗读课文，背诵课文。激发学生关爱他人、关爱环境的愿望。

难点：朗读诗歌时，注意诗歌的节奏性和诗歌情感的起伏变化。

教学过程：

一、激情导入，情感铺垫

小朋友们，上节课我们一同欣赏了神笔马良的故事，你们喜欢马良吗？为什么呀？你们都想拥有这枝神笔吗？今天老师把马良的神笔带来了，看！喜欢吗？它到底神在哪里？课文里写得很明白，只要仔细阅读就能感悟到，让我们再次走进课文，去真真切切感受它的神奇吧！

二、整体感知

1. 师范读（课件1）。

2. 你们想读吗？请打开课本，自由朗读一遍课文。

3. 我们已经知道本文有四个小节，你喜欢哪一小节呢？（生汇报）

请同学们在四人小组里把自己最喜欢的那一小节读给大家听听；重复了也没关系，开始吧！（小组合作读）

4. 读完交流。

三、读悟结合，体验情感

1. 学习课文。请学生选择自己喜欢的小节读。如果学生喜欢第三小节。

师引导：是啊！我们都有一个健全的身体，能蹦能跳，还能跑，而不幸的朋友西西……（出示课件：西西）

此时此刻，假如你就是西西，你会想什么？说什么？

师引读：当我们在操场上奔跑的时候

当我们在草地上游戏……

西西最需要的是什么？

小作者和我们一样，看到朋友这样不幸，就想到了马良，想到了那枝神奇的笔。（板画：腿）看，有了一双好腿的西西跑得多欢哪！谁能读出西西获得健康后的快乐（指导朗读）。听了他的朗读你们仿佛看到了西西在……（那你再来试试）

大家齐读，替西西谢谢小作者。

如果学生喜欢第一小节。

教师引导：（板画小树）小朋友们，冬天来了，北风呼呼地刮着，要是这时连太阳都躲起来了，这棵小树会怎样呢？谁来说说看？

师：在寒风中瑟瑟发抖的小树，多么惹人怜爱，我们的小作者看在眼里，急在心上，于是，他给小树画了个……？（抽生到黑板画太阳）

师：瞧，红红的太阳升起来了！温暖的阳光照耀着大地，照在小树身上，小树不冷了，在阳光下快活地成长。孩子们，你们就是一棵小树，来，站起来！让我们在暖暖的阳光中，伸伸胳膊……抖抖手腕……多么自在呀！小树，你们现在心情怎样？

（课件）快看啊！小树怎样成长？

指导学生用快活的语气朗读。

如果学生喜欢第二个“假如”。

教师引导：别忘了小鸟还需要帮助呢？谁想去帮它？

自由朗读课文，想象画面。

师（贴小鸟）：这几只小鸟饿得多难受啊！读一读。（指导朗读）

你们看，吃饱了的小鸟在高兴地唱歌呢！他在感谢你们呢！

2. 小作者的愿望只有这三个吗？你从哪里读出来的？（感悟文末的省略号）

3. 让我们再把这首小诗连起来读一读吧。

4. 愿意把这首小诗背下来吗？（学生练背）

四、拓展想象，释放情感

小作者和我们都有像马良那样的爱心，一个有爱心的人，随时随地都会想着去帮助别人。假如，现在神笔到了你的手上，你想拿它来实现什么愿望呢？（学生自由表达）

请同学们把自己美好的愿望写在纸上。（交流汇报）

五、总结：

同学们，你们写得真好，你们都变成一个个小诗人了，你们都有关心他人的美好愿望，真是富有爱心的孩子。相信：我们只要人人献出一点爱，人间永远是春天。

板书设计（略）

案例：

《假如》教学设计

教材简析：

《假如》是一首清新活泼的儿童诗，小作者借马良的神笔，表达了对小树、小鸟、残疾人发自内心的关爱，这些关爱显示了作者博大而纯真的心。我们要通过这篇课文的教学，启发学生关爱他人，关爱生活，关爱环境的美好愿望。

学习目标：

1. 创设情境，正确、流利、有感情地朗读课文并背诵。

2. 在读书、感悟、体验中激发学生关爱他人、关爱环境的愿望。

学习重点：

重点：有感情地朗读课文，背诵课文。激发学生关爱他人、关爱环境的愿望。

难点：朗读诗歌时，注意诗歌的节奏和诗歌情感的起伏变化。

设计理念：

以读代讲，读中领悟是语文教学的重要手段，本课利用多种形式朗读，充分调动学生对本文的感悟，让学生在朗读中产生共鸣；在读通、读懂课文的基础上培养学生的表达能力。

教学过程：

第二课时

一、激情导入，情感铺垫

小朋友们，上节课我们一同欣赏了神笔马良的故事，你们喜欢马良吗？为什么呀？你们都想拥有这枝神笔吗？今天老师把马良的神笔带来了，看！喜欢吗？它到底神在哪里？课文里写得很明白，只要仔细阅读就能感悟到，让我们再次走进课文，去真真切切感受它的神奇吧！

（设计意图：根据低年级学生的年龄特点，引发学生的学习兴趣尤为重要，由“马良的神笔”激情导入，唤起孩子们学习的热情。）

二、整体感知

1. 师范读（出示课件1）。

2. 你们想读吗？请打开课本，自由朗读一遍课文。

3. 我们已经知道本文有四个小节，不知道你喜欢哪一小节呢？（学生汇报）

请同学们在四人小组里把自己最喜欢的那一小节读给大家听听，重复了也没关系，开始吧！（小组合作读）

4. 读完学生交流。

（设计意图：给学生充分的自主学习的空间，让他们主动在阅读中去探究新知，在合作中获得提高。）

三、读悟结合，体验情感

1. 学习课文。

如果学生喜欢第三小节。

教师引导：是啊！我们都有一个健全的身体，能蹦能跳，还能跑，而不幸的朋友西西……（出示课件：西西）此时此刻，假如你就是西西，你会想什么？说什么？

师引读：当我们在操场上奔跑的时候

当我们在草地上游戏……

西西最需要的是什么？

小作者和我们一样，看到朋友这样不幸，就想到了马良，想到了那枝神奇的笔。（板画：腿）看，有了一双好腿的西西跑得多欢哪！谁能读出西西获得健康后的快乐（指导朗读）。听了他的朗读你们仿佛看到了西西在……（那你再来试试）

大家齐读，替西西谢谢小作者。

如果学生喜欢第一小节。

教师引导：（板画小树）小朋友们，冬天来了，北风呼呼地刮着，要是这时连太阳都躲起来了，这棵小树会怎样呢？谁来说说看？

生：……

师：在寒风中瑟瑟发抖的小树，多么惹人怜爱，我们的小作者看在眼里，急在心上，于是，他给小树画了个……（抽学生到黑板画太阳）

师：瞧，红红的太阳升起来了！温暖的阳光照耀着大地，照在小树身上，小树不冷了，在阳光下快活地成长。孩子们，你们就是一棵小树，来，站起来！让我们在暖暖的阳光中，伸伸胳膊……抖抖手腕……多么自在呀！小树，你们现在心情怎样？

（出示课件）快看啊！小树怎样成长？

指导学生读出快活的语气。

如果学生喜欢第二小节。

教师：别忘小鸟还需要帮助呢？谁想去帮它？

学生自由朗读课文，想象画面并交流。

师：（贴小鸟）这几只小鸟饿得多难受啊！如果是你，你会干什么呢？

指导学生朗读。

你们看，吃饱了的小鸟在高兴地唱歌呢！他在感谢你们呢！

2. 小作者的愿望只有这三个吗？你从哪里读出来的？（感悟文末的省略号）

3. 让我们再把这首小诗连起来读一读吧。

4. 愿意把这首小诗背下来吗？（抽学生背）

（设计意图：创设各种情境让学生读读、想象后交流各自的感受、受到情感的熏陶，获得思想的启迪，受到关爱他人、关爱环境的教育。）

四、拓展想象，释放情感

小作者和我们都有像马良那样的爱心，一个有爱心的人，随时随地都会想着去帮助别人。假如，现在神笔到了你的手上，你想拿它来实现什么愿望呢？

（学生自由表达）

请同学们把自己美好的愿望写在纸上。（交流汇报）

（设计意图：这一拓展练习是对学生语言文字的一个训练，也是学生理解、欣赏能力的体现，着重培养学生的想象力和创造力。）

五、总结：

同学们，你们写得真好，你们都变成一个个小诗人了，你们都有关心他人的美好愿望，真是富有爱心的孩子，我要把你们的美好愿望带回去，把爱传递给我们那儿的孩子们，我们相信：只要人人献出一点爱，人间永远是春天。

板书略

（注：由河南省第七届小学语文优质课大赛获奖教师、安阳市林州第二实验小学李俊丽老师设计）

从以上两个例子可以看出：教案属于教学设计里的一部分，主要着眼于教学流程中教的部分。它更多的是关注教师这一层面的行为操作，对操作层面的理性思考体现不够，对学生这一层面的思考体现不够。而教学设计是在现代教育理论指导下，为了促进学生学习和发展而设计的解决教与学问题的一套系统化程序。教学设计既有教案中教师教的部分，又显现教学的理念和对学生发展的预设目标，它将教育教学理念和教学行为紧密结合在一起，使二者相依相随。

将传统的教案改写为教学设计，就可以在教学备课环节中，时时用教育理念支撑我们的教学实践，在学习教育理念时思考教学实践，使二者珠联璧合，相辅相成。

这样，将能比较好地促进新课程理念在课堂教学的实施和体现，比较快地提升我们的专业水平。

研读文本，提高阅读教学功效

在新课程实施过程中，不少教师对教材在教学中的重要地位和作用产生了怀疑，对教材有些忽视。如：随意发挥——出现主题偏离文本现象；盲目拓展——出现资源淹没文本现象；“演”“画”活动泛滥——出现淡化语文学科特征现象，等等。

殊不知，教材是国家落实教育目标、实践课程标准的重要载体，是学生在语文课堂上最主要的学习资源，是学生全面发展在语文教学中最重要的依据。因此，我们在教学中必须对教材给予足够的重视，在进行教学设计时，首先要研读教材文本。只有把文本读透，正确把握编选者的意图，才可能保证课堂教学的实效性。

一、研读文本，读准阅读教学的目标

教学目标是教师教学思维的出发点和归宿。教学目标涉及教学活动的导向、教学内容的取舍、教学方法的运用以及教学效果的评价等因素。没有目标或目标不甚明确的课堂，必然是盲目的、低效的，甚至是没有意义的。

教学目标有目标系统之说：国家教育目标——课程目标——语文课程总目标——学段目标——年级目标——每册

教材目标——每单元目标——每课教材目标——每节课教学目标——每个教学环节目标，等等。从这一目标系统可看出，这些目标环环相扣，最后到达教学的总目标。哪一环缺失，都会导致学生发展上的不利。从这个角度讲，研究和确立教学目标是教学的首要问题。

教材是阅读教学的主要凭借，它具有个性化特点，篇目不同，内容不同，体裁不同，要达到的教学目标也有所不同。因此，教师要研读文本，读出每课的教学目标。

如，一位教师在教《猫》一课时，以学生为主体，引导学生品读猫的可爱，引导学生找出描写猫可爱的词语和句子，并让学生把自己找到的最欣赏的词语板书到黑板上。课堂上，师生言语互动、读书互动、板书互动，学生积极性很高，教学在愉悦的气氛中结束。冷静思考，面对五年级学生，这次教学缺失了什么？其一，缺失了对文章结构的“梳理”。在以上教学基础上，应引导学生明白，大家所品赏到的内容，在文章中分为两部分进行叙述。第一部分是“猫的性格实在有些古怪”，第二部分是“满月的小猫更可爱”。其二，缺失了对构段能力的诱发。文章两部分均是总分段，第一句都是段的总起句。如果教师将所缺失的这两方面内容融入教学目标中，将有利于学生“在阅读中揣摩文章的表达顺序、体会作者的思想感情，初步领会文章基本的表达方法”。这样的话，才能使本节课教学目标清晰、准确，才有利于学生理解能力、概括能力和习作能力的提高和发展。

窦桂梅老师的主题教学研究取得了明显的教学效果。仔细阅读窦老师的教学案例，不难发现，无论是窦老师执教的《再见了亲人》，还是《秋天的怀念》等，无不建立在对教材文本的深入挖掘和独特理解之上。因此，才有了令每位听课教师叫绝的课堂。

二、研读文本，读透阅读教学的内容

阅读教学，是教师引领学生欣赏文本“风景”的过程，如果引领者对“风景”不能了如指掌，让学生在欣赏的过程中产生独特的体验，那这一过程就成了一纸空谈。课的精彩，源自教师对文本内容的准确理解和把握，大到一篇课文的教育主题、结构，小到一句话、一个词、一个标点。

于永正老师说：“我是把力气花在钻研教材上的。拿到课文，首先读，哪怕教过好几遍了。朗读课文是备课的第一步，也是最重要的一步，读的同时查字典、词典，把拿不准读音的字，一一落实，决不想当然；每个新词都查查词典，不能有半点含糊。课文的味儿是读出来的，是‘煮’出来的。”

于永正老师在备《在仙台》“藤野先生检查鲁迅听课笔记”这一段时，注意到了这段开头是这样交代的：一天，大约是星期六，他使人来叫我了……事情的最后，鲁迅写道：第二三天便还我（指作业）。鲁迅打开一看，改得非常仔细，连文法甚至标点都一一订正了。这段中“大约是星期六”“第二三天”引起于老师思考：为什么鲁迅先生在故事的开头要交代“星期六”？“第二三天便还我”，第二天是星期几？第三天又是星期几？那么滕野先生最迟是什么时间改的？都是在该休息的时间改的！而且改得那么认真！研读到这些，教师怎么会不引导学生深刻地感受文章的主题呢。于老师研读文本是如此精致，难怪他在课堂上能随心所欲，收放自如呢。

教学文本承载丰富的教学因素，由于教学时间有限，我们教学时必须有所取舍。教师对教材的使用和取舍是对教材的二度开发，是一种创造性的劳动，凝聚着教师的学识和智慧。在每课教学时，“取”哪些，“舍”哪些，根据学生实际，对照年段目标，我们该教什么，不该教什么，都需要教师在课前读透文本。

三、研读文本，读出阅读教学的策略

如果说研读文本，我们读出了教学内容，那么，采用什么样的教学策略实施教学呢？我认为，最好的方法是仍然是研读文本，从研读文本中寻找有效教学策略，不同的教学内容、不同的学生基础，需要我们采用不同的教学方法。

案例一：

一名教师在进行《可贵的沉默》（人教版实验教材三年级下册）一课教学时，由于对文本进行了认真研读，课上检查学生是否读通课文这一环节时，对不同的生字词采用了不同的教学方法。1. 出示字卡：“迅速、烦恼、霎时”，学生把词读了两遍；2. 出示“寂然无声”一词，学生读过后，教师引导学生：“找找这个词在课文的哪句话中，读读，想想这个词什么意思。”学生结合课文巩固读音，并理解了词的意思；3. 出示“沉默了足足一分钟，我悄悄地瞥了一下这些可爱的孩子们——他们的可爱恰恰在那满脸的犯了错误似的神色之中”。要求学生读这句话，首先要求读准字音。之后，让学生想想怎样把这句话读好。在教师引导下，学生不仅读准了字音，同时懂得了长句子的读法，读好了这个有生字词、有平翘舌音的长句子，为继续学习课文奠定了基础，可谓是一举多得。

案例二：

一位教师在执教《生命　生命》（人教版实验教材四年级下册）一课时，对其中“夜晚，我在灯下写稿，一只飞蛾不停地在我头顶上飞来飞去，骚扰着我。趁它停下的时候，我一伸手捉住了它。只要我的手指稍一用力。它就不能动弹了。但它挣扎着，极力鼓动翅膀，我感到一股生命的力量在我手中跃动，那样强烈！那样鲜明！飞蛾那种求生的欲望令我震惊，我忍不住放了它”这段话，制定了两种教学方案。其一：放课件，借助课件，帮助学生形象、直观地感受这段话的意思，看

看作者捉住那只飞蛾时作者和飞蛾各自的样子；其二：引导学生反复读，在读中想象作者的感受，想象飞蛾求生时的“挣扎、极力鼓动翅膀、跃动”，借助想象让学生感受飞蛾求生欲望的强烈。教师反复研读文本后，采取了第二个方案。老师说，自己在读文本时，读和想象结合，越读越感到飞蛾对生命向往的强烈，想象到的对生命渴望远远超出了画面呈现的程度。

学生是否得到发展是检验教学效果的唯一标准。无数教学实践证明，教材是教学的重要依据，是教学之本，我们应在教学中固“本”拓“源”。即在充分挖掘、利用、夯实教材基础上开发运用其他教学资源；在凸显文本宗旨前提下实现多元理解；达到学生个性虽飞扬但不随心所欲，思维虽驰骋但不胡思乱想，“三维”目标相依相伴融为一体。我想，这样才能保证教学的实效性，这才是有效的阅读教学。人们对我国著名的特级教师袁蓉老师的教学特色评价是“细、实、活、深、严”，其中的“深”就是指对教材钻得深，挖掘得深，讲课有一定的深度，即使是简单的知识，也能挖掘出深层的含义，不使学生浅尝辄止。

因此，为提高课堂教学的实效性，让我们从研读教材开始做起。

把教材研读懂，把教材研读透，才有可能做到真正以教材为例子，达到举教材之例而反三的教学效果。

关注课堂教学中非教学因素的影响

所谓非教学因素，主要指在教师进行教学时不直接参与教学但却对教学产生重大影响的因素。即指那些不是教学过程的直接因素、不是直接参与教学过程的“环节”，但它却对教学过程起着诱发、推动、定向、引导、强化的作用，尤其表现在对学生学习心理因素的影响，如影响学习情绪、学习兴趣、学习情感、学习的注意力等。

案例之一：

一节语文课上，教师在组织学生学习《自己的花是让别人看的》一课。教师引导学生读文章的第三自然段，学生们读得声情并茂，兴趣盎然，陶醉于课文中。在指名读时，一位学生把“姹紫嫣红”读成了“zhà紫嫣红”，教师指出应读“chà”，学生说“老师，哪吒闹海的吒就是这个字，就读zhà”。其他学生一听到“哪吒闹海”，有的说不是这个字，有的说动画片里就是这个音。也许是老师感觉这个“小插曲”影响了此时的学习气氛，便不耐烦地对这个学生说“就你会捣乱”。一句话说得这个学生非常难为情地低下了头，一节课再没举过手。他仅仅这节课不举手了吗？非也。他恐怕会在相当长的时间里再难举手发言。仅仅不举手发言了吗？非也，恐怕课堂上他再也不能心安理得地、放松地投入到学习之中。

案例之二：

教师正引导学生学习课文《珍珠鸟》，学生们正有感情地朗读着，一只小鸟突然闯入教室。“哇！”教室里沸腾了……课堂一下子陷入混乱与被动。“哇！”教师也大叫一声，同学们一下子把注意力转移到老师这里，老师说：“今天我们学习的课文讲的是人与鸟的和谐相处，因为信赖，小鸟才会与人亲密接触，今天小鸟竟然到访，我们再来读读这篇课文，用我们最动情的朗诵感谢小鸟的到访，感谢小鸟对我们的信任，好吗？”“好！”当同学们朗读完后，随即让学生认真、仔细地观察小鸟，说出发现了什么？“小鸟是我们人类的好朋友，好帮手……”同学们争先恐后地发言。然后教师以《一只小鸟的闯入》为题要求学生写一则日记。

小鸟闯进课堂影响了课堂教学秩序。但教师因势利导，转移了学生的注意力，巧妙利用这非教学因素，把小鸟闯进课堂事件与教学联系起来，将其转化成教学资源，变劣势为优势，促进了教学。

教学过程包含教学和非教学两方面因素，非教学因素对教学过程起着维持和调节的作用。在这两则案例中，第一则案例中的非教学因素阻碍学生的发展，第二则案例中的非教学因素促进了学生的发展。非教学因素影响到学习者的学习心理，影响到学习者的学习积极性，影响着学习的进程和教学的质量。因此，课堂上我们不仅要关注教学因素，更要关注教学中的非教学因素。并努力将不利因素转变为有利的教学资源，也就是注意教学资源的生成问题，这样，使所有资源形成合力，促进和增强教学的实效性。

关注细节，细节决定效果

大家都知道，细节决定成败。同样，教学中的细节也决定着教学的效果。听课中，曾发现如下现象。

例一：

一位教师在执教《生命　生命》（人教版四年级下册）一课，这课的课题有两个“生命”。

老师一上课，说：“同学们，今天我们学习《生命　生命》。”在说的过程中，老师板书课题，学生跟着书空。而老师在板书时将“命”字的最后两笔写成了竖、横折钩。（注：“命”字最后两笔应是横折钩、竖）

例二：

老师让学生品读课文，老师引领学生理出了有小柳树、小西……还有谁？学生根据后面的省略号，说出来还有桃树、小朋友等，老师板书省略号，结果把省略号写成了五个点。（注：省略号是“……”）

例三：

一位老师在读课文，读到：“我国东北的小兴安岭，有数不清的红松（误读为shōng）、白桦、栎树……几百里连成一片，就像绿色（误读为shè）的海洋。”（人教版三年级上册

《美丽的小兴安岭》）（注：“松”应读sōng，“色”应读sè）

分析以上案例，我们就应该看出，语文教师应该夯实自己的基础知识。因为，每个读音、每个汉字、每个字的笔画笔顺，凡是展现在学生面前的信息都对学生产生影响，都是教学的资源，都是影响学生学习、发展的资源，都影响着教学的效果。

例四：

一位五年级的老师让学生读课文，一个学生读过后，老师非常自然地说了声：“好，今天有进步。”（注：这句话看似是表扬学生，实际上透露出来这个学生原来是个比较“落后”的学生。五年级学生已经对事物有了自己的判断能力。老师这句即时性评价，对学生几乎起不到任何的激励作用，反而有可能使这名学生不愿再展示自己。）

例五：

低年级的课堂上，我们经常会看到这种现象。

老师让学生回答问题，有的发言学生能得到老师发的小红花或粘贴画，有的发言学生却没有。

对这一环节进行观察，多数情况是：

得到红花的学生满脸喜滋滋的；得到粘贴画的学生，有的在看这个奖品；被老师把奖品贴在脑门上或衣服上的学生，浑身不自在。没有得到小红花或粘贴画的学生，显出一脸的期待或失落，他们弄不明白为什么同样是发言，别的学生得到奖励，而自己却没有。为什么？这个问题将有可能困扰学生一节课。

从小学生的学习心理进行分析，为了有助于学生在课堂上保持注意力，更深一层讲，为保护全体学生的自尊心，让学生体会到老师的公正、公平，课堂上还是不发奖品为宜。

因此，我们要关注教学中的细节，细节影响和决定着教学的成败。

对课堂教学实效性进行自评

课堂教学是否有实效，关键是看学生在原来的基础上是否又有发展。学生发展是检验课堂教学实效性的唯一标准。

教学案例：

我听过一位五年级老师的课，讲的是《游园不值》（叶绍翁）。

课堂上，老师首先让学生读这首诗。然后，让学生谈学习古诗的方法，再用该方法自己学习诗。

学生自学后，老师着重领着学生理解了“应怜”一词。为帮助学生理解“屐齿”的意思，老师出示了课件。

第三步，学生交流自学古诗理解到的词、句意思。在学生谈的过程中，老师重点让学生谈“春色满园关不住，一枝红杏出墙来”的意思。

第四步，老师启发学生想象：透过一枝出墙的红杏，你看到了怎样的春色？学生展开丰富的想象，尽情地畅谈春天、春景、春色，在这一过程中，老师相机引导学生：“你能用学过的哪些描写春天的词语或诗词来形容你所想象到的春天？”学生回忆着、想象着，在交流中“享受着”春天。

第五步，老师让学生写下自己脑海中的春天。写后简短交流。

下课了。

学生陆续走出教室，我留下教室最后一排的一名男生，请他背诵这首诗。他背到“应怜屐齿印苍苔，小扣……”

看着他不好意思的样子，我启发了一下，他顺利地背了下来。

我走出教室，拉住另两名学生，请他们背，他们也是背到第二句时卡了壳。

思考与建议：

一、评价一节课的教学目标是否达到，是否完成，要看学生有无收获，有无发展。这是评价课堂教学实效性的唯一标准。

用这个标准评价这节课，依据“知识和能力、过程和方法、情感态度和价值观三维目标”，我们就可以看出，这节课中应达到的“朗读古诗，背诵古诗”的知识目标未完成。

二、在实施新课程中，重视积累和运用是非常必要的，但是不能丢本弃源。“本”即教材，教材是实现国家课程目标的重要载体之一，在小学语文学科中，是学生在学校系统学习语言文字的重要凭借。如果教学中我们不重视语文教材的学习，而通过其他途经学习语文，那么就是丢弃了“本”，教学链条就会出现部分缺失。“源”也是教材，语言的学习应是宽泛的学习，生活中处处有语言，日常交际、媒体宣传、阅读材料等。但是，这一切的拓展，在课堂的教学中都应围绕教材这一“源”去寻觅、开发、积累。因此，本节课教师如能在引导学生谈学习古诗的方法时，让学生认识到吟诵是学习古诗有效的方法，提醒学生“‘诗’读百遍，其义自见”，这节课会取得比较好的教学效果。

三、语文教学要全面提高学生的语文素养。培养语文素养最基本的途径是有感情地朗读、熟读成诵、积累语言、发展语感和思维。因此，学完一课后，学生是否学得有兴趣，能否正确、流利、有感情地朗读课文乃至背诵课文是衡量一节课实效性的最基本标准。

思考到这里，我们完全可以对自己的课堂教学实效性进行自我评价。

切记：课堂上“四个不讲”

每当下课后和老师交换意见，认为课堂上老师让学生读书读得不够，思考时间不足，该课堂完成的作业布置到了课下时，老师总是说：课堂时间不够。

每当和老师交流怎样引领学生多读课外书时，老师总是说：教材内容学不完。

为什么老师总觉得教学时间不够用呢？因为，课堂上，老师的话太多。解决方法：课堂上，老师做到“四个不讲”。

第一，学生会的、懂的老师不讲。

第二，学生通过自学能够理解的老师不要讲。新课程标准倡导自主、合作、探究的学习方式，既然学生能够通过自学解决问题，老师就不应再剥夺学生学习的权利而完全按照自己的思路大讲特讲。这样既占用学生课堂的学习时间，又容易导致学生在老师喋喋不休的“废话”中磨灭学习的兴致。

第三，学生不会、不懂，但是通过小组学习、同伴交流能够学会的、弄懂的，老师不要讲。新课程标准倡导自主、合作、探究的学习方式。在学习活动中，合作学习是一种极好的学习方式。在这种方式的学习中，学生畅所欲言，更易相互启发。因此，课堂上的小组学习、同伴交流是一种非常好的学习方式，老师应该充分利用这种学习方式，给学生搭建平台，提供机会。

第四，学生经过自学、小组学习仍不会、不懂的，但是经过老师的启发引导，学生能够学会、弄懂的老师仍然不要讲。我们应时刻牢记学生是学习的主体，我们教学的出发点和归宿都是为了学生的发展。因此，课堂上，当学生经过自学、小组学习仍不会、不懂时，老师的作用是调节教学设计，根据教学内容和学生的学习现状，因势利导地进行启发式教学。启发学生读书、思考、交流、讨论，通过这样的环节学生学会了，弄懂了，学生就会体验到经过艰苦学习后收获成功的快乐。此时，学生收获的不仅仅是知识，更多的是对学习的自信及由此激发出的对学习的热爱。

试想，如果老师在课堂上能够做到这些，就不会觉得课堂时间、教学时间不够用了吧。

试想，在这样“四不讲”课堂上，师生学习中的对话就会上升到一个新的境界吧。

切记：我们在课堂上要力争做到“四个不讲”，要做到惜“言”如金，把更多的时间留给学生，把更大的学习空间还给学生。

课堂上，教师可以讲这些

随着新课程教育理念的实施，老师们在摒弃了“满堂灌”之后，产生了新的困惑：新课程下的语文课堂，教师要不要讲呢?

教学“以学生为本”，课堂上教师要不要讲得根据学情判断。学生在学习中有了困惑，想要明白而弄不明白，想说又说不清楚的时候，教师应以自己的见解、体验、积累去开导、启发、点拨。

教学实践表明：只让学生各抒已见而没有教师适时的点拨和讲授，学生的思维不可能深入；只让学生想象、体验而没有教师开启智慧的引导，学生的创新精神难以得到培养；只让学生诵读、感悟而没有教师引导下的品词析句，学生的学习势必缺少深度与广度。

因此，课堂上，老师在做到“四个不讲”的同时，还应该讲。教师可以讲在这些时候：

一、讲在学生“对话”“对”而不明时

“阅读教学是学生、教师、教科书编者、文本之间对话的过程。”这是阅读教学全新的理念之一。这一理念认为知识的掌握、能力的形成、情感的沟通都可在对话、交流的过程中

完成。它认为语文教学可以在学生积极、主动的思维与情感活动中，发现并提出问题、解决问题，进而实现积极、有效的对话。这种对话很显然是“对”而有益的。但由于学生的个体差异与认知局限，往往对文本丰富的内容和深刻的涵义理解不透，即“对”而不明。此时，有效的讲解或点拨诱导就十分必要。如教学《一个小村庄的故事》第1自然段。教师首先让学生与文本对话，然后以“你读懂了什么？”交流对话体验。学生有说“小村庄很美”的，有说“小村庄空气清新”的，有说“小村庄河水清澈见底”的……而第1自然段的教学目标旨在让学生透过文字“看”到一个美丽的村庄，并以此为基础与最后被洪水毁灭进行对比，说明大量砍伐给大自然带来的巨大危害。但学生读书以后只说了几个空洞的词。学生的认识是模糊的，语言表达是苍白的。生生、生本对话后的理解、体验是肤浅的。此时，教师“出手”引导正是时候。教师可以这样引导：“会读书的同学，透过文中的一个个词语，就能看到小村庄原先那美丽的景色，请你试试看。”在学生与文本再次对话后交流：“谁能告诉老师，你从文中的哪个词看到了什么？”这样教师依据文本特点，将“词语”作为感悟的支点交给学生，让学生根据词语的意思，展开想象，“看到”小村庄的美丽，实现学生与文本的双向沟通，同时为后文小村庄的毁灭引起学生心灵上的震撼作好铺垫。

二、讲在学生“体验”不到时

语文教学中，学生以文本为载体，品位文本蕴含的思想感情，从而获得对文本内涵的深刻体验。可是学生在阅读实践时往往体验不到。那么，怎么“讲”才能使学生体验到呢？较好的途径是引导学生品味语言，感悟内容。如教学《林海》“木材”部分时，教师让学生抓住作者的联想，体验大兴安岭确有兴国安邦的意义，进而体验到作者对大兴安岭的喜爱之情。学生开始只知道我国许多省市用过大兴安岭的木材，日常生活中的桌椅、板凳，许多都是用大兴安岭的木材做的，而对它有兴国安邦的意义体验不到，表达不出。于是，教师先让学生品味“它的美丽与建设结为一体”一句，说说自己看到的哪些建设要用到木材。学生从高楼大厦、矿井铁路、桥梁隧道说到日常的生活用品，而这些木材许多又是来自大兴安岭。这样学生渐渐体验到大兴安岭美得并不空洞，它的美丽与建设结为一体，它建起了高楼大厦，架通了桥梁隧道，建成了矿井铁路，变成了桌椅、板凳。而这一切能使国家兴旺发达，能使人民安居乐业。大兴安岭为祖国建设、人民生活作出了如此巨大的贡献，它确实具有兴国安邦的意义。

三、讲在学生“探究”不出时

探究性学习是新课程倡导的新的学习方式之一。学生通过发现问题、分析问题、解决问题的探究活动，获取知识和技能，发展情感与态度，增强问题意识，培养探究精神和创新能力。当探究的问题深而难时，学生就会卡壳。此时，教师不能袖手旁观，而要提供资料，适时引导、讲解，指导学生获取问题的结论。如教学《将相和》，在让学生探究将相最后和好的原因（思想基础）时，学生有的说“廉颇彻底认识到自己错了，所以到蔺相如门上负荆请罪”，有的说“因为廉颇能知错就改”，有的说“因为蔺相如不计较个人得失，原谅了廉颇”等等，学生的探究总是在认错、谅解上兜圈圈，始终没有探究出将相和好的根本原因（思想基础）是“将相都有一颗爱国的心，都能以赵国的利益为重”。此时，教师可启发提问“当时秦国为什么不敢进攻赵国？将相不和，受损的是‘将’？是‘相’？还是国家？”这样，在教师的帮助下，学生不仅自己解决了问题、得出了结论，更重要的是探究意识、思维能力得到有效提高。需要说明的是，探究的目的不是为了让学生完成某一课题，从事专项研究，而是要培养学生的问题意识和探究能力，不要片面理解，以为探究就是要学生像科学家那样去搞发明创造，去搞科研。

四、讲在对多元解读有曲解时

阅读教学“应该重视语文的熏陶感染作用，注意教学内容的价值取向，同时也应尊重学生在学习过程中的独特体验”。这表明语文新课程发生了由过去照搬教参“定论”，强制灌输“一元解读”，到现在倡导在师、生、文本对话基础上的“多元解读”的变化。但是，在实施过程中，由于对“多元解读”的过度追捧，对“独特体验”的过分珍视，导致语文课上对文本价值取向的曲解。这主要表现在两个方面：一是教师在阅读教学中不是引导学生根据课文自身提供的信息，追求作品内在意义与学生理解的统一，而是完全漠视文本自身呈现的意义，任由学生曲解作品的内涵，甚至把这当作学生创造性的体验成果；二是教学中对文本意义的漫无边际的任意衍生，导致文本价值取向的失落，即在多元解读的“幌子”下阅读成为名副其实的“思想的跑马场”。这样的曲解显然有悖于多元解读的本意，也不利于学生对教材的真实理解，不利于培养学生实事求是的科学精神。对此，语文教师要大声说“不”，并用正确的情感、态度、价值观去影响学生。如教学《去年的树》，在交流阅读感受时：

生1：鸟儿对着灯唱歌，说明鸟儿信守诺言说话算话。因为它答应给树木唱歌，就算历尽艰辛，也非要找到树木不可。

生2：鸟儿不怕苦不怕累，找啊找，找到火柴点燃的灯，最后唱起去年的歌给灯光，课文用这件事教育我们要珍惜朋友间的友情。

生3：我从课文中体会到了树木的伟大，他为了人们能点燃灯，宁可燃烧自己。

生4：读了课文后，我觉得那些砍树的人真可恶，他们不但破坏了自然环境，而且破坏了树木与鸟儿的友情。

生5：《去年的树》这篇课文就是要我们不要破坏环境。

生6：树也想信守承诺，他是被人类砍走的，是身不由己。

从学生的交流中我们能看到文本的价值取向越行越远。《去年的树》所要表达的就是“诚信”。鸟儿信守诺言，去年答应要给树唱歌，今年无论如何一定要找到树，哪怕树已经做成火柴，化为火苗。这是文本的人文导向。生2、生6的理解从多元的角度讲是可以的，但生3、生4、生5的理解就不能视为多元了。教师应明确地给予否定，并指明正确答案。假如把文本的价值取向比作一个靶子，那么多元理解就如同靶子上大小不同的圆环。打中靶心就是准确理解了作者与编者的价值取向；打在靶心的外围，不论是七环八环，还是三环四环都可以肯定。如果脱了靶，那就不对了，就是曲解了，教师就要“讲”，就要“引”，就要纠偏，因为“多元解读”必须在求对的情况下才有价值。

五、讲在品析重点词语时

“阅读是学生的个性化行为”，“不应以教师的分析来代替学生的阅读实践”。它要求我们的语文教学“应引导学生钻研文本，在主动积极的思维和情感活动中，加深理解和体验，有所感悟和思考，受到情感熏陶，获得思想启迪，享受审美乐趣”。但在实际操作中，学生对重点词、句、段的感悟、品析往往比较肤浅，与文本对话的质量不高，收获也不大，长此以往，语文素养必受影响。怎么办？我以为，此时教师应将重点品析与整体感悟紧密地结合起来，让品析促进感悟，深化感悟。如教学《荷花》中“白荷花在这些大圆盘之间冒出来”一句，我们可以这样引导学生品析。

师：你觉得这句话中哪个字写得特别美？

生：我觉得“冒”字写得美，到底美在哪儿，我也说不清楚。

师：说不清楚是正常的，你能觉得“冒”字写得美已经很好了。请大家想一想，“冒”字还可换成别的什么字？（学生分别换成了“长、钻、伸、露、探”）

师：作者没有用这些词，而用“冒”，肯定有他的用意。自己用心读读前后几句话，体会一下，你觉得怎样长才可以叫“冒”出来。（学生分别说出：使劲地、不停地、生机勃勃地、喜气洋洋地、兴高采烈地……）

师：分别把这些词填到原句中，再来读读、悟悟（学生读）。

师：多么可爱的荷花啊！大家看，一个“冒”字，不但把白荷花写活了，而且使白荷花变得更美了。

这样，学生在教师的引导下，抓住“冒”字，分析比较，揣摩品味，不仅感受到了语言之美，文章意境之美，而且感悟到了作者用词之妙。应该说这种对精彩片断的赏析，对重点词、句的揣摩，不同于传统的冗长、繁琐的语言分析，它是含英咀华，是师生与文本的一种精神相遇，心灵交流。

需要“讲”的地方远不止这些，再如：

1. 自读之前的启发：即在学生自主阅读之前，简明扼要地揭示阅读要点和重点，揭示阅读方法、经验与注意事项。

2. 为学生解释：当学生在课文理解上遇到疑难时，教师要为学生解难释疑，让学生正确理解、领悟课文内容。

3. 合作中作提示：当学生在合作学习中不能抓住重点、有效合作时，教师要进行提示性讲解，以使合作有效、深入。

4. 总结时作补充：在总结一节课、一篇课文的阅读情况时，在学生概括、总结的基础上，教师要及时进行补充，以进一步提炼与归纳，从而使总结更加完整、准确。

在新课程理念下，语文课的“讲”也没有什么固定的模式，更不是要重走繁琐分析的老路，而是要继承语文教学一些本质的东西，摒弃形式主义的做法。

根据遗忘规律，指导学生记忆

记忆对人们积累知识太重要了，对学生更为重要。而学生的记忆和遗忘是有规律的，如果我们能根据人的记忆和遗忘规律来科学地指导学生记忆，会取得比较理想的教学效果。

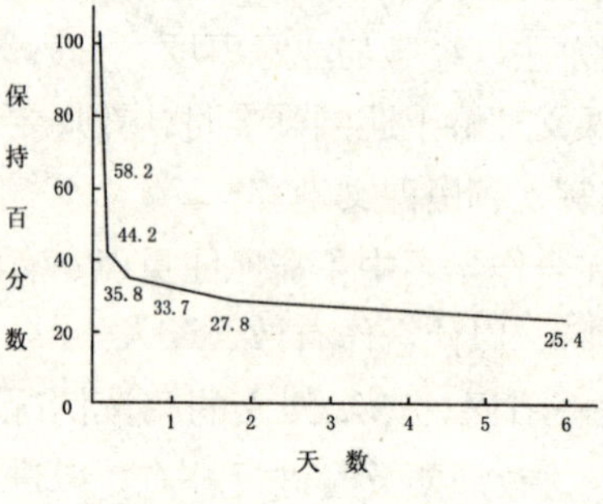

德国十九世纪著名心理学家艾宾浩斯，一生研究硕果累累，他通过研究发现了人的遗忘规律和特点，著有《记忆》一书，详细阐述了对遗忘现象所作的研究。他把实验数据绘制成一条曲线，请看左图。

这条曲线一般称为艾宾浩斯遗忘曲线，它的纵坐标代表保持量。曲线表明了遗忘发展的一条规律：遗忘进程是不均衡的，在识记的最初几天遗忘很快，以后逐渐缓慢，到了相当的时间，几乎就不再遗忘了，也就是遗忘的规律是“先快后慢”。

同时，他对记忆的研究结论是：人们刚刚记忆完，记忆量是100%；20分钟之后，记忆量是58. 2%；1小时之后，记忆量是44. 2%；8-9小时后，记忆量是35. 8%；1天后，记忆量是

33.7%；2天后，记忆量是27.8%；6天后，记忆量是25.4%；1个月后，记忆量是21.1%。研究结果告诉我们，在5分钟后，30分钟后，12小时后，1天后，2天后，4天后，7天后，15天后分别重复记忆一次就会记得很牢。

记忆的保持在时间上是不同的，有短时记忆和长时记忆两种。而我们平时的记忆过程是这样的：输入的信息经过人的学习后，便成为了人的短时记忆，但是如果不及时复习，这些记住的东西就会遗忘，如果及时复习，这些短时记忆就会成为人的长时记忆，在大脑中保持着很长的时间。

遗忘的进程不仅受时间因素的制约，也受其他因素的制约。学生最先遗忘的是不感兴趣、他们认为没有重要意义的、不需要的、陌生的材料。不熟悉的内容比熟悉的内容遗忘得要早。

根据以上遗忘规律，我们在教学中，应努力使学习内容联系学生生活实际，把学习内容尽可能地变为学生所熟悉的内容，帮助学生不断建构新的认知层次。同时，科学合理地安排复习，把学生的短时记忆变为长时记忆。另外，具体到每个学生，因为生理特点、生活经历不同，会有不同的记忆习惯、记忆方式和记忆特点。我们在教学中，要根据每个学生的不同特点，帮助学生寻找到属于自己的“艾宾浩斯遗忘曲线”，用科学的方法指导学生的记忆积累，从而使学生学得轻松、愉快。

以学生为主体也绝不能忽视教师的主导作用

一次，检测学生积累背诵。

检测的方法是学生抽签定课文，然后选自己喜欢的段落背诵。

一位胖乎乎的男孩抽到了《冬阳·童年·骆驼》一课（人教版五年级下册）。

他走到我们面前背诵："骆驼队来了，停在我家门口。"

完了？

背完了。

他背诵的是课文的第一自然段。

我不禁问道："你为什么喜欢这一段？"

他有些不好意思地说："这一段短，容易背。"

哦，原来如此。

教过这课的老师知道，这篇课文作者是林海音，是著名小说《城南旧事》的序言部分。这篇文章中，作者以朴实纯真的笔调，梦境般的语言，把我们带到一个特定的环境，去看一个孩子童年的侧影，其中景和情既清晰，又朦胧。骆驼队是作者童年的鲜明记忆，它们脖子上的铃声，则是童年美妙的音响。就在这种淡淡的回忆中，我们真切地看到了作者魂牵梦萦的童年，对早已走远的童年的依依不舍。

课文围绕骆驼队，写了看骆驼咀嚼，和爸爸谈关于骆驼脖子上挂铃铛的事，想为骆驼剪垂在肚子底下的毛，好奇地问夏天骆驼到哪儿去了。这些看似小小的却很有童趣的事，像一个一个的镜头，随着作者娓娓的叙述，展现在读者面前，让人感到作者童年生活是那样的美好。选编这篇文章，目的是使学生在读中体会作者的思想感情，领悟这种感情是怎样表达出来的，并积累语言。

教学本课的重点是“引导学生把握课文内容，体会人物的思想感情，领悟作者围绕关于“骆驼队”的回忆来表现童年生活的表达方法。”（引自《教师教学用书》）

课后的要求就是“背诵自己喜欢的段落”。按照教师的思维，学生喜欢的、背的应该是最能体现人物的思想感情或是文章中描写细腻的句段，也就是所谓的重点段。然而，学生选择的就是第一自然段，理由非常简单“文短易背”，这并没有错，因为这就是学生的真实想法。但是，显然学生这合乎常理的做法不是教材编写者的初衷，也不是教课老师的本意。

新课程实验教材，体现了新课程的理念，很多课文后都有让学生自选喜欢的内容去读、自选喜欢背诵的内容去背的练习，这种练习方式给学生自主学习留有了很大空间。那么，对上述现象，应该怎么办呢?

第一，正确认识这种现象，要认识到这种现象是儿童正常心理的反映，无可厚非。

第二，同时要意识到在尊重学生学习中的主体地位时，教师的主导作用不可忽视。也就是对学生要进行学习的引导，包括对学习内容选择的引导，毕竟学生是未成年人，教师本身应义不容辞地承担着引导、促进和教育的职责。

让我们的学生充满自信

自信对一个人来讲非常重要。

自信标志着一个人的实力，自信展示着一个人的风度。

在小学阶段我们就应培养学生的自信。培养学生的自信让我们从朗读做起。

案例：

老师在讲《春天来了》一课。

老师板书课题后，请一名学生读课题。学生读到“春天来了”。

老师：读得很正确。同学们想想，春天来了，是什么样的景色？

学生：天气暖和了。

学生：柳树发芽了。

学生：白玉兰开花了。

老师：春天这么美，课题该怎么读？

（老师又叫刚才那位学生读课题）

学生：（动情地）春天来了。

（老师走到这个学生跟前，拍了拍她的背脊，让她把头稍微扬起些）

老师：读得太美了。再读一遍。

（学生又读一遍。）

老师（高兴地）：同学们，为她鼓掌。她不仅读得美，姿势也美，多么自信的小女孩！

课文学完。

老师：同学们，学完课文，你们这会儿有什么样的感受？

学生：春天非常有生机。

学生：春天万物都在生长。

…………

老师：让我们带着对春天的喜爱和赞美再读课题。

学生：（声情并茂地）春天来了。

这位老师不仅在读课题时引导学生这么读，读课文时这么读，学生发言时，老师也要求他们双肩稍往后（舞蹈术语叫做开肩），挺胸微抬头——这姿态，给人一种昂扬自信的感觉。

这感觉真好！

学生的自信心就该这样培养！

当然，课堂上培养学生的自信心还有很多途径，如教师给学生营造宽松、民主、友好的学习气氛、提高学生综合素质等等，这些我们都可以去尝试。

学生可以免试

一、对学生进行免试的思考

考试是教学中的常规环节。

曾几何时，为了迎接期末考试，老师领着学生复习了一遍又一遍，全班学生统一复习，统一参测。

细分析，这一做法应该吗？应该。因为一个学期即将结束，非常有必要组织学生对本学期的学习内容进行巩固和系统梳理，在复习中查漏补缺，通过系统复习使学生的能力进一步提升。

但我们还应进一步思考，思考如何对这一环节加以改善，使之真正成为有利于学生开发潜能、主动发展的成长过程。

新课标提出了“以学生为本”“以学生发展为本”“尊重学生潜质实施有效教学”等全新的教育理念。著名科学家杨振宁曾经在比较中美教育中说：“中国按部就班把知识给孩子，平均起来是好的，可是中国的教育制度，从中小学起，有一个不好的地方，就是对特别好的，占总数5％的最聪明的学生比较不利。这不利的一面，在美国却做得非常好，孩子可以充分发挥他们的特长。美国成功的一个很重要原因，是对这些跟别人不一样的、有特别才能、特别天赋的人，能够给予极大的空间，他们可以发展。这是美国今天在学术上、在经济发展上成功的一个重要的原因。”《国家中长期教育改革和发展规划纲要》（征求意见稿）中提到，我们的教育要“尊重教育规律和学生身心发展规律，为每个学生提供适合的教育，培养造就数以亿计的高素质劳动者、数以千万计的专门人才和一大批拔尖创新人才”。作为基础教育工作者，我们应联系实际，深刻地理解、认识和践行以上理念和要求。学生生理基础不同、家庭环境不同、父母素质不同导致早期潜能开发程度不同……太多的不同，就要求我们的教育行为也应有所不同，包括对学生的评价——无论是评价内容还是评价方式。

再者，心理学家的研究表明，在我国，广义上的超常儿童的比例大约能占到10%—15%（广义的“超常”指在智力、才能及非智力个性方面超出一般儿童。只要有一方面超出一般儿童即视为超常，比如说一个孩子具有很好的美术能力、音乐能力等）。狭义上的超常儿童约占3%左右（狭义的“超常”是专指智力方面高于一般孩子，如有很好的数学、思维、语言能力等）。我国也有许多专门对超常儿童进行研究和培养的学校。这一理论昭示我们应该在教学中尊重学生成长规律。基于这种考虑，我们完全可以对教学评价进行探索，通过探索，建立有利于学生成长的激励性评价制度。

二、进行学生免试的尝试

我们曾经尝试过在学生中设立免试生制度。

“免试”即依照有关规定免除考试，而成绩按照满分计算。

单看“免试”的含义，就能够理解这一做法对学生有多么大的诱惑和激励！

“免试生”设立办法如下：

关于设立“免试生”的意见

为激发学生自主学习的积极性，促进学生自主发展，特制定免试生意见。

一、免试生待遇

免试生不参加考试，成绩按满分计算。

二、免试生条件

1. 能够熟练背诵本学期的精讲课文，背诵指定的课外补充内容。

2. 单元（或每课）生字词默写或听写正确率在95%以上（含95%）。

3. 在单元或过程性的各种自测评价中，成绩达95分以上。

4. 本学期在报刊上发表作文至少2篇。

三、免试生产生程序

1. 期末复习阶段，班级成立由学生组成的评审小组。评审小组由全班学生推荐。

2. 学生对照条件自主申报。

3. 评审小组考核。

4. 评审结果报老师，老师抽测。班级出示免试生名单。

5. 教师将结果报学校。

6. 学校教务处组织抽测，对抽测达标者张榜公布，予以表彰。

三、对这种做法的评价

第一，从条件中我们可以看到，它涵盖了学生必备的基础知识和能力，并对这些方面都有具体要求，如果学生能够达到这些要求，那么，我们认为学生就可以在期末考试中免试，而获满分成绩。

第二，这一做法对学生学习产生积极的引导作用。即，引导学生自主实现学习目标，主动自我评价。

第三，这一做法对学生的自主学习乃至自主发展产生潜移默化的教育功能。在争取免试生过程中，学生目标明确，表现出自发的积极向上的追求。从这一角度讲，这种做法的远期教育意义远远大于了当前教学上的意义。

第四，事实也证明，一些有能力的学生，他们从学期开始，就整体规划自己的学习。背诵课文，背诵唐诗宋词，广泛阅读，着手习作，读报刊，投稿——而不是一课一课地完全随教师安排的进度去学习，学生迸发出了极大的学习热情。在期末复习阶段，他们更是对照目标，积极准备，互相“评审”，踊跃申报——此时的学生仿佛不是在争当免试生，而是要向老师、家长、他身边所有的人展示、证明自己的水平和能力，他们同时要展示和证明的是“我能行”的这种不服输的精神。面对这样的学生，我们完全可以、也应该给他们以自我展示的机会，给他们提供广阔的空间。

建设班本教材

新课程指出，教师不仅是课程的使用者，也是课程的开发者。作为语文教师，我们完全可以在进行正常教学的同时引导学生诵读经典，开发并形成班本教材，把它作为提高学生语文素养的一个内容。

一、内容

如：

一、传承中华民族优秀文化，进行经典诵读。

一年级：背诵《三字经》、唐诗宋词；

二年级：背诵《弟子规》、《笠翁对韵》、唐诗宋词；

三年级：背诵《论语》、唐诗宋词；

四年级：背诵《毛泽东诗词》、唐诗宋词；

五六年级：背诵《大学》《中庸》、唐诗宋词；

二、阅读符合学生年龄的课外读物。

背诵经典，阅读课外读物，对培养学生语文素养乃至人格都大有裨益。具体背诵什么内容，开列什么书目，老师们可以根据本班学生实际进行。

二、实施原则

（一）自主性原则。以学生自主学习、背诵为原则。

（二）灵活性原则。在背的时间上，可以设在语文活动课，可以每周单设一节诵读课，可以引导学生在休闲时间进行……在背的进度上，可以有要求，也可以灵活掌握，不同的学生不同的要求。在背的内容上，可以根据自己的喜好做调整。

（三）激励性原则。以学生自背为主，只要学生有积极性或有进步，就予以鼓励。

（四）活动性原则。这一内容可以和班队活动、少先队活动、语文实践等活动结合，在活动中激发学生的兴趣。

三、评价方式

（一）人员：以学生互评为主，教师、家长均可参与。

（二）时间：平时和阶段性评价结合。

（三）以表扬鼓励为主，以特优生带动其他学生。

四、经验链接

关于经典诵读，不少学校和教师都取得了比较成功的经验。我们可以多方面搜集信息，吸取他人的成功经验，运用于实践，创造出适合自己班级的有利于学生发展的路子来。

之一：中国教育报曾经介绍过安阳市汤阴县一位普通农村教师的成功做法。

在经典中浸润　全面提高语文能力

汤阴县第二实验小学　韩秀琴

中华民族有着悠久的历史文化传统，而构成我国传统文化的核心是古代圣贤所创造的经典。这些经典是中华民族智慧的结晶，具有永恒的价值。在诵读经典活动中，我采用“三线并行”的方式让孩子们背诵了大量的古诗文。

第一线是经典背诵。在一学年多里，我和孩子们背完了

《弟子规》《三字经》《千字文》，现在，我们正在背诵《论语》。

第二线是古诗词背诵。我以每周六首的数量抄给孩子们，孩子们抄在专用的本子上。在这一年多里，孩子们背诵了200余首。

第三线是成语警句背诵。先是《成语接龙300条》，以每周25条的速度背诵；其次是“八字成语歌”，我把八字成语按押韵的形式归纳在一起让孩子们背诵，共有100条。进入五年级背诵的内容是从《中国名言辞典》中整理出的400条古代名言警句，如“不以穷变节，不以贱易志”“林花扫更落，径草踏还生”等等。也按押韵的方式排列，100条为一个单元。

诵读时间选在每天上午上课前的十分钟和下午预备前后的二十分钟。在农村教学时，班里孩子少，我一一把关。而现在面对70多个孩子的大班，想一一把关已不现实，就采取多读多背的方法。对诵读采用的是滚动式的方法——学习新内容，巩固旧内容，以会的带不会的或不太熟练的。

朱自清先生说，经典的意义“不在实用，而在文化”。古诗文是先贤们留给我们的宝贵财富，是文化积淀，让我们在继承和发扬的过程中接受优秀文化的滋养吧。

阅读和背诵是我班的特色课程，它使孩子们的写作水平和运用语言能力大大提高。

（本文系安阳市汤阴县第二实验小学韩秀琴同志在2009年安阳市小学提高教学质量之策略主题论坛上的发言）

之二：

安阳市钢三路小学经典诵读经验

经典诵读读什么？

我们理解的经典诵读是广义的，包括中华经典诗文诵读和中外名著佳作海量阅读两大部分。

第一部分：中华经典诗文诵读

我们学校从最初的一个班，到一个年级，最后作为校本课程在全校推开，已经有五年多了。目前基本形成了必读内容体系：一年级诵读《弟子规》和《小学生必背古诗词八十首》；二年级诵读《论语》；三年级诵读《大学》和《笠翁对韵》部分章节或其他唐诗宋词；四年级诵读《中庸》和《成语接龙》或《中华成语千句文》；五、六年级诵读《毛泽东诗词》其他名家名篇，并尝试对熟背的经典诗文展开主题“解经”。

二年级诵读《论语》是不是太难了？大家或许会有这种疑问。我们以前也有过这种担忧，二年级让学生背诵的是《三字经》。后来在一位全国知名经典诵读专家的启发下才改为《论语》。大家之所以有这种顾虑，是因为我们是用成人的眼光来看待儿童读经。成人的记忆以理解为基础；儿童多记性，少悟性，不理解照样记得住，记得牢。以“直面经典，不求甚解，熟读成诵，终生受用”的理念来看，儿童背诵《论语》和唐诗是没有什么难易之分的。年龄越小，越应该背诵最经典的内容，不然大了以后，让他背诵不甚理解的东西，反而会有阻力。

何时读？怎么读？

一是利用每周不少于两次的晨读时间以及课前小预备后的两分钟，通过老师或班干部领读、全班齐读、小组轮流读、男女对读、开火车读等形式，帮学生达到熟读成诵。

二是每周开设一节经典诵读课，以传统蒙学经典读物《弟子规》为入门教材，突出知行合一，培养学生良好的行为习惯。

三是倡导亲子诵读，利用上学前、放学后、睡觉前等零散时间让家长和孩子一起诵读经典。

怎样调动学生诵读经典的兴趣？

小学生具有很强的从众性、模仿性和不厌其烦的反复诵读能力。只要教师重视，背诵进度因人而异、不强求一致，运用多种激励手段，让学生体会到成就感、愉悦感，营造人人积极诵读经典的良好班级氛围是不难的。

第二部分：中外名著佳作海量阅读

我校采取了必读书目与个性选读相结合，自主阅读与师生共读相结合，阅读与写作相结合，日常督导评价与学年星级读书称号考级相结合等具体措施，使大多数同学都喜欢上了课外阅读，阅读层次和阅读质量得到了逐步提高。

效果怎么样呢？

可以说，中华经典诗文诵读和中外名著佳作海量阅读为我校的语文教学及学生的全面发展打下了坚实的基础。最明显的效果有三点：

1. 学生积累了大量的经典诗文，背诵的字数少则几千，多则数万；课外阅读量远远高于课程标准的要求。如：一年级的部分学生在一个学期内就能把《弟子规》和《小学生必背古诗词八十首》全部背会；在06年殷都区教研室组织的“打造书香殷都，奠定人生底蕴”研讨会上，我校学生为200多名老师进行了诵读汇报，引起了不小的轰动；《安阳市广播电视报》首席记者慕名而来，对我校的经典诵读活动进行了采访，并刊发了专版予以报道；08年9月，安阳市举办纪念孔子诞辰2559周年大型祭奠活动，特邀我校为协办单位，在祭奠仪式上，学生们诵读了《弟子规》《大学》《论语》，受到了与会专家、学者和领导的好评。

2. 提升了学校的教学成绩。诵读经典虽然需要占用一些时间，但是锻炼了学生的记忆力，培养了专注力，增大了识字量，学生能够较早开展课外阅读，大量的课外阅读丰富了学生的知识，进而有利于学生的理解能力、思维能力、创新能力的发展，学习成绩自然得到提高。以开展经典诵读最扎实的四（三）班为例：该班从二年级开展经典诵读，至今学生已背诵了《弟子规》《三字经》《大学》《中庸》《笠翁对韵》《小学生必背古诗词八十首》和大量的唐诗宋词等数万字的经典作品，用时不可谓不多，但该班学生的语文综合成绩达标率一直名列学校前茅。

而且，随着诵读中华经典诗文和名著佳作海量阅读活动的深入推进，各班语文学科综合成绩逐年攀升。语文是基础学科，学生语文素养的提高也带动了其他学科的学习。

3. 有助于学生养成良好的行为习惯。教师们通过经典诵读课教学和在日常生活细节中的点拨渗透，帮助学生活学活用蒙学经典《弟子规》，取得了很好的育人效果。

经典诵读把我校引上了“质量立校，特色强校，科研兴校”的发展快车道。我们将在这条路上坚定地走下去，为学生一生的发展奠定良好的人文底蕴，让从我校走出的毕业生，都能够很有底气地说：“在钢三路小学，我曾经认真背过几本书，读过几本书。”

（本文系安阳市钢三路小学副校长李延生同志在2009年安阳市小学提高教学质量之策略主题论坛上的发言）

每天给学生读书，师生共读共成长

老师应该每天和学生一起读书，让师生在读书中一起成长。

一、为什么这样做

读书是现代学习型社会的主要特征，也是每个人终身学习的重要途径。作为一名语文教师，应该在学生的启蒙阶段，想方设法诱发学生的阅读兴趣，用优秀读物去滋养学生，使学生健康成长。

关于读书的重要性，大家都有所了解，这里不再赘述。只把著名教育家苏霍姆林斯基在《给教师的建议》一书中关于读书的论述摘要如下，供我们再学习：

学生的智力发展取决于良好的阅读能力。一个能够在阅读的同时进行思考的学生，比起不掌握这种乍看起来很简单的迅速阅读能力的学生来，就显得能够更迅速、更顺利地应付任何作业。在他的脑力劳动中就没有死记硬背。他阅读教科书或别的书籍时，比起那种不会同时阅读和思考的学生来，情形就完全不同。在读过以后，能够清晰地领会对象的整体和组成部分、相互依存性和相互制约性。

能够在阅读的同时进行思考和在思考的同时进行阅读的学

生，就不会在学业上落后，而没有学业落后的现象，教师的工作就容易了。实践证明，如果阅读对于学生成为通往知识世界的一个最重要的窗口，那就没有必要花费许多时间给学生补课了。

对一个善于观察的学生来说，也比较容易培养起对科学书籍的感受性。不经常阅读科学书籍和科普读物，就谈不上对知识的兴趣。如果学生一步也不越出教科书的框框，那就无从说起他对知识有稳定的兴趣。

学生学习越感到困难，他在脑力劳动中遇到的困难越多，他就越需要多阅读：正像敏感度差的照相底片需要较长时间的曝光一样，学习成绩差的学生的头脑也需要科学知识之光给以更鲜明、更长久的照耀。不要靠补课，也不要靠没完没了的“拉一把”，而要靠阅读、阅读、再阅读，——正是这一点在“学习困难的”学生的脑力劳动中起着决定性的作用。

如果一个学生广泛地阅读，那么在课堂上所讲解的任何一个新概念、新现象，就会纳入他从各种书籍里汲取到的知识的体系里去。在这种情况下，课堂上所讲授的科学知识就具有特殊的吸引力：学生感到这些知识是帮助他把“头脑里已有的”东西弄得更加清楚所必不可少的。

阅读之所以能成为一种强大的教育力量，是因为人在赞赏英雄人物的道德美和努力模仿的时候，就会联想到自己，用一定的道德尺度来评价自己的行为和自己的为人。

通过阅读而激发起来的思维，好比是整理得很好的土地，只要把知识的种子撒上去，就会发芽成长，取得收成。由于能对书籍进行思考，学生就更容易掌握大纲规定的教材。学生对书籍的思考越多，他的内心中由于书籍而激发的喜爱感越强烈，他学习起来就越容易。

为什么有些学生在童年时期聪明伶俐、理解力强、勤学好问，而到了少年时期，却变得智力下降，对知识的态度冷淡，头脑不灵活了呢？就是因为他们不会阅读！

在一个善于思考的学生来说，他在脑力劳动上所花费的时间，大约有1/3是用在阅读教科书上，而2/3是用在阅读非必修的书籍上面的，因为，说实在的，思考习惯的形成，在决定性的程度上是取决于非必修的阅读的。

为了使学生学会有表情地、流利地、有理解地阅读，使学生在阅读的时候不要去思考阅读过程而是思考所读的东西的内容，那就必须使学生在小学学习期间花在朗读上的时间不少于200小时（包括课内和课外），而花在默读、视读上的时间不少于2000小时。教师们把这件工作在时间上加以妥善分配。

真正的阅读能够吸引学生的理智和心灵，激起他对世界和对自己的深思，迫使他认识自己和思考自己的未来。没有这样的阅读，一个人就会受到精神空虚的威胁。无论什么都不能取代书籍的作用。

由读书引起的精神振奋的状态，是一个强大的杠杆，借助它能把大块的知识高举起来。在这种状态下，脑力劳动的强大的源泉——不随意注意和无意识记，就会被打开而汹涌奔流。精神振奋和受到鼓舞的情绪越强烈，就会有越多的知识进入人的意识。

如果一个少年还没有着迷地爱上一本科学书籍，在“思考之室”里没有他最喜欢去翻阅图书的那个书架，那就是说，我们还没有找到通往他的心灵的那条小路。当少年在“思考之室”里读过几本书而体验到认识的乐趣以后，他才会在家里看书。一个人在少年时期和青年早期读过哪些书，书籍对他意味着什么，这一点决定着他的精神丰富性，决定着他对生活目的的认识和体验。这一点也决定着青年人的观点和情感的形成，决定着他对自己的义务的态度。

读书、读书、再读书——教师的教育素养的这个方面正是取决于此。要把读书当做第一精神需要，当做饥饿者的食物。要有读书的兴趣，要喜欢博览群书，要能在书本面前坐下来，深入地思考。

要使知识得到发展和深化，教师必须特别重视课外阅读：学生在读些什么，他在书籍的海洋里找到了哪些杂志和科普性的小册子和书籍。在课堂上所学的东西，以及要有目的地识记和保持在记忆里的东西，都应当在日后通过新的事实和现象加以反复地思考和理解。

（以上摘自《给教师的建议》，教育科学出版社，2000年1月版）

在苏霍姆林斯基看来：一，读书是教育最本质的活动；二，读书是学校最根本的任务；三，读书是发展学生智慧的最基本的途径；四，读书是教师精神成长的最重要的源泉。

从这些论述中我们可以看到，读书影响着学生人格的发展、学习成绩乃至终身发展的潜力。

再者，分析我们的学习楷模张海迪的成长史，她接受系统的学校教育了吗？没有，但是，她的文学修养，又岂是我们这些系统接受学校教育的人能达到的？是每天课上学习语文、课下又在补语文的学生能比的吗？结论显而易见。

张海迪现在是哲学硕士，是山东省作家协会创作室一级作家，中国残疾人联合会主席、中国作家协会全国委员会委员，山东省作家协会副主席。她，一个残疾人取得这么耀眼的成绩，得益于博览群书。她从10岁开始读长篇小说。《卓娅与舒拉的故事》《把一切献给党》《雷锋叔叔的故事》《真正的人》《我的大学》《古丽雅的道路》《军队的女儿》《瓦尔瓦拉·瓦西里耶夫娜》《钢铁是怎样炼成的》……这些书在她眼前展现了一个五彩缤纷的新世界，同时，大量的阅读，给了她知识和能力。她先后创作了《鸿雁快快飞》《向天空敞开的窗口》《生命的追问》《轮椅上的梦》《绝顶》等作品，她的作品影响着青少年的成长。

因此，为了提高学生的语文“成绩”，为了真正提高学生的语文素养，更为了用优秀的作品鼓舞人、激励人、教育和影响人，让我们行动起来，每天都让学生读书，和学生一起读书，一起成长。

二、怎么读？在什么时间读？

我国当代教育家李镇西在《做最好的老师》一书中也介绍了自己的经验“用高尚的作品鼓舞人”。“自从当班主任以来，我一直坚持给学生读优秀的文学作品。刚开始主要是因为我自己酷爱文学，我在为学生读文学作品的同时，自己也与学生一起共享并获得一种身心的愉悦。到后来，我明显地感到了文学对学生心灵的感染作用，远远超过各种说教，于是，有计划地长期为学生读文学作品，便成了我班主任工作的常规内容。”

他为学生阅读的时间是：一是语文课，二是班会，三是课余时间，如午休，下午放学后等。

阅读的方式：边读边议，边读边做，师生轮读。

结合小学生特点，我们可以这样安排：一二年级学生年龄小，由老师读；三年级以上师生轮读，学生轮读。可以再放开胆量用一些语文课的时间读，可以在阅读课上读，可以利用早上、午间、临下学时读……

只要坚持读，相信“书”到“功”自然成。

三、读什么？

1. 读与课文相关的文章。如学《寓言两则》，我们可以读《伊索寓言》和中国有名的一些寓言，如《郑人买履》《黔驴技穷》《狐假虎威》等，让学生知道小故事里有大道理。学童话类文章，可以给学生读《安徒生童话》《格林童话》等，引学生接触童话中的劳动者。了解善良的人们向往美好生活的愿望；感悟作者对善良、正直、勤劳等美好品德的赞扬和对贪婪、自私、残暴等丑恶行为的批判。学到《跨越百年的美丽》我们可以读《居里夫人》《玛丽雅·居里：她的一生》，来全面了解她艰苦奋斗的生命历程，感受“跨越百年的美丽”更深刻的内涵。

2. 贴近孩子心灵的文学名著。如学生感兴趣的《山羊不吃天堂草》《男生贾里》《女生贾梅》等现代作品以及《三国演义》《水浒传》《西游记》等名著。因为，只有贴近学生心灵的书，才能打动孩子，才更容易让学生爱上阅读。

3. 选择书目贴近学生年龄、认知特征。有许多专家正在讨论是否要制定儿童青少年分级阅读标准，广东省率先出台了国内首个《儿童青少年分级阅读标准》和《儿童青少年分级阅读水平评价标准》。《儿童青少年分级阅读标准》含有“总目标”“总原则”“分级阅读内容选择的总体要求”“分级阅读内容的基本标准（分义务教育四个学段阐述）”等，这一标准也可以作为我们为学生选择书目的参考。

4. 时事文章。如关于北京奥运会的“盛况”，神舟七号飞天的“捷报”，抗震救灾的动人“场景”，“感动中国”人物的“颁奖词”等等。

5. 结合教育部等有关部门和专家的推荐选取学生感兴趣的书目。

作家肖复兴说：“能够热爱读书并能懂得怎样读书，对于一个孩子真是最大的财富。”全国政协委员朱永新教授认为：“一个民族的发展史就是这个民族的阅读史。”

如果你是一名着眼于学生终身发展、全面发展的语文教师，请从现在开始，每天让学生读书吧，在读书中师生共同成长。

四、五年级学生要过朗读关

朗读是小学生应该具备的一项语文基本功，培养学生的朗读能力是语文教师义不容辞的责任。语文课程标准对各年级段的朗读均提出了明确的要求。朗读，是一种复杂的心智过程，它有助于学生掌握每个汉字的音、形、义；有助于学生加深对词语的理解和运用；有助于学生把握文章的层次结构。朗读对学生语言的形成和发展具有不可替代的作用。再者篇篇课文文质兼美，通过有感情的朗读，还可以提高学生的欣赏力、想象力，丰富学生的感情，陶冶学生的人格，培养学生热爱祖国语文的思想感情。朱教仁教授说过："讲解是死的，如同进行解剖，朗读是活的，如同给作品以生命；讲解使人知道，朗读使人感受。"所以，正确、流利、有感情地朗读课文是小学语文教学的基本要求，是公认的语文教学的主要手段，也是学生学习语文的一项长期而稳定的重要"作业"。在语文教学中，培养学生良好的朗读习惯，教给必要的朗读方法，培养必要的朗读能力，能使学生加深对文章的理解，领会作者的思想感情，能增强学生的理解力和记忆力。

学生从一年级就开始学习朗读，我想，学生到了四五年级，应该过了朗读关。所谓过了朗读关，是说学生拿到文章稍作准备就能基本做到：朗读时，1. 姿态端庄、大方，2. 吐字清楚、声音洪亮，3. 读得正确、流利、有感情（出现的生字除外）。

四、五年级学生过朗读关的意义在于：

第一，五六年级属于小学的高年段，学习内容和学习要求相应提高了。六年级课文长了，内容深了；读课文需要的时间长了，对文章内容的理解深度增加了。在这样的情况下，学生更需要的是默读，甚至是带着问题快速默读。这时再培养学生的朗读能力就显得有些滞后。

第二，新课程改革后，国家已将小学和初中打通，由过去的小学六年级（或五年级）、初中三年级（或四年级）改为了九年一贯制。那么，六年级学生进入七年级应该是一种自然衔接的状态。但是，现实却是六年级学生进入七年级学习很不适应。追究原因，有学校管理方式上的不适应，有学习内容上的不适应，但更多的是学习方式让学生不适应。七年级语文课文较之小学更长，内涵更深，需要学生默读静思的分量增加，课堂上学生自学的分量增重。因此，学生出现了学习上的不适应。

因此，小学六年级的教学方式应注意和七年级衔接，课堂上给学生更多快速默读和静思的时间及训练。这样，小学生进入六年级前就应该过了朗读关，具有较强的朗读能力和快速默读的能力。当然，六年级并不是不能朗读，对教材中的重点段、中心句等重要内容仍可以进行朗读。只不过教师在教学中除了关注学生的朗读能力外，更多的要关注学生的默读、快速默读、默读静思等有别于低年级的能力罢了。

五年级必须要过朗读关，四年级发展好的学生可以提前过了朗读关。老师在教学中，可以根据自己学校的地域文化基础、学生的基础等，对学生进行分层要求和分层指导。

新课程背景下布置家庭作业的原则

素质教育强调“全面贯彻党的教育方针，以提高国民素质为根本宗旨，以培养学生的创新精神和实践能力为重点，造就‘有理想、有道德、有文化、有纪律’的、德智体美等全面发展的社会主义事业建设者和接班人”。（摘自《中共中央国务院关于深化教育改革全面推进素质教育的决定》），新课标强调以学生发展为本，明确指出：“九年义务教育阶段的语文课程，必须面向全体学生，使学生获得基本的语文素养。语文课程应培养学生热爱祖国语文的思想感情，指导学生正确地理解和运用祖国语文，丰富语言的积累，培养语感，发展思维，使他们具有适应实际需要的识字写字能力、阅读能力、写作能力、口语交际能力。语文课程还应重视提高学生的品德修养和审美情趣，使他们逐步形成良好的个性和健全的人格，促进德、智、体、美的和谐发展。”

由以上这些纲领性文件可以看出，语文学科教学要关注学生的全面发展，但就语文学科来讲，需要培养学生的语文素养。语文素养包括热爱祖国语文的思想感情，正确理解和运用祖国语言文字的能力，语感的增强和思维的发展，识字写字、阅读、写作和交际的能力，在语文教学过程中应培养的品德修养、审美情趣和良好的个性、健全的人格等等。因此，达到这样的目标，我们就不能再简简单单地把语文作业布置成抄写多少个生字、抄写几遍课文等只以巩固知识为主的家庭作业了。

那么，应该布置怎样的家庭作业呢？我想，不同的年级、每天不同的学习内容，决定了家庭作业应该有所不同。布置家庭作业应该注意体现多样性、创造性和主体性。

第一，多样性。学生学习基础不同，性格不同，家庭环境不同，家长的文化层次和对孩子的期望值、辅导方法均不同，所以布置的作业也要不同。从学生角度讲，性格不同作业不同，有的学生属于外向型，如果老师和家长都认为需要引导其能做到专心、安静，可以布置阅读、书法、听音乐、想象习作等作业；对性格内向的学生，可以布置其朗读文章（课文、童话、诗歌、自己的作文等），第二天让其朗读给大家听，也可以让这样的学生讲故事（学过的课文或课外的“故事”），在家讲给家长听，来学校后讲给同学听。认知基础不同作业不同，写字水平欠缺的可以练写字，朗读水平需要提高的可以练习朗读，想象能力丰富的可以学完古诗后写出古诗的意境，学习能力比较强、成绩非常好的学生愿意做什么作业就做什么作业，等等。家庭环境不同作业也应不同，如，老师让学生进行语文实践活动，“遨游汉字王国”（人教版五年级下册），了解汉字的神奇需要通过多种途径，那么，有电脑的学生就可以选择上网搜集汉字演变的过程，无电脑的学生可以到阅览室、书店查资料等。面对班级五六十个学生，要真正做到以学生发展为本，布置作业就要体现多样性。

第二，创造性。语文受本学科影响，需要记忆积累的内容较多，那么如何处理好知识、能力和创新思维、动手实践、探索精神的关系呢？固然，小学阶段是学生记忆力的黄金时段，过去私塾教学，学生通过大量的记忆，成为大文豪者大有人在。但是，当今社会对人提出了更高的要求，尤其是对创新精神和实践能力的要求。因此，在语文教学中培养学生的创新精神和实践能力要贯穿语文教学的始终，自然也要体现在学生的课外学习中。我们一方面要保证课堂教学的效率，保证学生基础知识和基本能力的掌握和养成。同时，应很好地引导学生在课余自主学习的时间和空间内，创造性地在语文学习的领域里探索，让自己的思想展翅翱翔。如结合综合性学习的内容，可以走向社区访问调查，可以在书中搜集资料，可以几人结成小组合作撰写研究报告，可以编辑自己的社团小报等等。要相信，给学生一点阳光他就会灿烂，给学生一些雨水他就会出人意料地破土而出茁壮成长。

第三，自主性。可以由师生共同制定家庭作业自助餐。课外时间是学生复习学校功课、个性得以成长、兴趣爱好得以发展的时间，也是学生自主学习、动手、实践的时间。但是，就目前状况看，这种本属于学生的时间被老师布置的大量家庭作业侵占了。我们曾做过有关家庭作业的问卷调查，结果如下：

年级	总人数	喜欢自己决定作业		喜欢老师布置作业		喜欢家长布置作业	
		人数	百分比	人数	百分比	人数	百分比
三	58	14	24. 1%	31	53. 5%	13	22. 4%
四	53	27	51%	19	35. 8%	7	13.2%
五	57	34	59. 7%	13	22. 8%	10	17. 5%
六	55	33	60%	12	21. 8%	10	18. 2%

新课程的出发点是“为了中华民族的伟大复兴，为了每一位学生的发展”。在强调学生发展时我们老师都懂得要以学生为本，那么，面对这样的问卷调查结果，我们是否应反思、改进我们布置作业的角度和方式呢？是否应尊重学生，也让学生自己给自己布置学习任务呢？

一位老师在布置作业时是这么做的：

放学时，老师说：同学们，我们是学习的小主人，学习是我们自己的事情，你们想想我们回去该做什么作业呢？

学生思考后，有的说：我回去继续读《郑渊洁童话》，我快读完了。

有的说：我觉得《笠翁对韵》挺有意思，我回去再选选，看先背哪一部分。

有的说：我钢琴快考级了，我今天得加紧练。

有的说：我得跳绳，今天体育课上我跳绳没得优秀。

…………

老师笑着说：非常好，都能做自己学习的主人。相信大家能完成自己的任务。根据咱们班今天的学习内容，我也想给大家提个建议。一是《一个中国孩子的呼声》（人教版四年级下册）这篇课文很感人，请你选择你认为最感人的句子背下来；二是如果你是加利先生，给小作者雷利回信，你会写些什么？用信的格式写下来。三是用书信格式写，非常利于抒发情感，搜集用书信格式写的文章。以上三种作业任选，明天交流。

这个案例给我们的启发是：

第一，老师首先相信学生，让学生自己定学习任务。由学生自定的任务可以看出，经过一个时期的尝试，学生能对自己进行分析，根据自己的需要选择作业、确定学习任务。长期这样下去，学生就会在不知不觉中增强学习责任感。

第二，老师能够以开放的心态对待自己的学科。在学生自己选择的学习任务中，并非都是语文学习任务，但它却是学生所需要做的，老师给予了认可。谁能说现代新课程下的语文老师只应该负责自己的学科呢？又有谁能说学生的发展就只依靠语文学科呢？还有谁能说学生一天不做语文家庭作业语文成绩就一定不会好呢？

第三，学生自主和老师要求相结合。虽然学生是学习的主体，但是，在学校教育教学中，老师的主导作用也绝不可忽视。老师根据当天的学习内容提供建议，并提出了作业落实的要求——“明天交流”。正因为老师对学生的尊重，所以学生对老师布置的作业也会比较认同。

第四，老师布置的作业呈现开放性和多样性，允许学生根据自己的需要、爱好自主选择，这样布置作业就改变了以往布置作业时抄写、听写等繁杂、无味，没有创造性、实践性、探索性的作业形式。

再看另外一个案例：

一位老师教过《凤辣子初见林黛玉》（人教版教材五年级下册）后，和同学们商议：学了这篇课文，我们课余可以再学习什么内容？

学生讨论后，确定的作业是：

读原著《红楼梦》相关章回，体会对人物的形象描写。

读原著《红楼梦》，看看林黛玉具有什么样的性格，或看看贾母是个什么样的人。

选择自己最熟悉的人进行描写，注意写出其特点。

老师说，可以从上面三个内容中选择一个内容学习，随后交流和评价。

实践证明，有30%的学生选择了一个内容，或是翻看原著部分内容，或是进行人物描写；有60%多的学生选择两项内容，进行人物描写，并翻看了原著的部分内容。

从这两个案例可以看出，作业完全可以以学生为主，师生共同制定家庭作业的“自助餐”。让学生在“自助餐”中自主选择学习内容，自主确定学习任务，在品尝“自助餐”的过程中唤醒学习意识、学习责任，从而真正做到在学习中张扬个性，培养创新意识、探索精神。

做学习型教师，提升专业持续发展力

新课程的实施，为教师提供了更多更大的进行创造性教学的空间；研读教材，提高课堂教学实效对教师提出了更高更全面的要求；当今社会对教师教学生提出的要求不仅是一桶水对一碗水的问题，而是要求教师要有长流不断的活水，要求教师成为引领学生自己发现、挖掘活水的引领人。在教学中如何落实这些要求，达到这些要求？唯一的途径便是学习。教师常提出“我也知道要研读教材，可怎么读也觉得读不出教材的‘高度’和‘内涵’，课结束后或听了别人的分析后，才知道课堂教学中有了缺失”这样的问题，解决途径也是学习，让学习伴随自己一生。也就是说，作为一名现代教师应该首先成为学习型教师。

那么，如何成为学习型教师呢？我们首先要转变心智模式。心智模式即人的心理和思维方式，它植根于人的心理，左右着人的行为。因此，要成长为学习型教师，应从转变心智模式入手。

一、面对工作应有的心智

（一）意识到教学不仅是谋生的职业，更是充满智慧的事业。

在今天，人们更加注重精神生活。工作不仅是谋生的手段，更是个人价值的体现，是享受个人价值体验的过程。在教师群体中，安于贫困，执着于建设精神家园的人与事不胜枚举。学习型教师的教育教学过程不应是现成的某种教育知识或教育理论应用于教育教学实践的简单过程，而是蕴涵了将一般理论与实践相适应并与个人的个性特征相融合的过程，这个过程是对教师智慧不断挑战、使其不断丰富的过程，是教师不断学习成长的过程。

（二）深知工作不仅是辛勤地付出，更是在不断地储存幸福。

将工作的过程视为幸福的教师，工作不是牺牲，而是享受；不是重复，而是创造。学习型教师在教育中不断学习、思考、探索，付出精力，付出心智，不断获得成功，这怎能不是一种幸福？当教师运用自己全部的智慧使孩子充满自信、笑靥如花时，怎能不是一种幸福？付出的过程，就是自己不断贮存幸福的过程。

（三）懂得教学是育人的特殊工作，需要将学习与工作融合。

一个教师，接受了完整的师范教育，取得了教师资格证，并不意味着学习生涯的结束，而恰恰意味着学习的又一个开始。因为教学工作是育人的工作，它极其重要而且特殊。它决定了我们在从事教学工作的时候，不能“坐吃山空”，应在工作的同时，不断汲取现代营养，提升自身素质，哺育学生。“教师素质决定了学生的发展层次”，这话不无道理。

日常工作中，常听一些老师说：“工作太忙了，根本没空读书学习！”这些教师日复一日地在积攒着自己狭隘的教学经验，将自己的工作等同于每日不断重复的劳动，满足于忙忙碌碌地“埋头苦干”。诚然，作为一名小学教师，工作千头万绪，许多常规性、事务性的工作要牵扯很多精力。但一个不注重学习，认为学习可有可无，面对学生只懂照本宣科的教师，终将难以适应社会对教育的要求，难以满足学生发展的需要。如果教师每日所读的书仅是教科书、教学参考书，教师丰富的文化底蕴从何而来。没有丰厚的文化底蕴，就无法游刃有余地去研读教材，教学时必定会有捉襟见肘的尴尬，甚至有被时代、被教育对象淘汰的危险。因此，要想使自己的文化修养、教育理念、教育方法等与时俱进，就要不断学习，让学习伴随成长。

二、面对学习应有的心智

（一）意识到学习不仅是教学技能的学习，更应有教育理念的不断学习。

曾有人做过一个这样的调查，一线的小学教师最喜欢阅读的书籍是什么？调查得出的结果是实用性较强、拿来即能用的经验型书籍最受欢迎。注重教学技能的学习无可厚非，但如果只偏重于技能的学习，而看轻对教育理论的学习就不可取了。作为一名教师，千方百计地模仿名师上课技巧，不注重理论知识的更新，必定落个“东施效颦”的结果，只是“匠”，难为“家”。学习型教师，必须具备教育实践家和教育理论家的双重角色。一方面，作为实践家要做一个有心人，把在教育实践中的点滴感受随时记录下来，不断反思；另一方面，作为教育理论家，要不断学习，不断积累理论知识，用理论来指导和检验自己的教育行为，“没有革命的理论便没有革命的行动”，同样，没有先进的教育理论做指导，也就不会有自觉的、有意识的体现新课程理念的教学行为。

（二）深知不仅要学习专业知识，更应广泛涉猎各类知识。

知识的综合化已是当代科学发展的一个重要方向，新课标也强调课程的综合性。这就需要教师摒弃“隔行如隔山”的落后观念，拥有多元的知识结构。如果一位语文教师在引领学生学习《月光曲》时，对该曲一无所知，那为学生讲解月光曲的意境肯定如隔靴搔痒。因此，学习型教师不仅要注重自己专业学科知识的学习，还应广泛涉猎，善于积累众多知识。

（三）懂得学习的最终目的是应用和实践。

教师岗位上的学习，有别于学历学习，有别于老百姓的闲暇阅读。作为教师，铁肩担育人之责，所以，一切学习应是为了提升自己的教育理论水平，提升自己的教学能力，学习不是目的，在教学中应用和实践才是目的。因此，学习要做到“三个结合”：和思考结合——思考如何指导自己的教学；和实践结合——在教学中实施，努力改进自己的教学；和总结结合——反思教学，提升教学。这样使“三个结合”形成螺旋上升式的良性循环。在这种循环中，教师得到提高，学生得到发展。

让我们的课堂成为“激情燃烧的岁月”

《激情燃烧的岁月》，一部电视剧，点燃起了人们心中一种久违的激情，给全国亿万观众带来心灵的温暖与震撼。

教学，是教师一生中最重要的历程。学习，是学生一生中最宝贵难忘的时光。师生如何共度这段岁月？——让每一天、每一节课都成为师生“激情燃烧的岁月”。

激情：本意是一种强烈的情感表现形式。往往发生在强烈刺激或突如其来的变化之后。具有迅猛、激烈、难以抑制的特点。人在激情的支配下，常常能调动身心的巨大潜力。

教学激情：教学有情感，师生、生生、师生与教材等教学要素间互相激发情感。

激情燃烧：情感无比充沛，充满了活力。

岁月：意味着时间的流逝，意味着生活中欢乐的浪花，悲伤的眼泪，受挫后的奋争，成功的体验和喜悦；昭示着顺风中的扬帆前行，也预示着逆境中的坚忍和拼搏……

以上这些要素构成了“激情燃烧的岁月”。

我们应让每节课也都成为师生“激情燃烧的岁月”。以自己的工作热情激发学生的学习热情；以自己不断学习、发展提高的激情激发学生快乐成长的激情。融自己情、学生情、教材文本情为一体，激发情感的共鸣。

让我们以现代教师应有的宁静，包容学生，抚慰学生，同时也洞察学生……以新课程实施中教师应有的智慧激发学生，引导学生，考验学生，同时也更加小心地观察学生。让学生的学习经历就如走在山间小道一般，能以愉悦的心态听潺潺溪水、赏花草景色；一路上有平坦的小路，也有需要披荆斩棘才能前行的野地；一路既有无限的明媚春光，更有需努力攀爬的山巅。

学生在这样的岁月中，学习、历练、受挫、前行……相信定会乐在其中。

伟人列宁说过：没有人类的情感，就没有人类对真理的追求。

让我们在引领学生探求真理的过程中，让激情燃烧我们每节课堂。让学习成为师生一生中难忘的“激情燃烧的岁月”。

让我们也参加一下测试吧

小学教学属于基础教育，小学语文教学属于基础教育的基础。小学生的心智发育、知识习得、人格养成，都需要教师用心呵护和精心指导。每个拼音字母、每个笔画笔顺、每个标点符号乃至它们在田字格、方格、横格里的位置，都需要我们一一引导；每个字、每个词读得是否准确、每句话说得是否得体和完整，都需要我们一一认可和订正……教学无小节，处处皆育人。一个错字，会误导学生一辈子；一处不严谨，会影响学生的一生。话重理不重，的确如此。因此，小学语文教师，要具有坚实的语文学科基础知识和能力。让我们也参加一次测试吧，测试测试我们语文学科最基本的但教学中确实又非常重要的知识和能力如何。测试的本意在于唤起我们终身学习的意识，唤起我们对自己所从事的语文学科基础知识的重视和严谨治学的态度。

附一：

安阳市小学语文优质课参赛教师测试卷

（2007年度）

说明：

1. 本次测试旨在进一步引发参赛教师的学习意识，让学习贯穿教学活动始终，让学习伴随我们每个人的发展提升。

2. 试卷由“基础知识与基本能力”和“教学基本理论与能力”两部分组成。前者100分，后者50分，共150分，所得分数按总分100分折算为最后成绩。

题号	一	二	合计	折算成绩
总分	100	50	150	100分
得分				

一、基础知识与基本能力

1. 写出汉语拼音中的翘舌声母（2分）

2. 汉语拼音中的整体认读音节有16个，含有字母“y”的整体认读音节是（4分）

3. 看拼音写词语（6分）

miè shì（　　）zàn shǎng（　　）zhēng zhēng rì shàng（　　）

chéng shí shǒu xìn（　　）xuàn rǎn（　　）zhuó zhuàng（　　）

jū gōng jìn cuì（　　）wán bì guī zhào（　　）

阅读一本好书，就是跨越时间和空间，同一位ruì zhì（　　）而gāo shàng（　　）的大师谈话；阅读一本好书，如同饮一杯清茶，喝后qìn rén fèi fǔ（　　），让人huí wèi wú qióng（　　）。

4. 给下面的词语加上音节（4分）

暖和　龇牙　战争　暂时

5. 用“___”线标出语气助词“啊”的正确读音（2分）

漓江的水真清啊（a ya wa na nga）

漓江的水真绿啊（a ya wa na nga）

漓江的水真秀啊（a ya wa na nga）

漓江的天真蓝啊（a ya wa na nga）

6. 下列各组词语中，没有错别字的一组是（ ）（2分）

A 题词 题纲 题写 文不对题

B 连续 连载 连手 藕断丝连

C 淡薄 冷淡 浅淡 淡泊明志

D 决断 决胜 决计 决无此意

7. 用横线标出成语中用错的字，并把正确的字写在括号里（4分）

老声常谈（ ） 名列前矛（ ） 哀声叹气（ ）

按步就班（ ） 莫不关心（ ） 人才倍出（ ）

山青水秀（ ） 再接再励（ ）

8. 按要求写词语（5分）

（1）写出表示“看”的意思的词语。

往远处看是 ____________ 往上面看是 ____________

往低处看是 ____________ 往周围看是 ____________

仔细看是 ____________ 盯着看是 ____________

（2）小学语文课本中来自寓言故事的成语有（写出4个）：

____

9. 读句子答题（8分）

（1）“在回来的路上，我不断地想，不断地对自己说：‘这就是我们新中国的总理……’”

用加横线的词仿写一个句子：______________________________

____

（2）“为了整个班，为了整个潜伏部队，为了这次战斗的胜利，邱少云像千斤巨石一般，趴在火堆里一动也不动。”

这句话运用了__________、__________两种修辞手法。请仿写句子，用上这两种修辞方法。

____

____

（3）“人与山的关系日益密切，怎能不使我们感到亲切、舒服呢？”

这句话的句式是______，这种句式的作用是______________

改为陈述句是______________________________

（4）“兴安岭多么会打扮自己呀：青松作衫，白桦为裙，还穿着绣花鞋。”

这句话采用了_______的修辞方法，这种修辞方法最主要的特征是_________。

仿写句子

____

（5）续写句子。“朋友，你会微笑吗？微笑是冬日里的阳光，微笑是一杯浓浓的咖啡，微笑是______________，微笑是________________。微笑在我们的生活中和教学中，作用太神奇了。”

10. 在原句上修改病句并指明病因（6分）

（1）同学们一定要把教室扫干净、扫整齐。

病因：______________________________________

（2）春风一阵阵吹来，树枝摇曳着，月光、树影一齐晃动起来，发出沙沙的响声。

病因：______________________________________

（3）难道你能否认你不应该刻苦学习吗？

病因：______________________________________

11. 古诗填空（4分）

（　　　　）关不住，（　　　　）出墙来。

（　　　　）疑无路，（　　　　）又一村。

（　　　　）相对出，（　　　　）日边来。

(　　　　　)潜入夜，(　　　　　)细无声。

12. 唐朝的诗人很多，请你写三个，并写出他们的代表诗作（3分）

____

13. 古诗分析（3分）

天净沙·秋思

马致远

枯藤老树昏鸦，小桥流水人家，古道西风瘦马。夕阳西下，断肠人在天涯。

诗中点明主题的诗句是哪一句？作者通过动静结合的描写，为我们描写了怎样一幅暮秋郊游图？

____

____

14. 教材中的美文很多，请你选择一篇，默写其中的精彩句子（不少于30个字，包括标点符号）（3分）

选自课文《　　　　　　》：______________________________

____

____

15. 将下面的文言文翻译成现代汉语（4分）

夫诚信者，君子所以事君上怀下人也。天不言而人推高焉，地不言而人推厚焉，四时不言而人与期焉。此以诚实为本者也。故诚实者，天地之所守而君子之所贵也。

（唐）武则天《臣轨·诚信章》

____

____

16. 习作（共40分。其中卷面整洁、字体美观占5分）

（1）一篇好的作文，开头都很精彩。小学作文常用的开头方法有多种，请你根据提示写出开头的方法及开头片段。

开头方法之一：

开头片段：______________________________

____

____

开头方法之二：

开头片段：____

____

____

（2）我们每天生活在学生中，我们应该怎样对待他们；你和他们相处有过怎样的经历，你有怎样的看法，请以“我与学生”为话题，写一篇文章，题目自拟，立意自定，不少于700字。

二、教学基本理论和能力

（一）填空题（每空1分，共10分）

1. 语文课程目标应根据知识与能力、（　　　）、（　　　）三个维度设计。

2. 语文课程应致力于学生（　　　）的形成和发展。

3. 语文教学应培养学生热爱祖国语言文字的情感，养成语文学习的自信心和（　　　），掌握最基本的语文学习（　　　）。

4. 语文教学应在师生（　　　）的过程中进行。学生是语文学习的（　　　），教师是学习活动的（　　　）和（　　　）。

5. 语文课程的基本特点是（　　　）。

（二）选择题（每题2分，共10分）

1. 新课标学段阅读目标要求中的第7条“学习略读，粗知文章大意”，是哪个学段提出的（　）

A 第一学段　B 第二学段　C 第三学段　D 第四学段

2. 锻炼学生口语交际能力，应鼓励学生（　）中学习交际

A 在各科教学活动以及日常生活中　B 在口语交际课中

C 在家庭生活中　D 在与社会人群交往中

3. 各个学段的阅读教学都要重视（　）

①朗读 ②分角色读 ③表演读 ④默读

A ①②③④ B ①④ C ②③ D ③④

4. 综合性学习的评价应着重于学生的（ ）

①合作精神 ②创新意识 ③参与程度 ④探究精神

A ①②③ B ③④ C ②④ D ①②③④

5. 学生作文修改的评价要（ ）

①注意考查学生修改作文内容 ②注意考查学生修改作文态度 ③注意考查学生修改作文过程 ④注意考查学生修改作文方法

A ① B ①③ C ①③④ D ①②③④

（三）教学设计（每题10分，共30分）

1. 学生在学习“今”和“令”字时，常常分不清字形，容易写混，你有什么好的教学方法能使学生掌握这两个字，请写出你的教学设计。

2. “兴趣是最好的老师”，教学中我们应注意“导入新课”环节的设计。科学、艺术的设计，可以有效地激发学生的学习兴趣。从你所教过的课文中选择一篇，写出“导入新课”环节的设计。

3. 课外阅读是语文教学的重要组成部分，请你写出一节指导学生课外阅读的教学设计。

附：评分参考意见

一、基础知识与基本能力：100分

1. 略（每个0.5分，共2分）

2. 略（每个0.5分，共4分）

3. 略（每个0.5分，共6分）

4. 略（每个0.5分，共4分）

5. nga ya wa na （每个0.5分，共2分）

6. C（共2分）

7. 略（每个0.5分，共4分）

8. 略（每个0. 5分，共 5分）

9. 略（每个填空0. 5分，每个句子1分，共8分）

10.（1）同学们一定要把教室扫干净。

（2）春风一阵阵吹来，树枝摇曳着，月光、树影一齐晃动起来。或：春风一阵阵吹来，树枝摇曳着，发出沙沙的响声。

（3）难道你能否认你应该刻苦学习吗？或：难道你不应该刻苦学习吗？

病因略。（共6分）

11. 略（每个0. 5分，共 4分）

12. 略（每个0. 5分，共 3分）

13. 第一问“断肠人在天涯”。第二问略。（第一问1分，第二问2分，共3分）

14. 略（共 3分。错一处扣0. 5，最多扣3分）

15. 诚信是君子用来侍奉君主安抚百姓的。上天不说话，可是人们推崇它的高远；大地不说话，可是人们推崇它的深厚；春夏秋冬四季不说话，可是人们赞赏它的守时。它们都把诚实作为根本。因此诚实是天地奉行的准则，君子崇尚的品德。（共 4分。根据所写内容酌情给分扣分。）

16. 略（题（1）每个5分，点明方法2分，片段3分，共 10分，根据所写内容酌情给分扣分。题2计30分。根据所写内容酌情给分扣分。其中卷面整洁、字体美观占5分）

二、教学基本理论和能力（50分）

（一）填空题（每空1分，共10分）

1. 过程与方法、情感态度与价值观　2. 语文素养

3. 良好习惯　方法　4. 平等对话　主人　引导者　组织者

5. 工具性与人文性的统一

（二）选择题（每题2分，共10分）

1. B　2. A　3. B　4. C　5. D

（三）教学设计（每题10分，共30分）

根据所写内容酌情给分扣分。

附二：

安阳市小学语文优质课参赛教师测试卷

（2009年度）

一、 基础知识与基本能力

1. 给下列字母写出相对应的大写字母（4分）

d e g j l q r t

2. 汉语拼音中和“ü”相拼可以省去“ü”上两点不写的声母是________（3分）

3. 看拼音写词语（12分）

dàn shēng（ ） yōu yáng（ ） sī kōng jiàn guàn（ ） qìn rén xīn pí（ ）

bào cháng（ ） qī dài（ ） lǎng sòng（ ） fù jīng qǐng zuì（ ）

让我们用 zhēn zhì（ ）的情感 zī rùn（ ）学生的心灵，用高尚的 qíng cāo（ ）引领学生 xìng fú（ ）成长。

4. 给下面的词语加上音节（4分）

结束 命运 倾听 挑战

5. 用横线标出成语中的错别字，并把正确的写在括号里（4分）

气灌长虹（ ） 兴高采列（ ） 怨声在道（ ）

风其云涌（ ） 慧人不倦（ ） 宁静至远（ ）

落绎不绝（ ） 厚德栽物（ ）

6. 按要求写词语（5分）

（1）写出表示“想”的意思的两字词语。

__________ __________ __________

__________ __________ __________

（2）小学语文课本中来自寓言故事的成语有（写出4个）：

____

7. 读句子答题（8分）

（1）您为我们付出了这样高的代价，难道还不足以表达您对中国人民的友谊？

这句话的修辞方法是（　　），改为陈述句是 __________

____

（2）人民英雄纪念碑，犹如顶天立地的巨人一样矗立在广场南部。

这句话的修辞手法是（　　）。理由是：__________

____

（3）桃树、杏树、梨树，你不让我，我不让你，都开满了花赶趟儿。

这句话的修辞方法是（　　）。仿写句子 __________

____

（4）横眉冷对千夫指，俯首甘为孺子牛。

这句话采用了（　　）的修辞方法，这种修辞方法最主要的特征是 ____。

请写出一句你积累的运用这种修辞方法的句子 __________

____。

8. 给下列句子加上标点符号（注意标点符号的规范写法），并写出理由（8分）

（1）通过老师的讲解，我明白了什么是论点　什么是论据

理由：

（2）你寄的那两本书　子夜　和　骆驼祥子　我都看完了。

理由：

（3）今天，我们仍应教育学生牢记毛主席 好好学习， 天天向上 的教导。

理由：

9. 古诗填空（4分）

（ ）疑无路，（ ）又一村

（ ）二月天， 拂堤杨柳（ ）。

（ ）老大回， 乡音无改（ ）。

（ ）比西子，（ ）总相宜。

10. 教材中的美文很多，请你选择一篇，默写其中的精彩句子（不少于30个字，包括标点符号）（4分）

选自课文《 》：____________________

____

____

11. 请写出下面一段话的意思（4分）

取乎其上，得乎其中；取乎其中，得乎其下；取乎其下，则无所得矣。

____

____

12. 习作（共40分。其中卷面整洁、字体美观占5分）

（1）小学作文的结尾方法有很多种，请你根据提示写出其中的方法及结尾片段。

方法之一：

片段：________________________________

____

____

方法之二：

片段：________________________________

____

____

（2）古诗中蕴含着意境，请从你教的年级教材中选择一首古诗，然后展开丰富想象写出其意境。

____

____

____

（3）你的学生都非常可爱吧，请你选择其中一位介绍给我们。文中不要出现真实校名和学生姓名。

二、 教学基本理论和能力

（一）填空题（每空1分，共10分）

1.（　　）与（　　）的统一，是语文课程的基本特点。

2. 语文课程应致力于学生（　　）的形成和发展。

3. 语文课程资源包括（　　）和（　　）。

4. 语文课程还应考虑汉语言文字的特点对识字写字、阅读、写作、口语交际和（　　）等方面的影响，在教学中尤其要重视培养良好的（　　）和（　　）的能力。

5. 语文课程总目标中提出了“学会汉语拼音。能说普通话。认识（　　）个左右常用汉字。能（　　）地书写汉字，并有一定的速度”的要求。

（二）选择题。（每题2分，共10分）

1. 新课标学段识字写字目标要求中的第1条“喜欢学习汉字，有主动识字的愿望”是哪个学段提出的：（　　）

A 第一学段　B 第二学段　C 第三学段　D 第四学段

2. “默读有一定的速度，默读一般读物每分钟不少于300字”是对第（　）学段学生提出的要求。

A 第一学段　B 第二学段　C 第三学段　D 第四学段

3. 课程标准提出，学生九年课外阅读基本总量应在（　）万字以上。

A 200　B 300　C 400　D 500

4. 选择教学策略应遵循的规律是（　　）。

①学生身心发展　②创新意识　③语文学习　④探究精神

A ①②　B ①②③　C ②④　D ①③

5. 综合性学习应突出（　　），重视学生主动积极的参与精神，主要由学生自行设计和组织活动。特别注重探索和研究的过程。

A 活动性　B 实践性　C 自主性　D 综合性

（三）教学经验交流。（每题15分，共30分）

1. 提高教学质量必须提高课堂教学实效性。请写出你提高课堂教学实效性的一条有效策略，要求观点明确，叙述清楚，具有借鉴作用。

2. 随课文学习作是引导学生学会习作的好方法。结合你的教学，简要写出一则教学设计（包括教学目标 教学内容 教学方法 所体现的教学理念等）。

附：评分参考意见

一、 基础知识与基本能力(100分)

1. 略（每个0. 5分，共 4分。）

2. 略（每个1分，共 3分。）

3. 略（每个1分，共 12分。）

4. 略（每个0. 5分，共 4分。）

5. 灌（贯） 列（烈） 在（载） 其（起） 慧（诲） 至（致） 落（络） 栽（载）（每个0. 5分，共 4分。）

6. 略（每个0. 5分，共 5分。）

7. （1）（2）（3）略，（4）对偶 结构相同（或基本相同）、字数相等（或基本相等）、相称排列，表达相似、相反或相关的意思等， 第三空略。（1）每空0. 5分，（2）（3）（4）每空1分，共8分。每题第二空意思对即给分。

8. （1） ， 。加逗号表示话语的停顿，加句号表示句子结束。（2）— 《》《》破折号是对两本书的解释（或说明），书名用书名号。（3） “” 引用人物的原话，用引号。
每空1分，共 8分。

9.（山重水复）（柳暗花明） （草长莺飞）（醉春烟）
（少小离家）（鬓毛衰） （欲把西湖）（淡妆浓抹）
（每个填空0. 5分，共4分。）

10. 略（共4分。每错四处扣1分。）

11. 一个人制定了高目标，有可能达到中等水平；制定中等目标，有可能只达到低等水平；制定低目标，则会什么目标也达不到。这句话告诉人们：无论是治学还是立事，一定要志存高远，并为之努力奋斗，才有可能取得成就。（共 4分。意思对即给分。）

12. 略（1）每问5分，点明方法2分，片段3分，共 10分，根据所写内容酌情给分扣分。（2）共10分。根据所写内容酌情给分扣分。（3）共20分。一类文（17—20分）内容具体，感情真实，有独特感受，语言得体，字体美观。二类文（13—16分）内容比较具体，有一定感情，语句得体。字体比较美观。三类文（8—12分）内容比较具体，有一定感情，语句比较得体。字体比较美观。

二、 教学基本理论和能力(50分)

（一）1. 人文性 工具性 2. 语文素养 3. 课堂教学资源 课外学习资源 4. 学生思维发展 语感 整体把握 5.3500 正确工整（每空1分，共10分）

（二）1. A 2. C 3. C 4. D 5. C（每空2分，共10分）

（三）略（每题15分，共30分。）根据所写内容酌情给分扣分。

第三辑 教学策略应用于教学实践

教学实践是教学策略的归宿。教学实践在承载教学策略的同时，又不断地催生着新的理念和新的策略，构成理念—策略—实践的良性循环，本辑中列举的教学案例，就是老师们遵循这三个环节的体现。相信，我们在这样的良性循环中，教学专业化水平会不断得到提升。

《ao ou iu》教学设计（一年级）

（2008年全国小学语文汉语拼音教学观摩研讨会一等奖）

教材分析：

《ao ou iu》是义务教育课程标准实验教科书（人教版）一年级上册汉语拼音部分的第10课。本课包括四部分内容：第一部分是三个复韵母ao、ou、iu及它们的四声；第二部分是声母与ao、ou、iu的拼读；第三部分是看图读句子，识字，同时让学生了解一些有关动物的常识；第四部分是一首儿歌，进一步巩固音节并认识汉字。

本课时为第一课时，完成本课一、二部分内容的教学。

设计理念：

1. 趣味性。新课标指出，“汉语拼音教学尽可能有趣味性，宜以活动和游戏为主”。因此，在教学中，教师根据一年级学生的年龄特点，以大家喜闻乐见的奥运会吉祥物小福娃为线索，贯穿教学始终，激发学生兴趣。

2. 活动性。活动是儿童喜欢的学习方式，在教学中，以活动为教学载体，通过设计多种有趣的活动，使学生乐于参与，从而轻松学习和巩固拼音知识。

3. 主体性。学生是学习的主人，教学中要为学生创设良好的自主学习情境，注重培养学生自主学习的意识和习惯。虽然一年级的孩子年龄小，但也有自主学习的意识和能力。因此，在教学中，注重引导学生利用已有的知识和学习经验，来学习本课的新知识。同时引导学生自教自学，使每位孩子在学习中都能获得成功的情感体验。

（点评：1. 教学理念催生着教学行为。从这节课的设计理念，能看出老师的教学着眼点切合学生实际，符合低年级学生心理特征，做到了由幼儿园进入小学后学习方式的自然衔接。注意教学的趣味性和活动性，把枯燥的语文拼音知识教学融入孩子们喜欢的游戏和活动中，易于激发学生的学习兴趣，保持学习拼音的注意力和持久力。2. 体现了老师较强的课程意识。本节课执教时间是2008年7月暑期，时值奥运前期，全国人民对北京奥运充满了期待，老师将奥运中的信息，开发成教学资源，既有利于教学，更及时地对学生进行了爱国主义教育。）

教学目标：

1. 学会复韵母ao、ou、iu及其四声，读准音、认清形、正确书写。

2. 学习声母与ao、ou、iu组成的音节，能准确拼读音节。

教学重点：

ao、ou、iu的发音、声母与它们所组成音节的拼读是本课教学的重点。

教具准备：

拼音卡片、多媒体课件

教学过程：

一、复习导入

1. 复习单韵母：

复习 a o e i u ü

2. 它们有个共同的名字谁知道？（单韵母）。

3. 复习复韵母ai、ei、ui。

你是怎么读出复韵母的？

（设计意图：复习环节侧重于单韵母和复韵母ai、ei、ui的发音特点和方法，这为学习新知识ao、ou、iu作了铺垫。这样的设计在新旧知识之间架设一个桥梁，有利于复韵母学习方法的迁移与运用。）

（点评："温故而知新"，这既是古语，也是一条教学原则。建构主义的学生观中也强调："学习者并不是空着脑袋进入学习情境中的。在日常生活和以往各种形式的学习中，他们已经形成了有关的知识经验，他们对任何事情都有自己的看法。即使是有些问题他们从来没有接触过，没有现成的经验可以借鉴，但是当问题呈现在他们面前时，他们还是会基于以往的经验，依靠他们的认知能力，形成对问题的解释，提出他们的假设。"此时，老师在学习新的知识前，复习和本节课相关的单韵母、复韵母，既起到复习巩固原有知识的目的，又为学生在本节课的自主学习做了铺垫。）

二、**学习ao ou iu**

1. 认读复韵母ao

（1）出示奥运福娃、奥运主会场、奥运标志，让学生说名称。

（设计意图：联系学生喜爱的福娃形象，调动学生学习的兴趣。）

（2）你能用奥运会说一句话吗？

（3）板书ao。

（4）把"奥"读得平平的就是ao的读音，谁会读？

（5）ao是由哪两个单韵母组成的呢？听老师读，并让学生注意看老师的口型。（由a快速地滑向ao）学生开火车读。

2. 认读复韵母ou

（1）板书。

（2）谁会读这个复韵母？看看28页的第二幅插图，自己再来练一练。

（3）你用什么好办法读出ou的音？

（4）请你教教小朋友。

（设计意图：根据语文学习规律和学生的认知水平，教师要创设自主学习空间，有意识地培养学生的自主意识。从第一个复韵母的教，到第二个复韵母的放，让学生充分自主参与、观察、思考、发现，从而掌握复韵母的发音方法。）

3. 认读复韵母iu

（1）奥运福娃把我们带到哪里了？（出示水立方）

你知道要在这里举行什么奥运项目吗？（游泳）

（2）我国有许多游泳选手在奥运会中为我们祖国争了光，看，他们是林莉、钱红、罗雪娟、庄泳。我们学习的第三个复韵母就是“游泳”的“游”的第一声。

（3）板书iu，谁来读读这个复韵母？

（4）发这个音的时候，口型由i快速地滑向ou，看老师的口型。

（5）学生读。

4. 老师做ao、ou、iu口型，学生发音。

5. 学习ao、ou、iu的四声。

（1）给ao、ou、iu标调，复习标调儿歌。

（2）出示ao、ou、iu的四声。自由练习读准它们。

（3）开火车读，并用一些读音组词或说一句话。

（点评：1. 在学习“ao、ou、iu”时，老师由学生感兴趣的奥运福娃入手，非常自然地引出“ao”的读音；由美丽壮观的水立方引出游泳，将游泳和我国著名游泳冠军自然联系在一起，此基础上引出了复韵母“iu”，整个环节集知识性、思想性为一体，集知识和相关拓展为一体，信息量虽多但教学环节自然顺畅。2. 教学中，既尊重学生已有知识经验，又让学生原有的知识经验作为新知识的生长点，引导学生自读自练，很好地体现了教师在教学中的主导作用，该领读则领读，该示范读则示范读，向我们展示了一幅和谐的师生共谈奥运、共同学习的图景。）

三、拼读音节

1. 练读两拼音节。

出示：z—ao→zao　l—ou→lou　j—iu→jiu。

自由拼→指名拼→开火车拼。

2. 练读第28页的其他音节。

（1）小组互相交流读书上的其他音节。

（2）指名请学生领读。

3. 三拼音节的学习：jiao、qiao、xiao 。

指名拼→同桌互拼→标声调拼→选一个音节扩词说句子训练。

四、巩固练习

1. 小组比赛读音节。

（1）两拼音节：

yāo qiú　lǎo niú　gāo lóu　kǒu zhào

shuì jiào　zǒu lù　jiù jiu

（2）三拼音节。

diū diào　jiāo ào　xiǎo gǒu　tiào gāo　kǎo ròu　qiǎo miào

2. 奥运福娃买了好多东西，咱们看看他们都买了些什么？

（1）水果：shuǐ mì táo　shí liu　pú tao　cǎo méi　dà zǎo

（2）蔬菜：là jiāo　dòu jiǎo　jiǔ cài　yóu cài　ǒu

（3）食品：bāo zi　niú ròu　qiǎo kè lì　jiǎo zi　shāo jī

3. 奥运福娃也要给大家表演一下了，看，他在做哪项运动?

lěi qiú　tǐ cāo　shǒu qiú　yǔ máo qiú　tiào shuǐ

róu dào　pái qiú　shuāi jiāo　zú qiú

（设计意图：一年级的孩子活泼爱动、喜欢游戏，难以长时间地保持注意力，因此在教学中教师以激趣为手段，为学生创设主动学习的情境，在小福娃的引领下，以多种游戏形式巩固了教学内容，调动了学生的学习积极性。）

4. 同桌互相读一读卡片上的音节，读对了，这张卡片就送给你。

（设计意图：这个环节的设计，体现了对每一个孩子的关注，通过学生之间的合作，让不同知识水平的学生在小组学习中进行互补、互帮、互学，这是一种高效的学习活动形式，同时有助于培养自主合作的意识和能力，使更多的学生获得更多的成功感，让每个学生都能有所收获。）

（点评：三、四环节中，老师步步引着学生走进了学习的深处，因为老师将学习内容融在了学生喜欢的“福娃购物”中，又以学生喜欢的游戏为主要教学方式，因此，学生丝毫不会感到学习内容多，练习量大，仍然学得愉快、轻松。）

五、书写练习

1. 说说写时要注意什么?

2. 学生书写，教师巡回指导，强调写字、拿笔姿势要正确。

六、总结延伸

今天我们在奥运福娃的带领下，学会了ao、ou、iu，还拼读了ao、ou、iu和声母组成的音节，回到家后，把你的收获给爸爸妈妈说说吧。

（河南省安阳市第一实验小学　葛玉霞　郭玲丽）

《纸船和风筝》教学设计（二年级）

（字理识字教学专题研讨课）

教材分析：

《纸船和风筝》是义务教育小学语文第三册第20课，讲了一个感人至深的故事。纸船和风筝带着问候，带着祝福，带着谅解，带着浓浓的真情，在山顶和山脚架起了一座友谊长桥。故事动人之处在于，当松鼠和小熊因为一点小事吵了一架之后，他们表现出的内心的失落感和难忍的痛苦，以及修补裂缝的独特方式和感人场面。

设计理念：

本节课为第一课时，在引导学生感知课文过程中，要重视识字教学。在积极倡导新课改的同时，我们不能忽视对学生进行语文基本功训练。在识字教学中，教师创造性地使用教材，运用字理识字法，追本溯源解析字理，把由点点划划组成的方块汉字变成形象生动的图画，激发学生的学习兴趣，帮助学生学习看似枯燥的汉字，并在这一过程中潜意识地对学生进行热爱中华汉字的教育。识字教学孕育在阅读教学中，在识字教学基础上引导学生读通读顺课文。同时，引导学生在具体的语言环境中理解、感悟字词的精妙与意蕴。

教学目标：

1. 会认8个生字，会写“扎、坏”两个字。运用字理识字，让学生初步了解一些字的来历，激发学习汉字的兴趣。

2. 能正确、流利地朗读课文，初步感受友谊带来的快乐和失去友谊的痛苦。

教学过程（第一课时）：

一、开门见山，揭示课题

1. 导语：今天老师带大家走进一个童话世界，这里有一个动人的故事，这个故事就是我们要学的《纸船和风筝》。

2. 教师板书课题，学生齐读，提醒学生注意“风筝”的“筝”要读轻声。

师：注意“筝”这个字单独出现时读一声，和“风”做朋友时，它谦虚地摘下了帽子，就应该读轻声了。谁来读？（指名读）

3. 分析“筝”：

师：孩子们，你见过风筝吗？它是什么样啊？

生：我见过的是用五颜六色的布做的。

师：孩子们，你们知道风“筝”的“筝”为什么是竹字头吗？（课件显示风筝的最初形态）

生（会欣喜地）：风筝是用竹篾扎架用纸糊成的。所以“筝”字是竹字头。

师：祖国的文字多神奇啊！只要你留心，你会发现任何一个看似平常的字都充满着魅力呢！

（点评：老师能将识字教学随文进行。在识字教学中，恰当地引入字理，让学生了解“筝”字的渊源，记住字形，了解字义。）

二、初读课文，读准读通

1. 自由出声朗读课文，注意读准字音，遇到不认识的字，可以请教大树叶里的拼音宝宝。

2. 再读课文，圈画出带生字的词，然后把这些词语多读几遍。

3. 出示生字词，多种形式练读。（草莓 扎风筝 祝福 小溪 漂流 纸船 受不了 松果 幸福）

4. 指名分自然段检查读课文。其他同学认真听，看他是不是把课文读得正确流利。

三、读中感悟，理解字词

（一）研读第一自然段。

（1）现在我们先去小熊和小松鼠的家看看。他们分别住在哪儿呢？指名读第一自然段。

（2）谁来说说松鼠和小熊的家分别在哪儿啊？根据学生说的老师板画。

（二）松鼠和小熊一个住在山顶，一个住在山脚，这普普通通的纸船和风筝居然能让两个隔得那么远的小动物成了好朋友，这是怎么回事呢？莫非这两样东西有着神奇的魔法？

1. 让我们仔细学习课文的第2–5自然段，相信大家肯定能找到答案。

2. 出示第2–5自然段。请学生自由读读课文，思考：松鼠和小熊彼此为对方做了些什么使他们成为了好朋友？用文中的话说一说。

（1）出示句子：

松鼠折了一只纸船，放在小溪里。纸船漂呀漂，漂到小熊的家门口。小熊扎了一只风筝，风筝乘着风，飘呀飘，飘到了松鼠家门口。

（2）找到同音字“漂”和“飘”进行教学。

师：这两个字的读音一样，有哪些地方不一样？生：“漂”字有“氵”，“飘”字的后面有“风”。

师：你们很会观察，大家看：

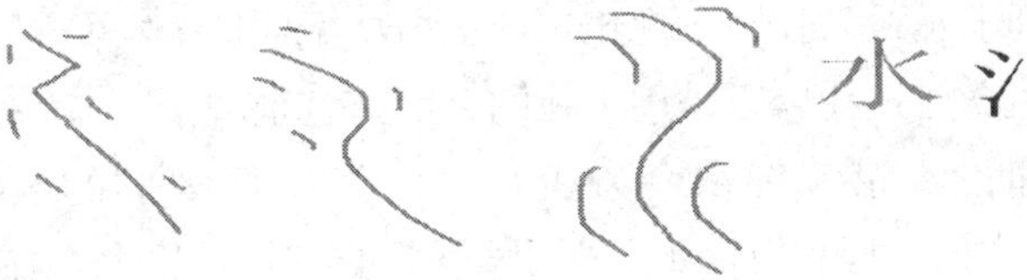

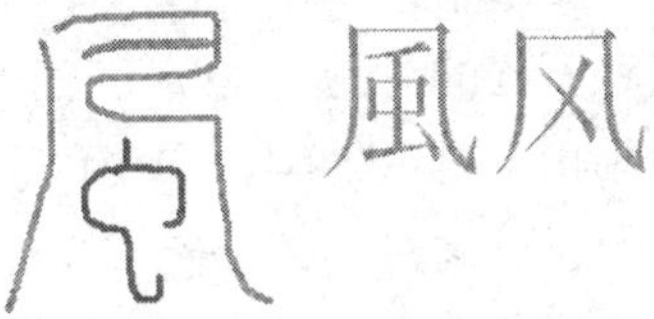

出示上面的图形，边画简笔画边叙述：“松鼠折的纸船顺着水流漂到了小熊的家门口。”“小熊扎的风筝随着风飘啊飘到了松树的家门口。”同时，老师将“漂”“飘”两个字的部首分别用彩笔颜色突出。

通过对比，学生明白了：这个“漂”是三点水旁，和水有关，表示在水上“漂”；而这个“飘”是风字旁，和风有关，表示在风中飘。

接着，老师随机让学生练习“漂”和“飘”的运用。

①国旗在迎风（　）扬。

②椰子树上的椰子熟了，落下来（　）在水里。

（设计意图：“漂”和“飘”是学生较易混淆的两个字，老师从部首入手，通过形象的演示使学生初步了解形声字“声旁表音，形旁表义”的特点，因形索义、因义记形，如此形义结合，达到明理效应，展示了汉字的魅力，提高了识字效果，同时激起学生对祖国文字的好奇和热爱。）

（点评：老师有一定的研究汉字和画简笔画的基本功，在识字教学中以简笔画形式展示了字理，很好地帮助了教学，有助于提高教学效果。）

（3）孩子们，句子里还有一个多音字！

师出示："扎"。你想用什么方法记住这个字？

生交流：扎风筝是用手扎的，所以它是"扌"旁。

师：不错，你很会分析。"扌"就像我们的手掌，当"捆、束"讲时，读zā，"扎风筝"的"扎"这个字在这里读zā，像扎风筝、扎小辫；它还有一个读音是"zhá"，挣扎。

在教师的讲解和演示下，学生记住了"扎"字，理解了它在不同的语言环境有不同的意思。并练写了"扎"字。接着让学生说说还知道哪些和手有关的字，学生说了好多，如：推、挂、抓……师启发：通过这些字，你发现了什么？让学生明白和"扌"有关的汉字都和手有关系这一理性的概念，使学生掌握字的规律。按照这种识字的方法识字，不仅识得多而且识得快。

（设计意图：让学生将生活中的经验与所学汉字的意义联系起来，从而系统理解字义，记忆字形，把汉字放在汉字的整个系统中去科学地认识，在和众多汉字的联系、比较与定位中进行辨识，引导学生进行有序地思维和理性记忆，从而建构科学有序的认知系统，达到发展语言与识字的同步。）

3. 纸船和风筝给他们带去的是祝福和问候，收到礼物后他们彼此的心情怎么样？

生：心里很高兴、兴奋。

师：文中有一个词写出了他们的心情，请你快速浏览课文第2-5自然段，看谁最先找到。

生：是"乐坏了"。

师：这里的"坏"什么意思？

生：……

师出示句子：

①小明做了坏事。

②妈妈给小丽买了玩具，小丽乐坏了。

③邻家的门被小偷砸坏了。

引导学生思考：句子中的"坏"字意思一样吗？学生在交

流中理解“坏”字的不同含义。

师：你认为在文中，它和哪个句子的意思一样？

生抢答：第二个句子，意思是高兴极了。

（设计意图：这一教学环节主要是结合语境理解词义，这样学生就能比较准确地理解词义，同时也加深了对课文内容的理解。目的是学以致用，切实把识字析词、阅读理解融为一体，凸显语文教学的本色。）

4. 是啊，有句话叫“礼轻情意重”，让我们带着那份暖暖的情意去感受小熊和松鼠现在得到的快乐吧！练习读，齐读第2—5自然段。

（总评：识字教学是低年级的教学重点。如何进行识字教学，如何提高识字教学效果一直是困扰老师们的一个难题，高老师在这节课中很好地诠释了如何运用字理进行识字教学。从这个案例我们能够发现高老师的识字教学有如下特点：第一，老师注重随文识字。众所周知，汉字是构成文本意义的单位，只有将汉字放在具体的语言环境中，才有利于帮助学生在一定的学习背景下更好地学习这些汉字。第二，中国汉字蕴含着极其丰富的内涵，充满了独特的魅力。该设计启发我们可以在识字教学中帮助学生了解汉字的内涵，了解其魅力，实现课标所提出的“在语文学习过程中，培植热爱祖国语言文字的情感、培养爱国主义感情、提高文化品位和审美情趣、认识中华文化的丰厚博大，吸收民族文化智慧”的要求。高老师运用字理进行教学的方式非常值得我们借鉴。）

（河南省安阳市高新区第一小学　高艳丽）

《盘古开天地》教学设计（三年级）

（2010年河南省第八届小学语文优质课大赛一等奖）

教学目标：

1. 理解课文内容，认识10个生字，会写14个生字。

2. 能够朗读课文，通过文字描述和自己的想象，感受盘古的高大形象，体会盘古的献身精神。

3. 具有阅读神话故事的兴趣。

（点评：1. 教学目标清晰、具体，目标一、二，便于教学效果的检测。2. “具有阅读神话故事的兴趣”，由本课跃升到了培养学生的阅读兴趣这一应有却常被忽略的要求，体现了语文的学科特点。）

教学重点难点：

通过朗读与想象了解故事内容，理解重点词句，积累特色语言，体会盘古的英雄形象。

教学准备：

1. 多媒体课件（制作惊天霹雳、开天辟地的动画片）。

2. 搜集能体现盘古开辟天地情境的音乐带。

教学过程（第二课时）：

一、解读课题

预设：

师：齐读课题。

生：盘古开天地。

师：读课题有讲究，看谁能按老师的要求读好？怎样读，就回答了“谁”开天地？

生：盘古开天地（学生朗读时强调“盘古”）。

师：怎样读，能回答盘古“干什么”？

生：盘古开天地（学生朗读时强调“开天地”）。

（点评：上课伊始，就从对课题的探究入手，引导学生养成抓住重点字词理解题目和根据题目思索文章内容的意识。同时，也是对学生进行审题意识和能力的培养。相信，这样长久下去学生的审题能力会得到提升。）

二、创设情境，渲染神话意境

1. 感受神话故事的神奇。

预设：

师：想不想感受一下盘古开天地的神奇？

生：想！

师：大家闭上眼睛，准备好了吗？（教师配乐描述）现在我们进入了时光隧道，回到很久很久很久以前，天和地还没有分开，宇宙混沌一片，有个叫盘古的巨人，在这混沌之中，一直睡了十万八千年。有一天，盘古忽然醒了，他见周围一片漆黑，就抡起大斧头，朝眼前的黑暗猛劈过去。（音响：爆裂、熔岩滚滚）

（开始学生双眼紧闭，听得很投入。听到音响后，学生有的不禁睁开眼睛，有的捂住了耳朵……）

师：怎么样？你们仿佛看到了什么？

学生发言踊跃：仿佛看到一个巨人正拿着大斧头，朝眼前的黑暗猛劈过去；仿佛看到天地分开后，轻的东西往上升，重的东西往下落……

（点评：为学生创设情境，让学生闭眼听音响——老师伴着音乐生动地描述，学生仿佛进入了奇妙的神话世界中；一声巨响，学生如临其境，想象着盘古开天地的力量以及天地分开时的神奇。用心来感受漆黑一片的世界，想象在这其中盘古开天地的神奇。此环节中的情境创设简洁自然，极富神话特色，给予学生强烈的感官刺激，使学生在脑海中浮现生动形象的画面，会激发学生浓厚的学习兴趣，为朗读“盘古劈开天地”一段奠定基础。）

2. 有感情地朗读。

师：书上哪个自然段写了盘古开天地的情景？

（学生有感情地朗读第二自然段，师进行指导。）

3. 用一个成语来概括第二自然段的意思。

（开天辟地）

三、表演课文，感悟形象

师：尽管这样难，盘古无所畏惧，天地分开以后，盘古怕他们还会合在一起，就怎么做？

生：就头顶着天，用脚使劲蹬着地。

师：看老师写字（板书：顶天蹬地）。

师：孩子们，我们也来做做。顶天立地的盘古稍有分心，天地将再次闭合，世界将永远暗无天日！（生：就头顶着天，用脚使劲蹬着地。）

师：老师问你，你实话告诉老师，这样顶天蹬地，感觉怎么样？（生：好累，手、头酸）

师：我感觉到了盘古脖子很酸了，脚很痛了，他快要撑不住了……

此时此刻的盘古在想些什么呢？

生：为了后代我不能放弃。

生：如果放弃了，天地又会混沌一片。

师：是啊，这些困难都动摇不了盘古心中坚定的信念，一万年过去了，盘古怎么做？读——

生：盘古头顶着天，用脚使劲蹬着地。

师：十万年过去了。

生：盘古头顶着天，用脚使劲蹬着地。

师：一百万年过去了。

（学生为之感动，情绪激昂。）

（点评：在感悟课文基础上，进一步引领学生走进课文，让学生当盘古，感受这位英雄顶天立地的气度。边想象边朗读，学生三次朗读，情感会一次比一次强烈，盘古顶天立地的形象一次比一次高大。此时，无须太多的分析与讲解，老师富有激情、撼动人心的语言，加上富有激情的朗读，足以调动学生所有的情感，引导学生走进人物的心中，并与之产生情感共鸣。）

四、想象画面，发散思维

1. 读第四自然段找出中心句。

预设：

师：盘古就这样站在天地间，不知过了多少年，天变得很亮很亮，终于有一天，盘古倒在了地上。盘古倒下后，他的身体发生巨大的变化……

师：请你用心地读一读第四自然段，找出本段的中心句。

2. 再读文，你仿佛看到了什么。

3. 有感情地朗读。

师：刚才，我们读着文字想象着一幅幅美丽的画面，如果我们想象着画面来朗读肯定能读得更美。咱们一起来读读，好吗？

师生配乐一起读第四自然段。

4. 生想象。

师：同学们，盘古把自己的肌肤变成了大地，把声音化作了隆隆的雷声，就这样他把自己的全身都奉献出来，化作了万物。（板书：化作万物）他身体的其他部分还会变成什么？展开你想象的翅膀，学着课文中的句式说说。

他的____________，变成了____________的____________。

（点评：苏霍姆林斯基说，在人的心灵深处，都有一种根深蒂固的需求，这就是希望感到自己是一个发现者，研究者，探索者，而在学生的精神世界中，这种需求特别强烈。确实，此时已进入课文情境中的学生，会有许多的遐想，老师借势而上，为学生提供表达情感、交流想象、运用语言进行实践的机会，可谓恰到好处。）

四、激发课后阅读神话故事的兴趣

板书设计：略

设计理念：

1. 激发想象。想象是创造的前提和基础，本文是神话故事，本身就属于想象之文，因此，根据文章体裁特点，可以对学生进行想象能力的培养。在想象中学习语言，在语言的学习中展开想象，使二者相辅相成，从而促进学生的思维发展。

2. 读思结合。读是学生学习语文的主要方式，本节课，利用学生对神话故事比较感兴趣的学情，力争为学生创设“引入情境，为读铺垫；师生共读，升华感悟；自主发现，自由品读；尊重感悟，个性朗读”，并指导学生掌握读好关键词、想象体验、角色扮演、递进引读、画面再现等方法，调动学生的视听、感受与想象的积极性，引导学生与文本对话，在感受中诵读，在诵读中想象，由读得不够好到读得好，同时尊重学生对文本的个性化理解，避免出现“千人同腔”的现象。在这堂课上，要让“读”贯穿始终，读得充分，读得扎实，读得多样，读得入情，不仅读通文本，而且读出神话的韵味，读出学习的乐趣。

（河南省安阳市红庙街小学　李静）

《送元二使安西》教学设计（四年级）

（2008年度河南省第七届小学语文优质课大赛一等奖）

教材分析：

《送元二使安西》是唐朝诗人王维的一首脍炙人口的送别诗。好友元二将远赴西北边疆，诗人王维特意从长安赶到渭城送行，其深厚的情谊，可见一斑。

前两句写送别的时间、地点、环境气氛。清晨，渭城客舍，自东向西一直延伸、不见尽头的驿道，客舍周围、驿道两旁的柳树，这一切，都仿佛是极平常的眼前景，读来却风光如画，抒情气氛浓郁。这首诗既不刻画酒筵场面，也不直抒离别情绪，而是借别筵将尽、分手在即时的劝酒，表达出对友人的留恋、关切和祝福。这首诗以情意殷切、韵味深永，在中国古典诗歌中独树一帜。

设计理念：

语文能力的本质是语言和精神同构共生的能力，语文课就是要促进学生的言语和精神携手走向美满的境界。

本节课教师引领学生扎扎实实地品析文字，以一首诗的学习带动多首诗的学习，以多首诗的学习促进一首诗的理解。在整合中提高课堂教学效率、提升学生的语文素养。

情感是诗的生命，没有情感就没有诗。本节课，教师引导学生在形象感知中入情、在切己体察中悟情、在展开想象中融情、在参读互训中升情。教学一二句扣住“柳”，体会作者营造的送别环境，感受美丽环境中那份浓浓的离别情；三四句扣住“酒”，体会这杯杯酒中饱含的深情。

本节课，既注重学生语言系统的丰富和优化，又注重完善学生的精神世界，着力构建对话的课堂、诗意的课堂。

教学目标：

1. 有感情地朗读古诗，背诵古诗。

2. 咀嚼和体悟重点词语的情味，体会作者语言的精妙。

3. 感受诗人与好友的深情厚谊；感悟诗人离别的情怀。

教学重难点：

咀嚼和体悟重点字词的情味，在反复诵读与融情想象中，感受诗歌的意象，感悟诗人离别的情怀。

教学准备：

制作与课文内容相关的课件：搜集送别诗。

课时安排：一课时

教学过程

一、音乐导入

有一首曲子叫《阳关三叠》，也叫《渭城曲》，这首曲子是后人根据我们今天要学的这首诗创作的。

（设计理念：人的情感的产生和发展依赖于一定的情境，儿童更是如此。优美、有些淡淡哀伤的古筝独奏《阳关三叠》，帮助学生架起想象的桥梁，将学生带到了一千多年前的渭城。入境，为理解古诗奠定基础。）

（点评：新课标倡导，教学中老师要成为学生学习的积极帮助者和引导者。此环节中，老师为学生展示古典乐曲《阳关三叠》，首先就为学生创设了诱发学习兴趣、激发学习动机的环境。通过创设符合本节课教学要求的情境，为学生提示了新旧知识之间的联系线索。）

二、初读古诗，读准字音，理解诗意

1. 从题目中，你知道了什么？

2. 引导学生读准“朝”“舍”“更”的读音。

3. 引导学生理解“浥”“更尽”等字、词的意思。

（设计理念：借助注释，了解诗句的字面意思，初知大意，为深入理解古诗扫清障碍。）

（点评：“从题目中你知道了什么？”这一提问非常必要。的确，学生看到信息后，即刻就会产生“这写的是什么呢”的疑问，有疑问就有思考。老师此时提问，给学生提供感知课题、分析问题、交流思维的机会，是尊重学生学习主体地位的表现，也是了解学情、继续学习的前提，更是引发、培养学生问题意识的需要。）

三、感悟“柳”“酒”中蕴涵的情意

1. 渭城这里的景色怎样？你是从哪些字、词感受到的？

2. 指导有感情地朗读。

3. 体会“柳”的寓意：从“柳”字，你能读懂诗人的情吗？带着这种情，再来读诗句。

4. 拓展关于“酒”的诗句，理解“酒”中蕴涵的情。

写话练习：相聚的日子，他们曾——

5. 这是一杯怎样的酒？

6. 有感情地朗读。

（点评：文中情来自何方？靠咀嚼字面意思是很难理解的。“情”要靠“象”去显。老师紧紧抓住“柳”“酒”这一“意象”，感悟古诗。将古诗化为画面：青青碧柳里诗人怎样难舍难分？相聚的日子是怎样其乐融融？由此来体会两人深深的情谊。当平面的诗句通过学生的想象生成为一幅幅鲜活的画面、一段段感人的旋律、一幕幕立体的场景时，学生投身其中，感诗人所感、想诗人所想，诗句背后的情味和意蕴也就品味出来了。）

四、互文理解，感情升华

1. 拓展：“绝域阳关道，胡沙与塞尘。三春时有雁，万里少行人。”从这首诗中体会什么？对比想象安西与渭城的不同。

2. 有感情地朗读。

3. 结合诗句“春草明年绿，王孙归不归”体会别后的思念。

4. 背诵古诗。

（设计理念：引入王维《送刘司直赴西安》帮助学生感受元二出使安西将要面临的艰难险阻，感受王维对好友离乡背井的牵挂、忧虑；引入王维的《山中送别》帮助学生理解王维对好友的无限思念之情。以一首诗的学习带动多首诗的学习，以多首诗的学习促进一首诗的理解，在整合中提高课堂教学效率、提升语文综合素养。）

五、拓展延伸

学生背诵课前搜集的其他送别诗。

（设计理念：优秀古诗文是我国传统文化的精髓所在，是我们民族语言文字运用的典范形式。优秀古诗文能陶冶学生的情操，提高学生的文学素养，丰富学生的语言。中国古代诗歌中，送别诗是十分重要的一个内容。离别的人不同，但那份真挚的情意是相同的，此环节旨在以一篇的学习带动多篇的学习，引导学生进行知识的迁移，情感的迁移。）

（点评：1. 在学生读、品、赏、背本节课所学古诗基础上，老师相机引出了“绝域阳关道，胡沙与塞尘。三春时有雁，万里少行人”，将学生带入到另一个境界，通过对比，更深地体会诗人对元二的不舍和担忧，为学生更好地理解古诗意境创设情境。2. 后面开放性的拓展，将本节课的学习置入到我们特有的古诗词传统文化中，使学生虽置身教室而心飞扬，出现在他们面前的是一片浩瀚的诗的海洋。）

板书设计略

（河南省安阳市人民大道小学　阮树芹）

《搭石》教学设计（四年级）

（2009年度安阳市小学语文优质课大赛一等奖）

教材分析：

《搭石》这篇课文向我们展示了一幅幅生动的画面：秋凉在即，人们精心挑选石头摆放在小溪中，几番精心踩踏；急着赶路的老人，发现搭石不稳，安置稳当才肯离去；一行人走搭石，动作协调有序，清波漾漾，人影绰绰，充满了诗情画意；两个人面对面过溪，招手礼让，闲话家常；偶遇老人，蹲身下伏，背负过溪……课文语言质朴，意境秀美，字里行间洋溢着乡村的生活气息。

设计理念：

根据本文特点，我的设计理念是：简简单单教语文，扎扎实实地进行语文训练，全面发展学生的语文素养。本着使阅读者披文入情，透过文字触摸到语言的深层内涵的阅读理念，引导学生透过文字想象画面，体会课文浓郁的生活气息，与作者情感交融，在自主阅读中收获感悟，挖掘语言文字的内涵，调动阅读的兴趣。

学习目标：

1. 认识本课生字。

2. 正确、流利、有感情地朗读课文。

3. 运用边读边想象画面、联系上下文、创设情境、联系生活体验等方法，理解“协调有序”等重点词句，体会搭石上蕴含的美，感受乡亲们的美好情感，并从中受到感染、熏陶。

学习重点：

理解课文内容，体会乡亲们纯朴、善良、老幼相敬的可贵品质和一心为他人着想的美好感情。

学习难点：

理解为什么说“搭石”联结着乡亲们美好的感情。

教具准备：多媒体课件

教学过程：

一、文本导入，引出搭石

1. 从课文情境入手，引出课题。

师：（出示情境图）同学们看——（潺潺流水声）这个小山村是作家刘章的家乡，他的家乡是个美丽的地方。（轻音乐起）那里有连绵起伏的山峦，有郁郁葱葱的树木，还有一条清澈见底、水声潺潺的小溪。但作者每每忆起家乡，觉得最美的还是家乡的搭石。这节课，就让我们一起去感受那平凡而美丽的搭石。

（点评：在导入环节，情境图、轻音乐再配上教师深情的描述，一下子把学生带到了课文那洋溢着浓郁生活之美的意境中，同时巧妙地引入了课题，自然而富有美感。）

2. 板书课题，齐读课题。

二、整体感知，初识搭石

预设。

师：请同学们翻开书第103页，自由读课文，注意读准字音，读通句子。想一想什么是搭石。（生自由读课文3分多钟）

师：刚才同学们读课文很认真，你知道了什么是搭石吗？谁用课文的句子来说说。

生：进入秋天，天气变凉以后，家乡的人们会根据水的深浅，从河的两岸找来一些平整方正的石头，按照二尺左右的间隔，在小溪里横着摆上一排，让人们从上面踏过，这就是搭石。

师：我们一起来读读这句话。（出示这句话）

三、再读文本，明确写作目的

师：通过读文，我们知道，搭石是那样普通，那样平凡，可作者为什么偏偏要写搭石呢？请同学们再用心读读课文。（读后交流）

生：因为搭石联结着故乡的小路，也联结着乡亲们美好的情感。

生：搭石，构成了家乡的一道风景。

（师相机板书）

（设计意图：学生带着这个问题学习课文，直接了解到了文章的主旨，明确了作者的写作目的，同时加深了文章内容的理解。学习动机被唤醒，真正做到主动学习。）

（点评：由“作者为什么偏偏要写搭石呢”这样一个简单的问题，非常直接而自然地将第一个环节理解“搭石”的本义，引申到了对“搭石”深层含义的探索之中，节约时间，“节约”学生的思维。）

四、围绕风景，自主寻美

预设。

师：想不想一起去欣赏这道风景呢？就让我们跟随着刘章爷爷，跟随着家乡的人们一块去走走搭石吧。请大家研读走搭石的段落，找出描写人们走搭石的句子，用波浪线画出来，再想一想从哪儿感受到美？（生自由朗读、圈画，用时2分钟左右）

（点评：我们的语文课堂要书声琅琅，也要静思默想。让学生朗读课文，可以有效解决生字的读音问题。同时让学生边读书边思考边圈画，有利于学生更好地思考。）

五、深入体会，品味搭石

预设。

师：我看到很多语句上画上了美丽的波浪线，让咱们依顺序来交流交流。

生：我找的是“每当上工、下工，一行人走搭石的时候，动作是那么协调有序！前面的抬起脚来，后面的紧跟上去，踏踏的声音，像轻快的音乐；清波漾漾，人影绰绰，给人画一般的美感。”

师：（课件出示语段）你找的是这幅画面。（“行”字变红）这是一个多音字，读什么？

（生有的读xíng，有的读háng）

师：意见不统一呀，想一想：体育课上，体育老师常叫我们排成很整齐的一队，叫做排成一——

生：行（háng）

师：这些在搭石上行走着的人叫——

生：一行（xíng）人

师：齐读两遍。

（生读）

（点评：词语教学应该是有层次、有质量的。此处老师采用随文识字，在句段中理解字的音、形、义，达到工具性和人文性的统一。“行”的教学先从读准字音开始，然后联系学生的生活理解词义，最后又结合课文语境理解，把“行”带入课文中朗读，一个简单的“行”字的教学体现出了老师对多音字教学的重视，体现了老师基于学生认知基础和生活经验进行教学的理念。）

师：这还有几个词语，谁再读一遍？（“协调有序、清波漾漾、人影绰绰”等词变红）男生来。

（男生读一遍）

师：“人影绰绰”要读准确，女生读。

（女生读一遍）

师：你们从哪儿体会到这幅画的美呢？

生：我从“协调有序”体会到美。

师：怎样的动作才是协调有序的呢？

生1：就是很有顺序，配合得很好。

师：这是从字面上理解。

生2：就是“前面的抬起脚来，后面的紧跟上去，踏踏的声音，像轻快的音乐”。

师：你联系下文理解了。让我们加入到走搭石的人群中，（指一组学生：前面的……后面的……前面的……后面的……）咱们合作着读一读。

师：（指这组问）你们现在走在哪儿？

生：搭石上。

师：不好走啊，走得不好要掉进水里，有信心吗？

生：有。

师引读：每当上工、下工，一行人走搭石的时候，动作是那么协调有序！前面的——

生1：抬起脚来。

师：后面的——

生2：紧跟上去。

师：（速度渐快）前面的——

生3：抬起脚来。

师：后面的——

生4：紧跟上去。

师：（速度再渐快）前面的——

生5：抬起脚来。

师：后面的——

生6：紧跟上去。

师：抬起脚来，紧跟上去，抬起脚来，紧跟上去，抬起脚来——紧跟上去——踏踏的声音，像——

生齐：轻快的音乐。

师：像——

生齐：轻快的音乐。

师：让我们继续走在搭石上，这边两组走前面，这边两组走后面。

师：前面的——

生（组1）：抬起脚来。

师：后面的——

生（组2）：紧跟上去。

（速度渐快，引读三遍）

师：没有人踩脚，没有人跌入水中，该是有人指挥吧，（生摇头）对，其实又没有人指挥，那么默契，那么有序，这样的动作就叫做——

生：协调有序。

师：原来这样的动作就叫做——

生：协调有序。

师：体会得好。你们还从哪儿体会到画面的美呢？

生：我从“清波漾漾、人影绰绰”体会到画面的美，我感受到水波和人影都很美。

师：“绰”是生字，课前大家查了字典吗？

生：查了。

师：遇到不认识的字查字典，这是学习的好习惯。它在字典中有三种意思，出示“绰：A宽；不狭窄　B宽裕；富裕　C形容姿态柔美”。

师：想一想，“人影绰绰”的“绰”是什么意思？

生：我认为是“姿态柔美”的意思。

师：那么“清波漾漾、人影绰绰”在文中描绘的是怎样的画面？想一想。

生1：我好像看到水清得可以看见水底的石头，一阵风吹来，水面漾起了波纹，人影倒映在水面上，美丽极了。

师：体会得真形象，你是在用想象来丰富，用心来体会这两个词语，这种方法值得大家学习。

师：你还想来描绘一下，说吧。

生2：我仿佛看见清清的溪水漾起了粼粼的波纹，姿态柔美的人影倒映在水中，像画一样。

师：听你这么一描述，我感受到水光、人影两相和的美！像画一样——（打开手势）请读读这两个词语。

（设计意图：引导学生抓重点词语，想象画面，体会它们在表情达意方面的作用。）

生2：清波漾漾 人影绰绰

师：你的朗读把我带到了画前，谁能把大家带进画里呢？

师：（指举手的生）你来读。其他同学闭上眼睛，想象画面。

生3（声情并茂地）：清波漾漾 人影绰绰

师：身临其境吧？

（生点头）

师：还有想读的，全班一齐读。

（全班读）

师：真美！这既像是一幅美丽的画，又像是一首清丽的小诗，你看——（点击变成诗的语段，音乐起）当

上工
下工
一行人
走搭石的时候
动作
是那么协调有序
前面的
抬起脚来
后面的
紧跟上去
踏踏的声音

像轻快的音乐

清波漾漾

人影绰绰

给人

画一般的美感

师：谁来读？读出诗一般的韵律美。来，咱们推荐一位同学吧。

（全班同学推荐一生读）

师：同学们，刘章爷爷在大山里工作了13年，每年都有200多天走在搭石上，他常常看到这样的情景，读——

（生齐读）

师：刘章爷爷在搭石上一遍遍走，一遍遍数，一天走上62道，一共踏过了166400多道搭石啊，他怎能忘记这样的情景，读（诗变回文中的语段）——

（生再次融情朗读）

师：是啊，这一行人在搭石上走出了音乐美、画面美，这的确是家乡的（指板书）——

生：一道风景。

（设计意图：注重了朗读的指导，尤其注重了朗读的过程。学生读中感悟，领会家乡的景美，学生轻声、自由地读，指名读等多种形式的读，做到如醉如痴、物我两忘，把读书、理解、感悟融为一体，使心灵得到净化，情感得到陶冶。）

（点评：1. 此环节中，老师紧紧抓住重点词语，由重点词语的理解切入对文章内容含义的理解，将词语教学和阅读教学有机融为一体，在有限教学时间内，二者相辅相成。2. 在理解“清波漾漾、人影绰绰”词句时，老师根据自己的预设，非常巧妙地对学生进行了据词选择词义的练习。由此，学生不仅理解了“绰”，而且理解了“清波漾漾、人影绰绰”在文中的意思以及作用。透过对这两个词的理解，学生面前马上呈现出的是“我好像看到水清得可以看见水底的石头，一阵风吹来，水面漾起了波纹，人影倒映在水面上，美丽极了”“我仿佛看见清清的溪水漾起了粼粼的波纹，姿态柔美的人影倒映在水中，像画一样”的画面，这个环节中的识字教学、词语教学符合第二学段学生的认知特点，显得高效、丰满、立体。）

2. 面对面“让”搭石图

师：一行人走搭石是美丽的风景，如果有两个人面对面地走搭石，又是怎样的情景呢？谁来读读文中的句子？

生读“如果有两个人面对面……”。

师：能谈谈你对这幅画面的感受吗？

生：我觉得家乡的人能够互相谦让。

师：好一个谦让，你读懂了文字里含着的美。男同学，一起感受这份美。

（男生齐读“如果有两个人……”）

3. 背老人“过”搭石图

师：那么“青年人”和“老人”来走搭石，又是怎样的情景呢？

生：读“假如遇上老人来走搭石，年轻人总要伏下身子背老人过去，人们把这看成理所当然的事”。

师：你会带着问题读书，这有个生字（课件中“伏”字变红），齐读三遍。

生：fú fú fú

师：这个句子读一遍是不够的。你们再读读，读着读着，有的词语会让你的心头轻轻一颤，你就抓住它，多读几遍。

（生自由地读几遍）

师：哪个词语打动了你？

生1：“理所当然”打动了我，家乡的人觉得是应该这么做的。

师：有你的读书体会，还有其他的吗？

生2：我觉得“伏”字打动了我。

师：是的，每个同学都有不同的读书体验。我们先来看看

"伏"，"伏"是什么意思？

生：就是"弯"的意思。

师：我们再看看这个"伏"字，什么结构？

生：左右结构。

师：（出示字理图）左边——

生：一个人。

师：右边——

生：一条犬。

师：在甲骨文时代，"犬"是人类崇拜的一种动物，弯得是那样恭敬，是那样心甘情愿啊，（展示"伏"字从甲骨文到篆书到楷书的变化过程）我们的祖先就这样造了"伏"字。

师：现在我是那位老人，谁来做年轻人？请个小伙子。

（一男生上台）

师：请你做做"伏"的动作。

（男生深深地弯下身子）

师：（手搭生的肩）你真是年轻人的知音，这样，老人就能轻而易举地趴在你的背上，舒舒服服、安安全全地过小溪了。

师：（扶起年轻人）到对岸了，你需要老人向你道谢吗？

生：不需要。

师：为什么？

生：因为我们家乡的人都习以为常了，把这看成是理所当然的事。

师：多好的年轻人，（问另一位同学）老人没有向年轻人千恩万谢，年轻人会生气吗？

生：不会！

师：为什么？

生：因为人们把这看成是理所当然的事。

师：听了你们的回答，我就在想，当这位老人年轻的时候，他一定也曾经（指课件文字）——

生：伏下身子背其他的老人。

师：因为（指课件文字）——

生：人们把这看成理所当然的事。

师：当这位年轻人老了的时候，也一定会有——

生：年轻人伏下身子背他。

师：因为——

生：人们把这看成是理所当然的事。

师：透过这个“伏”字，你看出了什么？

生：尊老爱幼。

师：是尊老还是爱幼呢？

生：敬老。

师：你们的这份美好情感也是（指板书）——

生：家乡的一道风景。

师：透过这一代又一代人的“理所当然”，你又看出了什么？

生1：我觉得家乡的人一代一代都是这么做的。

生2：家乡的人十分地谦让，十分地淳朴。

师：我注意到你的发言中有两个“十分”，那也就是说，这已经积淀成山村淳朴的乡风、民风。景美情更美，这更是家乡的——

生：一道风景。

（设计意图：三个画面，根据学生的学习需求进行教学，做到“以学定教，顺学而导”，并且通过三次吟诵中心句，每次都有不同体会和感悟，层层深入，步步递进，一咏三叹，不露痕迹地理解文本人文内涵。）

（点评：1. 在这一环节中，老师仍然是紧扣重点字词组织教学，既进行识字、理解词语教学，又和阅读教学紧密结合，衔接自然。2. 尤其是在进行识字、理解词语时，老师将字理教学引入其中，极有利于帮助学生了解汉字的趣味所在，无形中引发学生对汉字的热爱。识字教学和理解词语是小学阶段的重要教学内容，而现在识字教学仍存在着费时多、效率低的现象，许多老师感到困惑。将字理教学引入小学识字教学中不失为一种提高识字教学效果的途径。）

师：说说我们还会看到哪些温馨的画面？

（生发挥想象）

师：咱们来交流交流。

（设计意图：此时，给学生学习、思考、想象的时间和空间，有利于学生对文本有更深入的体会，达到了语言与情感的共振。）

六、深化总结，回扣“搭石，构成了家乡的一道风景”

师：同学们，一块搭石，就是一段协调的舞，姿态婀娜；一块搭石，就是一首谦让的诗，娓娓动听；一块搭石，就是一幅尊老的画，赏心悦目。刘章爷爷每每回忆起家乡的搭石，总会深情地说，搭石构成了家乡的一道风景，更会由衷地赞叹（引读）——一排排搭石，任人走，任人踏，她联结者故乡的小路，也联结着乡亲们美好的情感。（指板书）搭石，既有我们看得见的景美，也有我们看不见但能感受到的情美。

教学板书：

21 搭石

景美　　　　情美

家乡 的 一道 风 景

（河南省安阳市灯塔路小学 王晓燕）

《圆明园的毁灭》教学设计（五年级）

（2009年度安阳市小学语文优质课大赛一等奖）

教学目标：

1. 学生能在理解的基础上有感情地朗读课文。

2. 学生能边读边思考、体会，从而对语言获得真实的感受，领悟作者的表达方法。

3. 通过对课内重点词句的理解和对课外资料的分析，能深刻了解圆明园辉煌的过去和毁灭的经过，产生爱国情感，增强振兴中华的责任感和使命感。

（点评：1. 教学目标指向明确。因为老师一切教学行为的目标指向应该是学生的学习效果。平时和老师们研究教学设计时，发现不少老师在教学目标上出现偏离。如最常用的句式是："通过本课学习，使学生认识、理解生字新词"或"使学生掌握文章表达方法"等，忽视或模糊了学生是否有学习收获的表述。导致目标指向不清楚，教学效果或者说教学要求不明了。2. 将"三维目标"自然地囊括其中。即目标中体现了"三维目标"的要求，同时在表述中又将"三维目标"有机融合为一体。）

教学重难点：

学生读文时通过感悟和想象，在脑海中能显现圆明园昔日的壮观、辉煌。

教学准备：

1. 制作圆明园复原效果图和被毁的相关课件。

2. 《圆明园》电影片段。

教学过程：（第二课时）

一、板书课题直奔中心

1. 板书课题，齐读课题。

2. 紧扣中心，激发情感。

师：通过上节课的学习，我们初步了解了课文的内容。现在请快速默读课文，找出课文评价圆明园的毁灭的句子。

（1）出示中心句："圆明园的毁灭是祖国文化史上不可估量的损失，也是世界文化史上不可估量的损失！"

（2）齐读第一自然段。

（3）试用一句话概括这句话的内容。

（点评：1. 直奔中心的阅读教学法，突破了旧的教学结构的框框，使学生在课堂前十分钟的最佳时间内发挥最佳思维能力，捕捉到文章的主脉、中心，抓住主要内容，加深对课文的理解，培养逆向思维和分析、解决问题的能力。2. 要求学生带着问题快速默读，将快速默读能力的培养贯穿在教学中，又使学生适度紧张中思考问题，进行思维能力的培养。）

二、感受昔日辉煌

1. 快速浏览课文第三、四自然段，找出圆明园不可估量的价值是什么？

2. 学生交流：宏伟建筑、珍贵文物。

3. 学习第三自然段。

（1）找到七个"有"。

（2）指名学生读七个"有"。

（3）指导朗读——在这样玲珑剔透的园林里漫步，在这样诗情画意的园林里漫步，你会有怎样的心情？（陶醉、自豪）

带着陶醉，带着自豪，好好练读这一段。

（4）指名读：谁愿意来读一读？把大家带到这瑰丽的画卷里。

（评价指导学生的朗读。）

（5）师引读：圆明园中，有……也有……有……

也有……还有……不仅有……还有……

（6）师引背。

（7）让学生有感情地背诵。

（8）思考，假如要写尽圆明园中的所有景观，还要多少个“有”？

师：一方天地容纳了世上所有美景，想走进这个地方吗？

（9）有感情地朗读最后一句，熟读成诵，再现画面，升华情感。

（点评：老师将朗读、朗读中的审美活动、背诵有机结合在一起，在朗读中激发学生的审美感受和情感，为下一部分“毁灭”内容的学习做好铺垫。同时相机让学生熟读成诵，学生在学习中积累语言，丝毫不会感到积累语言是一种负担。如果此时没有背诵的环节，而将背诵布置成课外作业，那么，学生背诵时的心理感受和背诵的效果会可想而知。）

（10）师总结：圆明园不愧是园林艺术的瑰宝，建筑艺术的精华！

4. 学习第四自然段。

师：圆明园不但建筑宏伟，还收藏着最珍贵的历史文物，都有哪些？谁来告诉大家。

（1）指名读。师引读“上自……下至……一句”。

（2）欣赏珍贵文物。

（点评：有时视觉效果远胜于文字表述的效果，因为它能更直接地将读者带入情境之中，更容易令读者产生共鸣。课件中图景的直观再现更利于学生感受毁灭前圆明园的美丽，还能帮助他们理解一些令人疑惑的词语，如“金碧辉煌”“西洋景观”“奇珍异宝”等，这有利于学生理解课文语言，运用语言。）

（3）交流课前搜集的资料，要求学生有重点地介绍给大家。

（点评：新课标指出“语文教师要有强烈的资源意识，多方面提高学生的能力”。课前让学生阅读课外书籍，查阅资料，搜集资料，了解从先秦到明清这一段历史及圆明园的历史、规模等，既遵循了母语学习的特点和规律，又沟通了课内外，有利于培养学生的实践能力，使语文学习充满了生机和活力。同时，通过查阅、搜集、交流，学生才能切实了解圆明园的价值，也只有这样，才能真正激发学生的悲愤、痛惜等情感，也为后面的学习奠定基础。）

（4）出示高度评价圆明园的句子，用上“是……也是……”，连句成段，感受圆明园无法估量的价值。板书！

出示句子再读：“圆明园的毁灭是祖国文化史上不可估量的损失，也是世界文化史上不可估量的损失！”

（5）师总结后过渡到课文最后一段。

三、体会毁灭之痛

1. 默读最后一段。

2. 谁能用一两个词来形容侵略者？（残暴、野蛮、无耻等）你从文中哪里可以体会到？

3. 学生交流读书感受，师相机出示句子。

4. 指导读出惋惜、愤怒之情。指名读——范读——齐读。

5. 播放有关录像。

6. 看着圆明园的残垣断壁，说出自己的感受。板书“！”。

四、反思、小结

学到这里，你又有什么感受？

这节课的学习你有什么收获？

在学生交流中，老师可以提出：“课文的题目是《圆明园的毁灭》，但作者为什么用那么多笔墨写圆明园昔日的辉煌？”让学生明白文章前后对比的妙用。

四、余音无尽

1. 用标点符号表达你学习课文后的感受。

2. 圆明园在今天还会有毁灭的悲剧吗？

3. 朗读诗歌——牢记历史，以史为鉴，担当责任，捍卫国家，为祖国的强大而努力奋斗！

设计理念：

激情飞扬——新课程标准说：“要让学生在丰富的情感活动中获得丰富的认识和情感体验。”因此，这节课从情入手，透过字里行间充分挖掘“爱恨变换”的情感主线，不断激发学生的情感，并使这种情感逐渐加深、升华。力使课堂上自始至终洋溢着对圆明园毁灭的遗憾、惋惜，自始至终抒发着对帝国主义、清朝政府的痛恨，在教师激情感染下，在现代教育技术的帮助下，通过声情并茂的朗读，学生感同身受，进入课文情境，与文本对话，带着爱的情感走进圆明园，在由恨而生的使命感中走出圆明园，获得深刻的教育效果。

读中感悟——本文与现实存在着时空差距，只有通过读才能更好地理解课文内容，所以设计中把此法贯穿在整个教学过程中，设计了各种各样的读，更注重让学生在读中理解，读中体会，读中生情，以情促读。

妙用标点——同一个标点符号，由于所处的语境不同，所负载的信息也有着一定的差异，甚至存在着本质上的区别。借助三个感叹号，我们为圆明园的毁灭而痛惜，为圆明园的辉煌而自豪，为侵略者的野蛮而愤怒！而课后学生用标点表达的理解和情感，更是他们思维火花自由绽放的亮点。

（河南省安阳市健康路小学　刘玲）

《地震中的父与子》教学设计（五年级）

（2010年河南省第八届小学语文优质课大赛一等奖）

教学理念

新课标明确指出：语文教学的理念是全面提高学生的语文素养，正确把握语文教学的特点，积极倡导自主、合作、探究的语文学习方式。因此在教学中我设计了“以学为教”和“以教导学”的方法，既强调学生是学习和发展的主体，同时在教学中也充分体现教师引导、组织、参与的作用。

语文是兼具工具性和人文性的学科。它强调在提高学生知识和能力的同时，更应体现人文关怀，以人为本。阅读教学是教师、学生与文本进行充分对话的过程，也是进行情感熏陶、精神陶冶的过程。而朗读既是理解的手段，也是表达的方法。在本课教学中我坚持以读为本的理念，采用多种形式引导学生多读，让学生在读中发现，读中理解，读中感悟，读中体验，读中表达，读中评价，读中迁移。在读中加深对文本的理解与感悟；感受作者通过人物的动作、语言、外貌叙事和表达情感的写作方法。

教学目标：

知识和能力：

1. 认识8个生字，会写11个生字；正确读写、理解“废墟、疾步、瓦砾、破烂不堪”等词语。

2. 在正确、流利地朗读课文的基础上学习有感情地朗读课文。

过程和方法：

1. 学习借助插图、视频等资料以及通过联系上下文和生活实际、查字典等方法来了解“瓦砾、废墟、绝望、破烂不堪”等词句意思。

2. 能用观察、比较等方法，规范、端正、整洁地书写生字，逐步养成良好的写字习惯。

3. 通过领悟语言文字、情景渲染、展开想象与联想、有感地情朗读等方法，理解课文内容。领悟作者抓住人物外貌、语言、动作特点进行描写，反映人物思想品质的表达方法。

情感、态度、价值观：

从课文的具体描写中感受父亲对儿子的爱以及儿子从父亲身上汲取的力量，从而感受这对父子的了不起。

教学重点：领悟作者抓住人物外貌、语言、动作进行描写，反映人物思想品质的表达方法。

教学难点：理解“不论发生什么，我总会和你在一起”这句话给父子带来的巨大精神力量，感受这对父子为何了不起。

教学准备：字卡、多媒体课件

教学过程：（第二课时）

一、谈话导入，引出课题

1. 师：同学们，在我们的日常生活中，处处洋溢着父爱和母爱，想想，这些父爱和母爱给我们什么样的感受。（学生交流）这节课，就让我们再次走近“地震中的父与子”，去感受感受他们之间那份浓浓的情意。

（点评：上课伊始，老师就让学生想想父母的爱给自己的感受，从心理的角度为学习本节课奠定了基础。）

2. 板题，齐读课题

3. 出示学习要求：

默读课文，用“——”画出能表现父亲了不起的语句，用“~~~~~”画出能表现儿子了不起的语句，并想一想从这些语句中你体会到了什么，把你的感受批注在文中的空白处。

4. 学生圈、点、批、注。师巡视。

（**点评：学习任务明确，利于学生学习。**）

二、品读父亲，体会父亲的“了不起”

1. 汇报交流。

“他挖了8小时，12小时，24小时，36小时，没人再来阻挡他。他满脸灰尘，双眼布满血丝，衣服破烂不堪，到处都是血迹。”

2. 品读感悟。

① 从这句话中，你体会到什么？想到什么？指导学生多角度品读父亲的了不起。

② 联系上下文理解父亲挖掘过程中的艰难，感受父亲的了不起。

三、品读儿子，体会儿子的“了不起”

（一）汇报交流，生找出重点句，并谈自己的感受。

1. “我告诉同学们不要害怕，说只要我爸爸活着就一定会来救我，也能救大家。因为你说过，不论发生什么，你总会和我在一起！”（师生想象在废墟下孩子的情景、心理后品读，感受阿曼达的了不起。）

2. “不！爸爸。先让我的同学出去吧！我知道你会跟我在一起，我不怕。不论发生了什么，我知道你总会跟我在一起。”

（生谈自己眼中的阿曼达，感受他的了不起和他力量的源泉来自于父亲。）

3. 师总结：

儿子深信着父亲，父亲深爱着儿子，正是父子之间的这份深信、深爱才演绎出这人世间最幸福的一幕——这对了不起的父与子，无比幸福地紧紧拥抱在一起。

（点评：老师抓住课文两部分内容让学生在对比中体会父与子之间爱的力量的强大。）

四、反思小结，体会表达情感的方法

这么感人的故事，作者是怎样表达出来的？（学生交流）

五、拓展延伸，感悟人间大爱

1. 联系5·12大地震，播放图片，感悟人间大爱。

2. 师总结：只要我们每一个人都献出一点爱，世界将变成美好的人间。

六、作业菜单，任做一题

1. 合作，分角色诵读课文。

2. 选择一幅5·12大地震的图片，展开想象，为其配写说明词。

（点评：在学生认知能力有所提升的基础上，四、五、六教学环节将文章的情感、习作的表达方法、学生的语言实践活动有机结合在一起，并在这一过程诱发学生自主选择学习内容的意识，体现出对学生的尊重。）

板书设计：略

（河南省安阳市高新区第一小学　王文明）

《老人与海鸥》教学设计（六年级）

（2010年河南省第八届小学语文优质课大赛一等奖）

教学目标：

1. 能有感情地朗读课文，感受老人与海鸥之间深厚的感情，体会人与动物应该和谐相处。

2. 品味课文重点词句，学习通过人物和动物的外貌、动作、语言等细节描写以及场面描写表达情感的写作方法。

教学重、难点：

揣摩作者是如何把老人与海鸥之间的感情写具体的。

教学准备：

多媒体课件

教学过程：（第二课时）

一、复习，导入新课

交流。通过上节课的学习，你对海鸥有了怎样的了解。

（点评：在学生交流过程中，将学生的思维引入本节课的学习中。同时，这一交流内容，对本节课的学习做了情感铺垫。）

今天，我们将继续走进老人与海鸥的世界，去感受人与动物之间真挚的情感，齐读课题。

二、品读悟情——感受海鸥对老人的爱

1. 快速默读课文，思考并归纳作者在叙述老人与海鸥的故事当中，为我们描写了哪几个画面？

（点评：新课标在对第三学段的要求中提到“默读有一定的速度，默读一般读物每分钟不少于300字。”课堂上相机让学生进行快速默读非常必要。快速默读不是目的，在快速默读基础上捕捉有效信息、培养学生思维的敏捷性才是目的。此时，老师让学生在快速默读的同时思考并归纳内容，看似要求简单，实则非常有益于学生阅读、思维、归纳、表达能力的培养。）

在这四个生动的画面中，最让你意想不到的，是哪一个画面？（随学生交流而确定学习内容）

预设：学生交流到描写海鸥的画面我们意想不到。引导学生学习这一部分内容。

请用横线画出海鸥让人意想不到的举动，边读边体会。

2. 交流、讨论。

预设：

“一群海鸥突然飞来，围着老人的遗像翻飞盘旋，连声鸣叫，叫声和姿势与平时大不一样，像是发生了什么大事。”

（1）指名读。

读者想要感动听众，最好的方法就是用心去读，请你再来。

（2）这一遍，融入了情感，有进步。

（3）如果感情再投入一些会更好，指名读。

接下来，你又找到了什么？

“海鸥们急速扇动翅膀，轮流飞到老人遗像前的空中，像是前来瞻仰遗容的亲属。”

（1）读了这句话，你有什么体会？

（2）请把这种舍不得的体会读出来。

（3）边读边体会，体会之后能说出自己的想法，这就叫作品读。（板书：品读）这是一种非常好的读书方法。我希望在接下来的学习中，你们能继续使用它。

接着，你还勾画了哪一处句子？

“过了一会儿，海鸥纷纷落地，竟在老人遗像前后站成了两行。它们肃立不动，像是为老人守灵的白翼天使。”

（1）能用一个词来形容海鸥的心情吗？（读出哀痛）

（2）海鸥的心情还是怎样的？（读出不舍）

（3）对逝去的所敬爱的人哀悼、守灵，是人才有的行为，发生在动物身上，是多么令人惊异和震撼啊！让我们把海鸥为老人守灵时的那份诚挚的感情读出来。（生有感情地齐读）

“当我们不得不去收起遗像的时候，海鸥们像炸了营似的朝遗像扑过来。它们大声鸣叫着，翅膀扑得那样近，我们好不容易才从这片飞动的白色旋涡中脱出身来。”

（1）在这段话中，作者几次写到了“扑”，换成“飞”行不行？

（2）我们请一名同学把“扑”换成“飞”读一读。

（3）“扑”好在哪里？

（4）请你读出来——

小结：一个小小的“扑”字，写出了海鸥失去老人时的肝肠寸断，写出了海鸥对老人无限的依恋。看来在写作时，用词要反复推敲，才会达到意想不到的效果。

（设计意图：旨在体会作者如何准确用词来表达情感，也许“飞”字更加真实合理，但“扑”字却更加人性化，更加突出海鸥对老人的那种情谊，这就是文学艺术的魅力。抓一字悟妙用，也是在引领学生懂得如何遣词造句，推敲语言。）

同学们，透过这些词句我们仿佛身临其境，感受到了海鸥对老人胜似亲人般的情感。想想，作者为什么会让我们的感受这么强烈？（引导学生进一步有意识地领悟、归纳作者的表达方法。）

（点评：1. 在以上环节中，老师对学生的朗读指导并不是简单地只从朗读技巧上指导，而是一再引导学生品味语言、

体会情感，在此基础上引导学生读出情感。2. 学习感人至深的文章，一方面要引导学生领悟情感，同时，更应进行语言文字的学习和表达方法的学习，此时，老师将这些有机地融为了一体。）

三、引导质疑

我们找到了四处海鸥让人意想不到的举动（出示幻灯），这一组组镜头，让我们为之震惊。同学们，假如当时你就在翠湖边上，看到这样的情形，你的脑海里会产生什么问题？

小结：要想了解这些问题，我们需要走到老人的生前去看一看。

（设计意图：引导学生对文本大胆质疑，并带着问题读书，促进学生个性化阅读。放手让学生自学，让学生从整体上感知课文，获得独特的阅读体验。）

四、品读悟情——感悟老人对海鸥的爱

让学生用上面的“批画、读思、归纳”等学习方法学习这一部分，老师相机进行组织、引导。

学生汇报交流中，引导学生注意到对老人外貌的描写，对“饼干丁”的读法等。

小结：作者不仅仅抓住动作，关键还描写得非常细致，比如“很小心、退开一步”等，作者抓住了这些看起来细微的地方，却表达出了最真挚的情感，这种写法就是细节描写。（板书：细节描写）课文在老人唤海鸥、谈海鸥的片段中也运用了这种写法，留给你们自己去学习、去发现。

陈老师还想提醒大家：平时写作，可以采用这种写法，不止在人物的动作上，（用眼神启发学生——）还可以在神态、语言等方面进行细节描写，相信你的文章一定会生动起来，一定会有真情实感！

（点评：1. 老师在教材的整体处理上，尊重学生的学习选择，先由“海鸥对老人”部分学起，然后再学“老人对海鸥”这一部分，比较符合儿童的心理，因为这样一种动物对一位老人的去世能有这样强烈的反应，确实出乎人们的意料，让人感动，所以这部分内容是课文四个画面中最容易引起学生学习兴趣的。2. 老师在教学活动安排上有扶有放，既有利于培养学生的学习能力，又能在有限的教学时间内完成教学任务。）

五、内化感受，运用语言

老人走了，留给人们什么呢？（音乐响起，课件出示昆明湖畔）昆明市民为了纪念这位爱鸥情深的老人，主动捐款在翠湖畔为老人铸了一座铜像，如今，"海鸥老人"的雕像，永远与心爱的海鸥们相依相伴。每到西伯利亚的海鸥飞临翠湖边的季节，就会有许多市民像当年的老人一样，给它们喂食，人与动物和谐相处的画面再次出现在美丽的翠湖畔。

看到这些，你想说些什么呢？把自己所思所想写在课文后面。

（设计意图：此环节的设计，意在引导学生在理解、感悟、积累和运用语言文字过程中，渗透语文教学的人文性，体会情感和人文价值，引导学生超越文本，升华自己的阅读体验和感悟，进一步深入理解课文主旨，引导学生从课文中体会到人与动物之间的美好的情意，让学生读懂作品，领悟真谛，通过超越文本的读书让学生变得智慧、变得美丽。同时，进行语言实践练习。）

六、推荐阅读

可以登陆作者邓启耀的博客：http：//dengqiyao. blshe. com，阅读原文《海鸥老人》。

（河南省安阳市钢城小学　陈改霞）

《毕业赠言》教学设计（六年级）

（安阳市名师、“走进新课程讲师团”成员示范课）

教学理念：

1. 为学生进行语言实践提供情景和氛围。语言的学习说到底是积累和运用的问题。学生只有在不断运用中才能真切地提高语言能力。毕业赠言是学生进行语言实践很好的形式，教学中，老师要创设情境和氛围，帮助学生打开思维，以更好地进行语言实践活动。

2. 充分发挥学生同伴的作用，引导学生相互帮助，共同提高语言的运用能力。

教学目标：

1. 掌握赠言的格式和要求。

2. 能分辨赠言的优劣，说出优劣的原因。

3. 能根据同学的特点，把自己的希望和祝愿组织成美好的语言送给他。

4. 感受师生、同学之间纯真美好的情感。

教学重点：

能根据同学的特点，把自己的希望和祝愿组织成美好的语言送给同学，表达自己的情感。

教学准备：同学录

教学过程：

一、激发兴趣进课题

1. 师生对诗。

《别董大》《送元二使安西》《赠汪伦》

找出三首诗的共同点，看看古人如何赠别。

（点评：由学生熟悉的古诗引入，既激发学生兴趣，又为本节课的语言模仿练习做了铺垫。）

2. 模拟诗句，完成过渡。

（1）龙泉花卉名千里，不及学生待我情。（做课地点龙泉镇乃花卉之乡。）

（2）东风和煦意千里，不及学生付出情。（做课地点东风乡，学生为献课活动付出了许多，以示感谢。）

（点评：教学贴近学生生活，极有利于调动学生学习积极性，有利于学习氛围的创设。）

二、读赠言知赠言

1. 读书上的赠言；读老师昔日教过的学生的赠言。

2. 讨论。什么是赠言？赠言有什么特点？

3. 学生交流，老师和学生总结规律并板书：

对象：老师　同学

格式：称呼　正文　署名

要求：主题——健康向上

感情——真诚贴切

语言——生动简洁

（点评：学生是学习活动的主体，六年级学生已具有一定的阅读能力和理解能力。此环节中，学生在老师引导下，自主地在材料案例中寻找新的知识点以及这一知识点的特点及规律，体现了教师对学生学习能力的认可和对其自主学习能力的诱发及培养。）

三、表达实践

1. 学生自找“对象”写赠言，然后评议赠言优劣。

2. 思考并讨论下面几则赠言的优缺点。

（1）我们即将离别了，你是我最好的朋友，我祝愿你在未来的日子里福如东海，寿比南山，长命百岁。

（2）你终于要走了，但你把花的形象留了下来，你把花的芬芳留了下来，你把我们共同浇灌的希望也留了下来。今后只要我想起你，我的岁月就会永远地鲜艳，永远地芬芳。

（3）你总是默默无语，从不在课堂上发言，其实你很棒的，为什么不多给自己机会呢？真希望进入中学的你能如展翅高飞的雄鹰，勇往直前！

（4）我的老朋友，你总是那么调皮，毕业后一定能生意兴隆，财源广进！

在学生讨论过程中，老师相机引导：第一句适用于祝寿，第四句则是商人的语言，不适合我们小学生，第二三句比较有针对性，既说出了同学的特点，也写出了自己对同学的祝福，对同学有激励作用。在交流中让学生懂得写赠言时根据不同的对象、不同的身份、不同的年龄用不同的语言，说话要得体。

（点评：语言的运用能力，永远依赖于语言的实践活动，脱离了学生自主的语言实践活动来提升学生的语言运用能力，只能是“口”上谈兵。在引导学生认识到赠言的特点和基本要求后，老师要求学生写赠言，组织学生相互对“自由赠言”进行鉴赏，学生在写赠言、鉴赏赠言的过程中必然会进一步悟到写好赠言的方法。）

四、再尝试道祝福

1. 可以修改刚才自己写的赠言，也可以在同学录卡片上写赠言。

2. 把赠言送给自己的好友，互读互议互赏互改。

（点评：老师一步步地将学生引向学习的深处，学生评赏后再练习，写赠言的水平可想而知。）

五、师生赠别再提升

1. 思考本节课的收获。

2. 道出对老师——“我”的赠言。

3. 教师临别赠言。

同学们，回顾六年的小学时光，你们认识了许多老师，上过许多节课，今天这节课不过是其中一朵小小的浪花。老师不希望你能记住这节课，更不希望你能记住我这个人，唯一希望的是你能记住这节课给你的启示：珍惜今天，你会发现老师是多么敬业，同学是多么友好；展望明天，你会感到未来多么美好，值得我们期待。这样你就会珍惜今天的大好时光，善待生活，踏实走好人生的每一步。衷心祝愿你们茁壮成长、展翅飞翔！

（点评：课的最后，老师再创情境，并将这一情境聚焦于老师，师生互动，互相赠言，既再次进行了语言实践活动，又增强了师生间的情感。）

课后反思：

我为什么上综合实践课？

——三个词：必须、必要、必备。

“必须”是因为综合性学习是新教材中不可或缺的一部分，而不是可有可无。虽没有成熟的模式可循，但我们必须不断地去摸索，去总结。

“必要”是因为在现在的语文检测中，像这种新题型层出不穷。比如写开场白、对联、古诗文活学活用等，这些都可以考查出学生语文素养的高低，让学生在日常学习中接触和练习就显得尤为必要。

“必备”是因为赠言的实用性很强，学生在毕业留言时马上会用到。如果没有正确的引导，将有可能让一些低俗的赠言充斥同学录，让不健康的思想影响学生的成长。与其如此，不如让我们的学生提前掌握书写毕业赠言的能力，让他们终身受用。

（河南省安阳外国语小学　胡俊华）

《赏析我们的习作》教学设计（六年级）

（新课程习作教学专题研讨课）

教学内容：

这是一节六年级的习作课。期末复习时，曾让学生以《感动》为题习作。习作形式是提供开头，学生发挥想象续写。

习作开头是“2008年，极不平凡的一年。这一年中，我们战胜了冰冻雪灾，抗击了地震灾害，北京奥运会勇夺五十一块金牌……2008年是使亿万中国人感动的一年。想想这不平凡的一年，我的生活中，也发生了许多让我铭刻在心的人和事。其中最让我感动的是……”学生接着续写。

本节课引领学生欣赏、赏析这篇习作。

设计理念：

按照过去的说法和做法，本节课实际是对这篇习作进行评讲。课题之所以定为“赏析我们的习作”，是因为，新课程倡导尊重学生的个性体验。仔细分析，习作实际上是最能体现学生个人感受的内容，它含有学生对社会、生活的观察和发现，它含有学生对所观察事物的心绪、情感，它含有学生对语言的独特理解和运用。事物也许相同，但是每个人的思维不同，认识层次不同，所处生活环境不同，需求不同……太多的不同，会使人所观察和发现的事物不尽相同，所表达的情感各不相同，文字的运用形式各有不同……“一千个读者就有一千个哈姆雷特”这句话就是对此最好的诠释。因此，我们在大谈要尊重学生学习中的主体地位时，也理应尊重最具个性体验的习作表达，完全没有必要以我们教师以及成人的眼光和角度去随意删改学生习作。从人是平等的、应该相互尊重的角度讲，任何人都无权擅自修改别人的作品，包括学生的习作。我们教师首先应尊重学生，敞开心扉与其对话，在此基础上进行引导，并且设法让学生在对话中能真正认可我们的观点，达到接受我们的引导而修改自己习作的目的。同时，力争让学生在这一教学环节中，享受着被人欣赏、被人赏识所获得的快乐。

基于这样的观点，本节课将传统的习作评讲课，设计成“赏析我们的习作”。

（点评：习作评讲课是习作教学中的常规环节。多少年来，老师们为提高习作评讲课的效果，总是认真修改学生的每篇习作，将自己对习作的认识强加在学生习作上面。点评习作中老师唱主角，学生是配角；老师的评多，学生的评少；评不足的多，赏优点的少。评来评去，评得学生习作兴趣渐无，评得学生面对习作无所适从，评得学生习作时失去自我感受而要考虑怎样表达别人的感受。本节课将传统的习作评讲改为“赏析我们的习作”，从字面看二者似乎区别不大，实则变化不小。首先，教育理念发生变化。现有设计重视了学生的习作感受以及习作这种学习过程对学生成长的影响。过去的习作评讲课完全围绕着习作——这一知识点而进行，没有考虑到人——学生在这一过程中的感受和这种感受对学生成长产生的影响。将过去习作评讲课中无情感的“评讲”，改为易于给学生带来愉悦心情的“鉴赏和分析”，有利于培养学生的学习情感。“赏析我们的习作”即认可每个学生的劳动成果，以欣赏的眼光来看待学生的习作成果。在此基础上，学生再对自己的习作进行分析和修改，学生的心态和努力会可想而知。其次，学习中师生角色定位发生变化。“赏析我们的习作”，既然是

“赏”，就意味着对学生习作的认可、赏识、赞赏。“我们”一词，更会让学生感到老师的亲切，老师和学生不再是“老师”（绝对意义上的指导者）与“学生”（绝对意义上的被指导者）的关系，而成为学习的共同体，一个非常友好和谐的学习团队。学习上的收获固然是学生学习过程中应有的，但是，学习作为一种社会化行为，学习的过程、学习的每个环节何尝不是在培养学生的社会感觉呢。让学生体会到班级——这个学习集体的温暖、友好、和谐，对其成长——正确积极地看待社会、社会交往能力的养成、良好心理的培养、学习觉悟的唤醒，等等，都会或隐或显地产生持续的影响。苏霍姆林斯基说过：“要使孩子成为有教养的人，就必须让孩子有欢乐、幸福及对世界的乐观感受。教育真正的人道主义精神就在于珍惜孩子有权享受的欢乐和幸福。”教学中，老师的教学视野能够关注到学生在学习中的快乐以及这种快乐对学生成长的影响，实在难能可贵。）

教学目标：

1. 进一步产生习作的兴趣和欲望。

（设计理念：从人的心理讲，任何人都希望得到别人的尊重和欣赏，尊重和欣赏会强化某方面的兴趣，使之产生更强烈的欲望。本节课，就要让学生在相互的欣赏中，激发出更强烈的习作欲望。）

2. 了解、学习运用习作中遣词造句、布局谋篇的方法。

（设计理念：学生会在相互欣赏中领悟到别人好的习作方法而加以借鉴，在修改自己的习作中加以运用。）

3. 学会“论坛”方法。

（设计理念：学生相互欣赏，需要一定的表达方法；如何恰当地表达出自己的“欣赏”，需要一定的方法，学生在欣赏中会体会到这方面的方法。）

（点评：1. 教学目标很好地体现了“三维目标”的教学要求，既关注语文本学科的教学，又关注学生在这一过程中的情感，关注学生习作兴趣、习作欲望。这样的教学，会改变学生怕习作、烦习作的状态。同时，鉴于本节课教学活动的特点，老师引导学生“学会‘论坛’方法”，并作为教学目标，立足本课又着眼于学生全面发展和终身发展。2. 体现了学生在教学中的主体地位。学生对习作方法的了解，不是来源于教师的说教，而是来源于教师、学生之间的相互欣赏。）

教学活动：

一、引题

预设：

老师：同学们，我们课前先来查看、分析一个词。看这个词是什么意思。

（板：欣赏；学生交流。）

这节课，我们就来欣赏一下每个人的习作吧。

学生听到这里，也许会发出疑惑：我们的习作也不是篇篇都好。或：写得好的习作我们欣赏，写得不好的习作我们怎么欣赏。

老师：那怎么办？大家想想办法。

学生：好的习作也有不足，不好的习作也有闪光点。对每篇习作中值得学习的地方，大家可以一起来欣赏。

老师：听到这里，你们发现欣赏习作还有什么好处？

学生：我们心情会很愉快。

学生：我们能够看到其他同学习作中的优点。

学生：我们可以借鉴大家习作中的优点来修改自己的习作，使自己的习作更好。

…………

老师：这样一来，我们这节课改为“赏析我们的习作”吧。边欣赏同学的习作，边分析自己的习作，最后，再修改提高自己的习作。开始吧。

（点评：以上环节完全体现出老师建立班级学习共同体的意识。使学生客观上存在的习作能力差距，在主观上完全消失了。每个人的习作都应受到尊重，都可以供大家欣赏。这为本节课做了很好的铺垫。）

二、欣赏交流

1. 全班交流。

第一步，学生根据老师对自己习作的看法，读自己的习作闪光点。第二步，学生自我欣赏。让学生自己谈为什么展示这一部分，谈欣赏这部分的理由。第三步，互相欣赏。大家谈对这个同学的展示部分的意见。

在这个环节中，自我介绍的同学要学会尊重大家；然后，其他同学在谈自己的观点和看法时，也要学会尊重被欣赏的同学。欣赏习作，首先同学之间更要相互欣赏。

对学生的习作，老师也应以欣赏的心态作批注。即使再“差”的习作，老师也应发掘其闪光点并标上“__”。老师的欣赏批注体现在学生习作的方方面面。有语言方面，如用词准确、语句优美、描写具体等；有篇章方面，如开头新颖、结尾含蓄、过渡自然等；有选材方面，如能以小见大，注意观察生活中的事物，有自己独特的看法等。所以学生在这个环节中的内容交流各不相同，全班学生欣赏到的也是极其丰富的习作亮点大展示。

2. 小组交流。

由于课堂教学时间有限，在全班学生交流、欣赏的基础上，学生分小组交流，用全班交流欣赏时获取的方法进行。

3. 感言交流。

即让学生交流本节课的收获。有的学生会谈自己的愉悦心情，有的学生会谈自己学到的习作方法。学生不同，对习作的感知和实践能力也会不同。

（点评：1. 这一环节，学生是学习的主人，无论是全班交流，还是小组交流，每个学生都可以交流自己习作中的闪光点，自己欣赏，也让别人欣赏。可以想象，习作能够得到老师和同学的赏识，这个学生该是多么激动！又该得到多大的激励！老师则只是学习活动中的组织者、参与者，只是把自己的意见、自己的引导适时地抛给了学生。2. 在交流学习感言时，学生不仅交流习作的收获，而且交流习作的感受，这对激发学生的习作积极性和表达欲望极其重要。）

四、分析运用

分析、修改自己的习作。

（点评：此时分析、修改自己的习作是水到渠成。也应该是本课应有的环节。）

五、课后延伸

分小组“编辑”作品、展示作品。即学生修改后，对自己的作品进行装饰，然后按照小组编辑“成册”。最后放班级成果展示台中进行展示。

（点评：学生习作的目的是什么？我们会自然而然地说，是为了提高习作水平，是表达的需要。对此，学生们是怎样看的呢？据调查，很多学生说是为了给老师完成作业。这样，学生能有多大的积极性呢。实际上，写作应该是人情感的表达，既然是表达，就应有听众或观众。能被听众或观众接受乃至欣赏、赞赏，心里的感受、情绪又会怎样呢？不言自明。学生也是如此，也应如此。所以，老师要为学生创设交流习作的机会，展示他们自己的劳动成果。分小组“编辑”作品、展示作品，正顺应了学生的心理，满足了学生的需要。学生会在编辑作品的过程中，更好地创造自己的作品，珍视自己的作品；会在小组编辑活动中，相互合作，共生智慧，共享智慧，同时也相伴着成长，共享着成长的快乐。）

（河南省安阳市曙光学校　于梅）

说课：让爱在心间流淌——《假如》（二年级）

（2009年度安阳市小学语文优质课大赛一等奖）

（点评：老师说课的题目定为《让爱在心间流淌》，非常吸引人，一下就激发起了听众的情感。这说明老师在进行教学设计时，比较准确地提炼出了教材的主题，并将本课的情感融入了自己心间。文字给人的感动，来源于文字所蕴含的情感，老师只有为情所动，才能诱导学生走入文本，感受文本情感。）

教材分析：

罗曼·罗兰曾经说过：爱是生命的火焰，没有它，一切将变成黑夜。今天我要说的就是一篇关于爱的课文——《假如》，我将以“让爱在心间流淌”为主题，展开说课。

《假如》是人教版小学语文二年级上册第六单元的一篇课文。它是一首儿童诗，作者借“马良的神笔”表达了“我”对小树、小鸟、残疾人发自内心的关爱。

学生分析：

这样一首充满童趣和想象力的儿童诗，对于正处在人生启蒙阶段的二年级学生来说，是一篇极好的情感教育的文章。这一阶段的孩子已经能够读懂一些浅显的童话故事，并对世界充满了好奇和想象。

教学目标：

根据新课程标准的要求和教材编排的特点，我将本课的教学目标定为：

1. 认识9个生字，会写8个字。

2. 正确、流利、有感情地朗读课文，背诵课文。

3. 培养关爱他人、关爱环境的美好情感。

（点评：目标全面，文字简练，表述清楚，且易于对其达成度进行检查。）

重点难点：

结合二年级孩子的认知水平，有感情地朗读课文，通过课文教学，启发学生关爱他人，关爱环境，是这一课教学的重点，也是难点。

教法学法：

根据新课标的阅读教学要重在培养学生对语言文字的感悟能力这一理念，我将采用“在创设情境中感悟”“在诵读体验中感悟”“在激活想象中感悟”“在移情体验中感悟”“在拓展延伸中感悟”的教学策略，为学生感知课文、理解课文创造条件。

朗读是二年级的孩子最感兴趣也是理解课文最好的方法，所以，我将通过“感知——想象——美读——背诵”这样一个过程让学生在读中有所感悟，读出自己独特的感受，让爱意植根于孩子们的心中。

（点评：第一学段的阅读教学和第二学段、第三学段的阅读教学应有区别。究竟有何区别？在优质课大赛以及各种大型教学观摩研讨活动中我们很少听到第一学段的阅读教学课，而在听很多常态课中，发现每个学段的阅读教学方式区别不大。究其原因，是因为阅读教学课虽然是大家都很热衷于展示的课型，实际上很多教师也深知要上好阅读课也并不简单，所以，才造成了以上的状况。其实，很多教学专家已用简单的话语道破了语文教学的天机——那就是应简简单单教语文。此课中，老师基于对学生的分析，确定了看似非常简单的方法："感知——想象——美读——背诵"，非常符合第一学段学生的思维、认知特点，同时，有利于学生对语言的学习、积累，有利于学生对文字情感的感受。）

教学安排：

在学习课文之前，我通过"童话故事朗诵会"的形式，让孩子们了解《神笔马良》《七色花》等中外童话故事，为学习课文做好准备。这首诗歌我将用两课时来完成，在第一课时让学生认识生字词，理解课文内容，并达到熟读成诵；第二课时书写生字，进行小练笔。下面我将要说的是第一课时。

教学过程：

根据诗歌教学的特点结合本课教学内容，我安排了"赏读，初步感知爱意""美读，深入理解爱意""延伸，升华心中爱意"三个环节来完成本课教学。

第一环节：赏读，初步感受爱意。

孩子们，我们都听过《神笔马良》的故事，它让我们认识了一位善良、勇敢的孩子马良，他用手中的神笔替穷人们实现了一个个愿望。有一个孩子也想用马良的神笔来实现自己美好的愿望，这个孩子把自己的愿望写成了一首诗，诗的名字叫《假如》。（师生一起板书课题）你们想知道作者想要实现哪些愿望吗？（想）那么我们就一起来欣赏一下这首诗歌吧！教师配乐朗读。

（点评：范读是培养学生朗读能力的一种很好的方式，对第一学段的学生更是如此。学生会在教师的范读中感受、领悟、模仿，会被教师的范读激起朗读的欲望，会在教师的范读中学到朗读的方法。很多课中，老师启发学生读出课文的情感，学生读不出来，老师再引导，学生仍读不出来，老师仍在“千呼万唤”，最后只得草草收场，学生的朗读水平仍原地踏步。试想，在老师“千呼万唤”学生仍“读不出来”时，老师能及时以学生学习伙伴的角色、以全班学习共同体中的成员角色范读，教学的效果会可想而知。所以说，老师该范读时就范读。当然，老师需要提高自己的朗读水平，要具有朗读的能力，这样才能在关键时刻为学生做出示范。此时，老师的配乐朗读目的性很强，既帮助学生了解诗的内容，为学生读好这首诗做榜样，又激发学生对本节课的学习欲望。）

在听的过程中，孩子们自然会明白作者想要实现的愿望是：

（板书）太阳 谷粒 好腿

设计意图：音乐是最富有感染力的，在教师的配乐朗读中，孩子们会一下子被带到诗歌的情境中来，产生阅读的欲望和兴趣。

孩子们，你也想像老师这样美美地读来帮助作者实现这些美好的愿望吗？那就请你打开书108页，我们先来把课文读正确，读流利好吗？老师相信，聪明的你，一定能借助拼音读准每一个字。

在此过程中，我将通过词语的朗读检查孩子们的认读情况。

课件出示：红红的太阳 好吃的谷粒 健康的身体

寒冷的北风 遥远的地方 不幸的朋友

缩着身子 轻轻叹息 苦苦等待 饿得哭泣

前两组让孩子注意“的”字要读得又轻又短，如：红红的太阳、好吃的谷粒等，避免低年级孩子惯有的唱读的毛病，影响诗歌的表达效果。最后一组通过做“缩”的动作以及想象小鸟哭泣的样子来读好这些词。指导好词语的朗读，将为下面课文的朗读打好基础。

第二环节：美读，深入理解爱意。

这首诗歌前三小节结构相同，都以“假如我有一枝马良的神笔”开头，只是内容有所不同。语文教学应该更形象化这一理念要求我们还语文以画面、还语文以旋律、还语文以意象。我将通过“听声音想象画面”“看画面感受内容”“播短片触动‘情’弦”等教学手段，让孩子们理解诗歌所表达的意境和情感。

师：同学们想象一下，在北风呼啸的窗外，一株孤零零的小树在寒风中被吹得东倒西歪，光秃秃的小树枝不住地颤抖，仿佛要被北风刮断一样。此时此刻小树会缩着身子，发出怎样的叹息呢?

（设计意图：学生在理解第一小节中“缩着身子，轻轻叹息”时，会存在一定的难度，我通过“听声音想象画面”的手段，让孩子们真切地感受北风中小树的孤单、寒冷和无助，从而激发起孩子们内心对小树的同情和想要帮助小树的善良的情感。）

有了这些体验之后，再让孩子们读这一小节诗歌，相信孩子们会读得更有感情了。

在指导学生朗读时教师适时评价：听了你的朗读，小树一定会更加快活地成长；小树再也不会感到寒冷了……教师恰如其分的激励语言可以让孩子更加自信地投入到下一阶段的学习。

接下来我用引读的形式来帮助孩子理解并背诵第一小节。有了第一小节的“感知—想象—美读—背诵”的学习方法，学生会轻松地投入到二、三小节的学习中。

第二小节我出示一幅画面（出示课件：树上的小鸟），同时提问：这是几只怎样的小鸟？小鸟的妈妈在哪里？让孩子们充分去感受小鸟的可怜。

（设计意图：第二小节的学习难点在于怎样让孩子感受到在饥饿中等待妈妈哺育的小鸟的可怜。通过第一小节的学习，孩子们已经产生了乐于帮助弱小的情感，在此基础上看到这些可怜的小鸟，自然会激起迫切想要帮助他们的愿望，从而更进一步地和作者的情感产生共鸣，达到教师情、学生情、作者情和谐地融为一体的境界。）

第三小节我安排了一段录像。播放课件“篮球女孩”。

孩子们，看到这个和你们一样大的小女孩，看到这个和你们一样想自由地奔跑和玩耍，却每天只能孤零零地把自己仅剩的半截身体蜷缩在破旧的篮球里的小女孩，看到这个眼神中充满无限渴望和期待的小女孩，你的心里在想些什么呢?

（设计意图：第三小节是最具情感意义的一个小节，但对于每天生活在幸福之中的孩子们，如何能体会到残疾孩子的痛苦与不幸是本节教学的一个难点。所以通过短片播放和动情地述说来达到感染学生的目的。短片中一个个镜头，拨动着孩子们内心善良的“情弦”，自然也会把这种情感带给课文中和小女孩相同命运的西西。）

三节诗歌学完之后，再次通过引读的形式，朗读前三小节来帮助孩子们归纳梳理，从而达到背诵诗歌的目的。

（点评：在这一学习环节中，老师为学生创设情境和氛围，将学生引入诗的意境中，然后读、想、再读、再想、美读、引背、自背等，使学生感情和对文字的感受、积累与老师达到有机统一。）

这时自然过渡到第四小节。

孩子们想一想：作者心中就只有这三个愿望吗?假如你就是作者，你还想实现哪些愿望?

孩子们也许会说出一些自己想要实现的愿望。这时我会说：孩子们，从你们的愿望中老师能感觉到你们都是有爱心的孩子，那么就带着你的爱心，来感受一下我们生活的世界吧!

第三环节：延伸，升华心中爱意。

（播放失学儿童的图片）：这是一间冬不挡风夏不遮雨的教室；一群贫困山区想要上学的孩子。“我要上学，我要读书！”这是他们唯一的心愿！孩子，假如你的手中有一枝马良的神笔，你会用它画什么呢?

（盲童）：他们的眼前一片漆黑，他们多么想看到这个五彩斑斓的世界啊！孩子，假如你的手中有一枝马良的神笔，你会用它画什么呢？

（干旱）：因为干旱，土地不能播种，水管再也滴不出水，小动物再也不能自由地奔跑，当我们生活的家园变成这样的时候，孩子，假如你的手中有一枝马良的神笔，你又会用它画什么呢？

总结：孩子们，看了这一幅幅震撼人心的图片，老师相信，你们一定有很多话想说，那就用笔把你的心里话写下来吧！

出示课件：假如我有一枝马良的神笔，

我会 ____________。

经过思考，孩子们自然会流露出这样的诗句：

（预设）：我会给贫困山区的孩子们画一座漂亮的教室。

我会给盲童画一双明亮的眼睛。

我会给干旱地区画一条小河。

孩子们，老师相信，我们的爱心会像马良的神笔一样，充满神奇的力量，实现我们心中一个个美好的愿望。（板书：愿望）

（点评：基于教材超越教材，基于课堂超越课堂，是新课程实施中广大教师的追求。老师在学生认知全文的基础上，相机进行拓展，并在拓展中引导学生进行语言练习，可谓是一环套一环，环环相扣，最后带领学生完成了本节课的教学目标。）

（设计意图：语文教学的意义绝不仅仅在于教给学生某种知识和技能，更重要的是，它通过一篇篇凝聚着作家灵感、激情和思想的文字，潜移默化地影响学生的情感、情趣和情操，影响学生对世界的感受、思考及表达方式，并最终积淀成为价值观和人生观。本环节的设计旨在通过这一课的学习，让孩子们内心涌动的关爱环境和他人的情感得到更进一步地升华，使它能够真正地延伸到我们的生活周围。)

板书设计：

假如

太阳　　　　　　谷粒

愿望

好腿

(点评：本课的板书设计简洁明了，便于低年级的孩子们领悟诗歌的内涵。)

(河南省安阳市永安东街小学　田云杰)

说课：《比花还美的故事》（三年级）

（安阳市名师、“走进新课程讲师团”成员示范课）

说教材：

《比花还美的故事》是笔者在搜集学生课外阅读资料的过程中得到的一篇小文章，全文如下：

比花还美的故事

花为什么会开？

有一天，老师问她面前的孩子。

第一个孩子说：“她睡醒了，她想看看太阳。”

第二个孩子说：“她一伸懒腰，就把花骨朵顶开了。”

第三个孩子说：“她想和小朋友比比，看谁穿得更漂亮。”

第四个孩子说：“她想看看，小朋友会不会把她摘走。”

第五个孩子说：“她也长耳朵，她想听听小朋友唱歌。”

第六个孩子问老师：“老师，您说呢？”

老师想了想，说：“花特别懂事。她知道小朋友们都喜欢她，就仰起她的小脸，笑了！”

听到这里，孩子们全都看着老师笑了，那笑脸比花更好看。

这篇文章十分短小，但特别富于童心童趣，很适合小学生阅读。读的过程中会体会到一种说不出的可爱，神奇的自然与可爱的孩子及无穷的想象结合得非常融洽。仔细分析，它完全可以作为我们小学低中年级的教学资源。

新课程中的语文教师，应该高度重视课程资源的开发和利用，这是新课程所倡导的理念，也是学生发展的需要。老师在教学中可以根据学生发展需要和认知基础，开发教学资源，创造性地进行教学活动，多方面提高学生的语文能力，培养学生的语文素养。

设计思路：

首先短文是关于孩子们的故事，学生读起来会很有兴趣，且朗朗上口，适合诵读，而且在读的过程中能产生无穷的想象，同时短文中完整的句式训练也很适合学生进行仿写练习。同一篇“教材”，根据学生的不同需要，可以从不同的角度进行教学和设计，这样就可以从多个角度培养学生的语文综合素养。

（点评：充分利用现有课程资源，积极开发新的课程资源，是实施新课程、提高语文教学效率、发展学生语文素养的重要途径。教师只有积极开发课程资源，使校内外潜在的课程资源转化为现实的课程要素，才能不断丰富课程内涵，扩展课程外延，使教学融入生活；使教师真正成为学生的朋友和引导者；帮助学生积极主动地学习和利用资源，最大化地获取知识和能力。）

根据不同的教学目的，可以有三种教学思路。

思路一：读读背背

教学目标：

1. 通顺、有感情地朗读短文；

2. 感受短文的情感和意境，激发学生的想象力，并进行仿说练习；

3. 背诵短文。

教学重点：

朗读、背诵短文。

教学准备：

花的课件图片、花开瞬间的视频、短文。

教学设计：

一、导入课文

大家都喜欢花吗？快看，多美的花啊！（看课件图片）今天我们要读的故事，比花还美。

（点评：一个好的导入能引起学生强烈的阅读期待，针对小学生的心理年龄，如果能运用直观的方法一下子吸引住他们的注意力，无疑会为教学取得良好效果打下基础。）

二、初读感知

1. 自由朗读课文，看看课文给了你什么样的感觉。

2. 交流。

师：怎么样，读完了觉得课文有意思吗？为什么？

（生可能的回答：花儿很可爱；花开的时候原来这么有趣……）

（点评：三年级的学生，已经有初步的阅读基础，读第一遍也许并不能做到读得文通字顺，但对于文本一定会有初步的印象和感知。此时和学生交流初读的感受，也可以和导入时营造的阅读期待相呼应，让学生对文本有大致的了解，再为下一步的理解打下基础。）

三、再读课文

1. 提出要求。

师：原来花开也有这么多的故事，现在就让我们再好好读读这篇课文，要读通顺，不好读的地方要多读几遍。

（点评：此时读的要求与第一遍又不相同，是为了读得通顺，也就是为熟读成诵做好准备。）

2. 学生自由朗读。

3. 指名朗读。

四、体会情感

1. 画一画。

师：你最喜欢哪个小朋友的答案，快点把它画下来吧。

2. 想一想。

你喜欢谁的答案，为什么呢？

3. 交流、朗读。

大家可以读读你喜欢的答案，也可以说说你为什么喜欢。

（点评：在读中画一画、想一想，运用多种感官进行学习，会起到更好的教学效果。在交流“最喜欢的答案”的过程中指导、训练朗读，让学生读出喜爱的感觉，读出语感。）

五、熟读背诵

1. 引读、朗读。

（1）师生逐句引读。

师读：花为什么会开？

生读：有一天，老师问她面前的孩子。

师读：第一个孩子说——

生读：她睡醒了，她想看看太阳。

…………

（2）男生女生或是小组引读。

2. 加上动作朗读。

3. 按引读的方式试着背诵。

4. 配乐，“有声有色”地背诵。

（点评：运用多种方式进行朗读训练，是低中年级教学的重点。好的语文课上要做到书声琅琅，但单调乏味的读无疑引不起学生的朗读兴趣，因此教师必须运用多种形式，引导学生进行有趣的、活泼的朗读，他们才会读得起劲儿，才能为背诵打下基础。）

六、想象拓展

1. 师：大家读得这么好，花儿听见开得更欢了。看，花开

了。（看课件：花朵绽开的视频）

想象：大家说，花儿为什么开呢？

2. 学生讨论。

3. 交流，说说自己的想象。

4. 师生合作配乐读成一首诗。

师：花为什么会开？有一天，我问我的孩子们。第一个孩子说——

生说：她闷了一个冬天，想快点看到外面的世界。

师：第二个孩子说——

生：她感觉到温暖，比原来舒服多了，就展开了花瓣。

师：第三个孩子说——

生：她想看看她的伙伴们，就赶紧睁开了眼睛。

……

师：我说呀，是花儿听到我们都在讨论她，就赶紧打开自己的窗子，也来参加我们的讨论了。

（点评：想象是创造的前提。孩子们的想象力是无穷的，而且短文本身就十分富有童心童趣，学生容易与其产生共鸣，此时进行仿说练习，不但学生会很有兴趣，乐于表达自己的想法，得到句式方面的训练，而且对文本童趣的体味在想象中得到了进一步的升华。）

七、画一画

画一朵美丽的花，把她贴在黑板或教室墙上。

八、小结

师：看呀，多美的花朵，大自然里的一草一木，都是有生命，有情感的，让我们用爱和想象力和大自然生活在一起，我们会发现更多的比花还美的故事。

（点评：生活即语文，语文即生活。古往今来的作家、诗人，无不有一颗善于感受生活与自然的心灵。这样人文味道十足的课堂，会使学生的语文综合素养进一步提高，也会启发学生从生活和自然中发现更多的美。）

设计意图综述：

低中年级的课堂以读读背背为主，这篇小文章，词句优美、富于童趣，也非常适合背诵，增加学生的积累。读读背背的课堂看似简单，但绝不能一开始就放手让学生自己去读、背，而是应该遵循一定的规律，让学生能够掌握一定的方法，才会为今后的自主学习、积累打下基础。如：初读感知——细读品味——引读朗读——熟读成诵。在刚才的设计当中，还根据文章内容和孩子们的年龄特点，加上了想象拓展的内容。并且，在课堂教学过程中要增加读和背的美感和韵味，绝不能干巴巴地读背，比如可以加动作，可以配音乐，可以给短文配画等等，让学生读得有趣，才能更快达到熟读成诵的效果。

思路二：拓展阅读

教学目标：

1. 通顺、有感情地朗读短文，背诵短文；
2. 感受文章的情感和意境；
3. 激发学生的阅读兴趣，扩充学生阅读量。

教学重点：

有感情地朗读短文，激发学生阅读兴趣，拓展学生阅读量。

教学准备：

花的课件图片、花开瞬间的视频、短文（三则）。

教学设计：

一、导入课文

大家都喜欢花吗？快看，多美的花啊！（看课件图片）今天我们要读的故事，比花还美。

二、初读感知

1. 自由朗读课文，看看课文给了你什么样的感觉。
2. 交流。

师：怎么样，读完了觉得课文有意思吗？为什么？

（生可能的回答：花儿很可爱；花开的时候原来这么有趣……）

三、再读课文

1. 提出要求。

师：原来花开也有这么多的故事，现在就让我们再好好读读这篇课文，要读得非常通顺，不好读的地方要多读几遍。

2. 学生自由朗读。

3. 指名朗读。

四、体会情感

1. 画一画。

师：你最喜欢哪个小朋友的答案，快点把它给画下来吧。

2. 想一想。

你喜欢谁的答案，为什么呢？

3. 交流、朗读。

大家可以读读自己喜欢的答案，也可以说说为什么喜欢。

（在交流和朗读的过程中指导、训练朗读，让学生读出喜爱的感觉。）

五、想象练说

1. 师：大家读得这么好，花儿听见开得更欢了。看，花开了。（看课件：花朵绽开的视频）

想象：大家说，花儿为什么开呢？

2. 交流，说说自己的想象

（以上同教学设计一）

六、拓展阅读

导读：花开的故事给了我们很多美妙的想象。作为一朵花，她的生活会是什么样子的？让我们再来读两篇小文章，在这两个小故事里，人都想变成花了呢！

拓展阅读郭风的散文诗《痴想》和泰戈尔的《金色花》。

痴想

我想，有一天，我要变成一朵小野花，一朵淡黄色的小野花，坐在两片新鲜的草叶上。

我侧着头坐在那里，好像幼儿园的小朋友坐在自己的小椅子上。

我坐在那小椅子上，唱一首童谣，还要看一本图画故事。

等了一下，我的朋友蜜蜂来了，这时，我就在我的花瓣上放一点蜜，请我的朋友喝蜜。

金色花

假如我变了一朵金色花，只是为了好玩，长在那棵树的高枝上，笑哈哈地在风中摇摆，又在新生的树叶上跳舞，妈妈，你会认识我么？

你要是叫道："孩子，你在哪里呀？"我暗暗地在那里笑，却一声不响。

我要悄悄地开放花瓣儿，看着你工作。

当你沐浴后，湿发披在两肩，穿过金色花的林荫，走到你做祷告的小庭院时，你会嗅到这花的香气，却不知道这香气是从我身上来的。

当你吃过中饭，坐在窗前读《罗摩衍那》，那棵树的阴影落在你的头发与膝上时，我便要投我的小小影子在你的书页上，正投在你所读的地方。

但是你会猜得出这就是你的小孩子的小影子么？

当你黄昏时拿了灯到牛棚里去，我便要突然地再落到地上来，又成了你的孩子，求你讲个故事给我听。

"你到哪里去了，你这坏孩子？"

"我不告诉你，妈妈。"这就是你同我那时所要说的话了。

1. 初读：自由朗读，感知课文，画一画自己喜欢的地方。

2. 品味：谈谈读后的感受：你喜欢小野花和金色花吗？为

什么?

（点评：画一画、品一品的过程就是让文本在头脑中“走一个来回”的过程，“喜欢的地方”必定是有所感受之处，在交流的过程中学生又用自己的语言表达了对文本的初步感觉。学生对于后两篇文章的理解也许并没有第一篇那样深刻，只是一个整体感知，一个初步印象，但就是这种说不出的美感却会使学生印象深刻。）

3. 朗读：用自己喜欢的方式有声有色地朗读自己喜欢的地方，可以表演读，小组合作读等。

（点评：在低中年级的语文课堂上，品味和朗读总是有机地结合在一起的。让学生有声有色地朗读自己最喜欢的地方，会使本来还不深入的了解得到进一步“消化”。）

七、教师小结

多么可爱的花朵，多么可爱的作者呀。他们喜欢大自然里一草一木，连自己也成了大自然的一部分，他们用自己的想象力把自己和大自然连在了一起。大自然中的一切都是有生命的，我们人类虽然被称为“高级动物”，事实上，任何一种生物并不比我们人类低级，我们都是大自然的孩子，我们的生命是联系在一起的，让我们用爱和想象力与大自然生活在一起。

（点评：《比花还美的故事》用拟人的方法，把花写成了人；但拓展阅读中的两篇文章，是“人变成了花”。虽有小小的不同，但却更显示出人和自然的和谐、语文与人文的统一。）

八、作业

选择喜欢的篇目背诵下来。

设计意图综述：

教学不能只停留在课堂的几篇文章上。而是要活用教材，通过教材广泛搜集同类或适合学生阅读的文章，进行拓展阅读。现在的孩子接触的信息量很大，识字也比较早，课堂教学的设计也要适合学生当前的发展，增大课堂教学的容量，在课堂上最大限度地满足学生的内在需要，切实丰富学生的积累。

思路三：读写结合

教学目标：

1. 通顺、有感情地朗读课文、背诵课文；

2. 感受文章的情感和意境；

3. 在朗读、理解短文的基础上进行仿写练习，进行读写结合的训练。

教学重点：

朗读课文，感受意境，并进行读写结合的训练。

教学准备：

花的课件图片、花开瞬间的视频、短文、仿写句式课件

教学设计：

一、导入课文

二、初读感知

1. 自由朗读课文，看看课文给了你什么样的感觉。

2. 交流。

三、再读课文

1. 提出要求。

2. 学生自由朗读。

3. 指名朗读。

四、细读感悟

1. 画一画。

2. 想一想。

3. 交流、朗读。

（以上同教学设计一）

五、朗读悟情

师：大家读得真美，让我们把这个故事读成一首诗吧。（改换文章的形式）

学生配乐齐读：

（读的内容用课件展示）

花为什么会开？

她睡醒了，她想看看太阳。

她一伸懒腰，就把花骨朵顶开了。

她想和小朋友比比，看谁穿得更漂亮。

她想看看，小朋友会不会把她摘走。

她也长耳朵，她想听听小朋友唱歌。

花特别懂事。她知道小朋友们都喜欢她，就仰起她的小脸，笑了！

（点评：用另一种形式复现文章内容，使文章更加简洁。虽然在课堂上没有要求学生背诵下来，但这种形式无形中为背诵打下一个好的基础，让学生印象更加深刻，而且在音乐声中朗读也增加了语文课堂的美感，使学生更加喜欢，更加享受，同时也为下个环节的练笔打下了基础。）

六、想象拓展

1. 师：大家读得这么好，花儿听见开得更欢了。看，花开了。（看课件）

想象：大家说，花儿为什么开呢？

2. 学生讨论。

3. 交流。

（同教学设计一）

七、拓展练笔

1. 想象练笔。

师：那么，花开以后又怎么样了呢？她看到了什么？她又有什么样的感觉或是有了什么样的想法？

（点评：上一环节虽有仿说，但这个环节的练笔比仿说更有难度，是一个小的片段练习，而不是仿说一个句子。尽管上个环节的仿说为此时的练笔打下了基础，但是在正式练笔之前必须给学生适当的提示，使他们言之有物，言之有序，但又不能拿句式的框框过于束缚学生。）

出示练习：

花睡醒了，她想（　　　　　　）

她睁开眼睛，看到（　　　　）

她觉得（　　　　）

（　　　　　　　　）

2. 自由练说：可以按照老师的提示来说，也可以和老师的不一样，可以写一段，可以用相同的形式写好几段。

（点评：这个环节体现了教学的层次性。针对学生的不同情况要求不能统一，可长可短，可繁可简，只要通顺连贯就可以。）

3. 集体交流。

4. 在本子上写一写。

5. 朗读自己的小文章，互相评议。

八、小结

师：在大家的笔下，花儿更加美丽，更加可爱。大自然里的一花一草一木，都有一个美丽的故事。大自然中的一切都是有生命的，我们人类虽然被称为“高级动物”，事实上，任何一种生物并不比我们人类低级，我们都是大自然的孩子，我们的生命是联系在一起的，让我们用爱和想象力与大自然生活在一起。

设计意图综述：

习作园地有作文训练，但是八篇作文对学生来说实在是量太小了。在平时的阅读训练中渗透习作练习，及时仿写、练笔，是一种很好的习作训练。而且美文就是最好的仿写材料。这种仿写、续写、想象补白的练笔让习作成为一件自然而然的事情，不但降低了习作的难度，而且让学生的习作有规律、方法可循，有助于学生习作能力的提高。这篇小文章《比花还美的故事》充满童心童趣和奇妙的想象，孩子们很乐意读，也会很乐意去想。相信孩子们一定会展开想象的翅膀，写出更有趣的故事来。

（总评：1. 此案例反映出新课程中老师对教学资源的新认识，由过去教学资源的执行者变为了教学资源的开发者，具有了开发和利用教学资源的意识。2. 老师根据对文本的解读，根据对学生认识基础的分析，从不同角度做了三种教学设计，由此可见新课程中老师具有广阔的教学视野，能够关注到学生语文素养发展的各个方面。的确，为了实施新课程，通过语文教学落实新课程理念，推进素质教育，需要老师们不断提升认识，真正确立新的课程意识。）

（河南省安阳市健康路小学　李蓓）

说课：《富饶的西沙群岛》（三年级）

（2010年河南省第八届小学语文优质课大赛二等奖）

说教材：

《富饶的西沙群岛》是人教版小学语文三年级上册第六单元的一篇讲读课文。课文通过介绍西沙群岛的地理位置和它的美丽富饶，表达了作者对西沙群岛的热爱之情。

说学情：

三年级学生已初步具备了自主识字、独立阅读和与他人交流阅读感受的能力，但是，对优美语言的赏析能力、运用平时积累的语言进行习作的能力还有待提高。

说教学目标：

（1）有感情地朗读课文第2—6自然段，背诵第4自然段。

（2）通过朗读、想象、交流、理解课文内容，感受西沙群岛的美丽、富饶，培养学生对西沙群岛的热爱之情。

（3）能认真观察、展开想象并用自己的语言表达出来。

（4）学习文中总分总的构段方法，并试着运用。

（点评：目标明确，表述清楚，有利于检测课堂教学实效；目标（4）体现出了学段的目标要求。）

说教学重点、难点：

教学重点：有感情朗读课文第2—6自然段，能在读中想象，读中感悟，并说出自己的感受；

教学难点：学习总分总的构段方法，并试着运用。

说教法、学法：

教学有法，却无定法，阅读教学，读是关键，因此，教学中，我采用以读代讲、读想结合、读悟结合、读背结合、读写结合的方式，引导学生自主学习，感悟语言，展开想象，交流讨论。由于我们的学生地处中原，远离大海，对西沙群岛优美的风景、丰富的物产比较陌生，因此，我充分利用多媒体课件帮助学生感受西沙群岛的美，为学生营造一个民主、生动、活泼的学习环境，使学生主动参与到学习过程中。借此，培养学生的想象能力、自学能力和创新意识。

说教学流程：

1. 复习导入，整体感知：

课始，先提出这样两个问题：西沙群岛给你留下了怎样的印象呢？作者又是按什么顺序写出西沙群岛的风景优美、物产丰富呢？教师相机板书、板画。

（点评：课始，老师能引导学生从整体感知课文，并直接切入到了作者的表达方法——按什么顺序写出西沙群岛的风景优美、物产丰富。）

2. 提出目标，自主学习：

首先给学生出示本课的教学目标，让学生明确本节课的学习任务。

（点评：教学目标是教学活动的出发点和归宿，也是学生要完成的学习任务，是学生努力的方向。直接向学生展示学习目标，有利于激发学生的任务意识和努力学习的动机。）

接着，让学生根据自主学习小建议自学第2—6自然段中自己喜欢的部分，感受西沙群岛的美丽富饶。

（设计意图：学生是学习的主人，自主学习要给学生充足的时间，最大限度地让学生独立思考、独立动手、独立解决。）

3. 合作交流，品析语言：

大胆处理教材，重点抓住第4自然段从读、背、想、写四个方面来培养学生的语文能力和素养，帮助学生掌握学习方法，提高课堂的实效性。

（1）读中感悟。

出示："有的全身布满彩色的条纹；有的头上长着一簇红缨；有的周身像插着好些扇子，游动的时候飘飘摇摇；有的眼睛圆溜溜的，身上长满了刺，鼓起气来像皮球一样圆。"

引导学生抓住"飘飘摇摇"读出鱼姿态的优美，抓住"圆溜溜"读出鱼样子的奇特，抓住"有的……有的……有的……"读出鱼品种的繁多。让学生在读中感悟。

问：孩子们，如果我把"。"改为"……"，可以吗？为什么？教师创设情境并播放视频。（播放）

问：孩子们，欣赏了海底世界，你有什么话要说吗？

（点评：老师通过引导学生理解重点句子、标点符号，不仅让学生对鱼的样子有了直观的感受，对海底世界鱼之多、鱼之美有了深刻的认识，还激发了学生表达的兴趣。此环节中多媒体的运用有效地辅助了教学。）

为了体现学生的个性化阅读，引导学生继续找出其他描写鱼多的句子。

根据学生的交流出示第1句和最后两句。通过多种形式的读让学生再充分感受西沙群岛丰富的物产，并领悟总分总的构段方法。

（点评：新课程教材对读和写的方法都没有明晰的要求，这就要求老师要结合教材进行挖掘，结合学生特点和学段要求相机进行教学。此时，老师引导学生领悟文章的构段方法非常必要，只有这样，教学才能做到读写结合，在阅读中既培养学生的阅读理解能力，又为学生习作提供仿写方法。）

在交流中让学生相机理解“西沙群岛的海里一半是水，一半是鱼”这句话。

（设计意图：“书读百遍，其义自见”。我正是让学生通过多种方式的读，感悟作者是如何运用总分总的结构和生动的语言表达西沙群岛的鱼之多、鱼之美的。真正做到让学生在读中有所感悟，在读中培养语感，在读中受到情感的熏陶。）

（2）背诵积累。

“记背于童年，受益于终生。”在学生对第4自然段充分感悟的基础上，为了让学生轻松背诵、有效积累，激发学习兴趣，我设计了两个层次的背诵练习。1. 填空式背诵；2. 根据视频想象背诵。

（点评：朗读和背诵一直是学习语文最传统而有效的方法之一，背诵才是积累语言和学习语言的硬道理，真功夫！教学中我们必须引导学生在理解和朗读基础上及时熟读成诵。课程标准提出的积累语言的要求应该在课堂上体现，让学生在老师指导下掌握一些常见的、有效的方法，使学生得法于课内，得益于课外，受益终身。此时，老师有让学生背诵的意识，同时，为学生背诵做了铺垫，减轻了学生背诵的难度，方便学生在不知不觉中积累了语言。）

（3）迁移运用。

在学生背诵结束后，教师用富有激情的语言评价学生，并激发学生交流其他自然段的学习体会。当学生交流到第5、6自然段时，让学生尝试填空式说话练习。

（设计意图：在充分感悟文本语言的基础上，让学生展开想象，运用平时阅读中的积累对文本进行再创造，既是对语言的迁移运用，也是引导学生再次领悟本课总分总构段的表达方法，这不但符合学生的认知规律，而且也落实了课标中对三年级学段的教学要求。）

（4）读写结合。

叶圣陶说过：“劳于读书，逸于作文。”这就告诉我们应在读书中学习写作，本节课我突出读写结合。结合年级特点，尊重学生的差异，我设计了两个层次的训练。此时，让学生看课件，在优美的音乐中完成小练笔，然后进行展示。这样让学生在仿中创新，在借鉴中求异。

（点评：课堂上的语文学习，学生不能只动口不动手。每节课都应有让学生在学习中动手写一写的环节。“好记性不如赖笔头”，写有利于学生记忆，有利于学生思维，有利于学生文字表达能力的培养。此时的小练笔环节比较适宜。）

4. 拓展延伸，感情升华

今天我们共同领略了西沙群岛美丽的风景，富饶的物产。此时此刻，你想对西沙群岛说些什么？

让我们与作者共同祝愿西沙群岛。学生齐读，教师板书：美丽 富饶。

诗人李瑛也这样赞美西沙群岛，现在，让我们带着这份祝愿，带着这份赞美，一起朗诵这首小诗。

白天，
你是片片云影，
夜晚，
你是阵阵涛声。
你是一朵朵花，怒放的小白花，
你是一颗颗星，雨后的星。
你是一枚枚大海遗落的贝壳，
是贝壳，却并未失去生命；
静静里，我听见每架罗盘都庄严宣告：
这就是西沙，中国的西沙！

（点评：课外资料的补充，师生的配乐朗读，有利于学生情感的升华，有利于培养学生利用课外资源意识，有利于学生积累语言、培养语感。）

5. 开放作业，彰显个性

“善思则得，善诱则通，诱思交融，百炼成钢。”作业是学生吸收、消化、应用知识与发展能力的重要手段之一，为了激发学生的求知欲，我根据教学目标，综合学生实际，设计以下作业：

（1）背诵喜欢的段落，摘抄好词佳句。（必做作业）

（2）如果你是西沙群岛的小导游，你会怎么给游客们介绍呢?

（3）20年后的西沙群岛又是什么样子的？查找资料并展开想象，出一期以“20年后的西沙群岛”为主题的手抄报。

（点评：作业呈现开放性，能满足不同学生的不同需求，适合层次教学的要求。）

说板书（板书略）

（河南省安阳市殷都实验小学　柴燕丽）

说课：让和平之花永驻人间——《一个中国孩子的呼声》（四年级）

（2010年河南省第八届小学语文优质课大赛一等奖）

今天，我要说的课文是《一个中国孩子的呼声》。

战争给人类带来灾难，和平是人类永恒的追求。我将以“让和平之花永驻人间”为题展开我的说课。

教材分析：

《一个中国孩子的呼声》是人教版小学语文四年级下册第15课。本组课文围绕“战争与和平”，以孩子的眼光关注国际局势，表达了他们对和平的渴望。

这篇课文是一个中国孩子写给联合国秘书长的一封信。信中孩子深切地缅怀父亲，并向国际社会呼吁：维护和平，制止战争！

教学目标：

根据新课标要求和单元训练重点，我确定本课教学目标：

1. 掌握生字词，并能掌握“熟生字词”。

2. 正确、流利、有感情地朗读课文，体会作者对父亲的深切怀念和对和平的无比渴望；确立热爱和平、维护和平的信念。

3. 抓住重点词句，理解含义深刻的句子；从重点段中学习由看而想的表达方法。

（点评：1. 教学目标体现了教师基于学生基础、以学定教的教学思路。“掌握生字词，并能掌握‘熟生字词’”，这一要求的亮点在于教师在关注生字词教学的同时关注到了“熟生字词”的教学。所谓“熟生字词”，是指：第一是学生学过的字，但是因种种原因忘了，没记住，又成了不认识的字；第二是学生当时在学这个生字时，这个生字组的是一个词。但是，随着学生年级的升高，随着识字量的增多，这个字又组成了一个新词。那么，这个新词对学生来讲有可能就是生词。如学生学习“振”字时，可能组的词是“振动”，学习“兴（xìng）”时，组的词是“高兴”。学习多音字“兴（xīng）”时，组的词是“兴奋”。那时学生还认识不到“振兴”一词。随着学生年龄的增长，习作时需要用“振兴”一词，就很容易写成错别字。因此，我们在教学中应时刻关注熟生字词的教学和复习。2. “从重点段中学习由看而想的表达方法”，这一教学目标表明教师有系统的教学思想。本单元学习园地中的习作要求是看图想象，表达情感。那么，如何看图，又如何在看图基础上产生合理想象，这些都需要我们在阅读教学中渗透方法。教师基于本课教学，而着眼于整个单元的教学要求，有机贯通，能够起到事半功倍的效果。）

教学重难点：

重点是体会作者的情感，难点是理解含义深刻的句子。

教法学法：

新课标指出：语文教学应注意情感体验，注重熏陶感染、潜移默化。我的这节课以读为主、以情动人。引导学生在诵读体会、情境想象中，学会表达情感。学生也在读中悟情、读中悟文、读中悟法——读法和写法。

我今天重点说的是第二课时的教学过程。

教学过程：

苏格拉底曾说：教育不是灌输，而是点燃火焰。我的这节课以“爱”“痛”“恨”三种情感为导线，点燃学生学习的火焰。

一、深情导入，激活内心情感

同学们，你觉得生活幸福吗？谁来具体说说？（学生自由交流）

是啊，当你和爸爸妈妈沐浴着阳光，漫步在林荫小道时，当你们全家团圆，品尝美味佳肴时，这就是幸福！但是，并不是每一个孩子都能享受这种幸福！因为世界上还有战争！上节课我们认识了一个被战争夺去亲人的孩子——雷利，今天，就让我们再一次走近这个不幸的孩子，去聆听他的心声。

上节课的学习，我们知道了雷利信中的内容包括?

（学生说，教师板书：慰问 倾诉 呼吁）

这节课我们重点学习第二部分，看看雷利倾诉了什么样的情感，他又是如何表达自己的情感的。

（点评：1. 开始学习，教师首先引导学生联系生活体会生活的幸福，为下面的学习、体会文章情感做铺垫。2. 教师引导学生梳理出文章的脉络——慰问、倾诉、呼吁，非常重要，这样有利于学生从整体上把握文章的思路和情感。）

二、入情入境，体会丧父之痛

同学们，雷利原本和我们一样幸福快乐，因为他有一个好爸爸！他的爸爸是个什么样的人呢？请你认真读课文第1-4段，找出相关语句，画出来，认真体会。

“爸爸是个怎样的人呢？”学生会抓住“精通四国语言”“卓越”“深情”等词语体会到：雷利的爸爸是才华横溢的国家栋梁、是捍卫和平的勇士，更是可亲可敬的父亲！

接着，我将以“深情范读——创设情境——品词析句——以悟促读”这个过程来展开重点段的教学。

苏轼说：“感人心者，莫先乎情”。在教学第三自然段时，我披文入境，动情范读课文，燃起学生情感的火焰。

假如爸爸真的胜利归来，雷利会带上最美的鲜花和妈妈一起去机场接爸爸，爸爸一定会亲手给他戴上蓝盔，一定会给他最热烈的拥抱！可是……（教师范读）

声情并茂的朗读、如泣如诉的音乐，使学生身临其境，一下子从美好的想象回到残酷的现实，这一“喜”一“悲”的鲜明对比，掀起了学生情感的波澜。

接着，我带领学生进入文本，以情燃情，引导学生进行语言的朗读、品味。（出示课件）我提出问题：这段话里，你对哪个词、哪句话感受最深？把它画下来，读一读，想一想，把感受批注下来！学生自主学习后，进行交流。

比如：有的学生会抓住“如约”一词：“看到这个词语，我想到第二自然段中的“相约”，本来是约好的重逢，可‘我们’如约去了，爸爸却失约了，永远地离开了我们，雷利的心情是多么悲痛啊！”我及时作出评价：“你能联系上下文学习，真是个会学习的孩子！”这样的评价不仅给了学生自信，还潜移默化地把学习方法渗透给其他学生。

而“染红”“浸满”又会让学生联想到战争的残酷和爸爸牺牲的壮烈。这时我引导学生移情体验：“假如你就是雷利，面对爸爸的遗体，你最想说什么呢？”角色发生了转换，学生的眼前出现的不再是个陌生人，而是与自己有着血缘关系的爸爸，自己最亲爱的爸爸！他们自然会真情流露，有的孩子可能会说：“爸爸，蓝盔回来了，您怎么失约了呢？”还有的会说：“爸爸，我才11岁，我需要您的爱啊，您怎么就离我而去了呢？”“爸爸，您永远是我的好爸爸，我为您感到自豪。”……千丝万缕感受化作一句句发自内心的话语，字字句句都会催人泪下！

学生已经进入情境，他们深入了作者的内心，就会迸发出真情。课堂因预设而精彩，因生成而美丽，我想，真正的课堂会有意想不到的精彩的生成。

看到这些，作者有着怎样的想象？

学生会答出：爸爸仿佛在呼唤着什么。

爸爸在呼唤什么？（和平）是啊，英雄虽去，但心愿未了啊！大家看，这里一连用了几个“听见”？都谁听见了？透过这个词你体会到了什么？（学生会说：我体会到爸爸想让全世界的人都热爱和平。）是啊，爸爸是在用自己的生命唤起他的家人、他的朋友、他周围的人和全世界的人热爱和平，维护和平！所以，他呼唤的是——（学生齐读：和平，和平，和平！）好，请大家再来读这段话！可以带着悲伤读、带着憎恨读、带着期盼读，读出你的真情实感！

（点评：此处教师非常巧妙地引导学生领悟到了作者表达情感的方法——由看而想，看想结合。）

读过之后，我说：“让我们用一分钟的时间把这段话最后两句背下来。”

（点评：积累语言是我们语文教学的重要任务，作为语文老师，要在课堂上有意识地培养学生随时积累的习惯。）

三、情境交融，激起战争之恨

深深的丧父之痛，必定会激起学生对战争的恨。只要有战争，就会有伤亡，就会给人类带来灾难。

课文中有这样一句含义深刻的话，（课件出示：但是世界并不太平，不少地区还弥漫着战争的硝烟，罪恶的子弹还威胁着娇嫩的“和平之花”。）这也是本课的难点。我问：你对这句话是怎么理解的？

为什么说世界还不太平？你知道哪些国家还有战争？

课前学生已搜集了有关战争的资料，他们会纷纷用自己了解到的事实来交流，而我也参与其中。我会这样说：战争多么残酷，在战争中最无辜的受害者就是儿童，请看——（播放课件）

这时，课堂气氛更加凝重，我说：“这组画面中，你印象最深的是哪一幅？请你说说你看到了什么？由此又想到了什么？”学生会说：“我看到了一个非洲小男孩，他的眼睛里满是泪水，我想他的妈妈可能在战争中死了，他多可怜啊！”还有的会说：“我看到一个大棺材里躺着一个很小的孩子，我仿佛听见他的妈妈那撕心裂肺的哭声。”……

丰富的课外资源，把战争的罪恶生动再现于学生面前：饥饿、贫病、伤痛、死亡，让孩子从心底产生了对它的憎恨。同时，我联系前面重点段的学习，让学生学习作者从现实产生联想和想象进而表达情感的方法，也为本组的习作做了铺垫，实现了读和写的有机结合。课堂上师生、生生之间的真情交流让课堂充满生命激情！这种情使学生最终——（迸发真情，并呼吁世界和平）

（点评：1. 让学生在体会文中的重点句子“但是世界并不太平，不少地区还弥漫着战争的硝烟，罪恶的子弹还威胁着娇嫩的‘和平之花’”时，很自然地联系到了课外资源，相机进行了拓展。2. 引导学生选自己印象深的图片进行了习作练习，进行了语言实践活动。课堂上能这样做实属可贵。）

四、迸发真情，呼吁世界和平

雷利为什么要发出呼吁？是为了那么多无辜的孩子，为了那么多失去幸福的家庭啊！同学们，让我们读一读课文的第七自然段，听一听他的心声吧！

在学生充分读书后，我问：“雷利发出了什么呼吁？”全班异口同声：“要和平不要战争！”“这是雷利发自内心的呼声，这是浸满泪水的呐喊！让我们一起呼吁——”“要和平不要战争！”“这仅仅是雷利的呼声吗？”（不！这是全世界人民的呼声！）孩子们的回答一定坚定而有力！这时，我激情引读：“为了母亲不再失去儿子，为了妻子不再失去丈夫，为了孩子不再失去父亲，全世界应该一致行动起来——”“维护和平，制止战争！”

这时，《让世界充满爱》的音乐响起，在这优美的音乐中，我做最后的总结：同学们，相信我们的呼声会飞出教室，飞过高山，越过重洋，飞到世界各地，我们和全世界热爱和平的人一起为战争敲响丧钟，我们的明天一定会更美好！

整节课在高潮中落下帷幕，曲终而情未了，师生在激情诵读中升华着情感，在缓缓流淌的音乐中感受着和平的宁静与祥和。寓情于理，以理生情，情理交融，撼人心魄！

板书设计

慰问

一个中国孩子的呼声 { 倾诉 看……想…… } 要和平不要战争！

呼吁

我的板书生动形象。“慰问、倾诉、呼吁”体现了文章的整体，而倾诉部分中的“看”“想”，给学生表达方法的启示。最后一句“要和平，不要战争！”直击文章主题！

（点评：板书既有语文学科的文路和表达方法的提示，又有情感目标的揭示，体现了“三维目标”的要求。）

（河南省安阳市永安东街小学　陈静）

说课：相别黄鹤楼，真情伴你走——《黄鹤楼送孟浩然之广陵》（四年级）

（2010年河南省第八届小学语文优质课大赛二等奖）

教材分析：

《黄鹤楼送孟浩然之广陵》是人教版四年级上册第六单元中的一首古诗。通过学习本组课文，让学生感受人与人之间纯真的感情，体会互相关爱带来的快乐与幸福；让学生学着关心、帮助他人。

这首诗是千古传诵、脍炙人口的送别诗，描写的是送别好友时的依依惜别之情，同时也写出了祖国山河的壮丽美好。诗的前两行叙事，后两行写景。诗人巧妙地将对好友的一片深情寄托在动态的自然景物描写之中，将情与景自然交融在一起，含而不露却余味无穷。

设计思路：

朗读是我国语文学习的传统方法。语文是读出来的，尤其是古诗词教学。“感人心者，莫先乎情，莫始乎言，莫切乎声，莫深乎义”，教学中，我将让学生动口动心动容去读，品读语言，诵读情感，美读意境。

学情分析：

这是一首脍炙人口的名诗，有些学生也并不陌生，甚至能背诵。四年级学生已经掌握了一些学习古诗的方法，但他们还需教师的指导，才能与诗人引起情感的共鸣。

教学目标：

1. 知识与能力：学写生字，能够有感情地朗读、背诵古诗。

2. 过程与方法：在看画面、想画面、角色体验中，感悟诗歌的内容，想象诗歌所描绘的情景。

3. 情感、态度、价值观：体会朋友之间的深厚情谊，激发对祖国诗歌的热爱之情，培养课外主动积累诗歌的良好习惯。

（点评：1. 不难发现，老师的着眼点是通过一定方法的指导，让学生经历学习过程，从中培育情感态度与价值观，最终促进语文素养的发展。在教学中，以目标一为主线，这是教学应有的职责，也是课堂教学效果的显性标志。目标二是这次学习的关键，是隐性的，但对学生掌握语文这一交际工具、获得可持续学习的能力至关重要。目标三是这次学习的动力，有助于学生健全人格的培育。教师在制定教学目标时做到了“三维目标”的整合，以“知识与能力”为主线，让学生积极地参与学习全过程，在体验感悟、实践反思中实现经验性的意义建构，并伴随着学习活动受到情感的熏陶，同时主动习得语文学习的方法。2. 关于教学目标表述问题。课程标准中提出了教学的“三维目标”要求，并不意味着教学中教学目标的三个维度要有“清晰”的、“板块”似的体现，即教学中不能简单地把“三维”理解为三个部分，更不能以具体的教学环节机械地去对应某一维度的目标，从而出现形式主义的环节。因此，在进行教学设计时，教学目标的表述可以将“三维”融为一体，删去“知识与能力”“过程与方法”“情感、态度、价值观”的表述；如果像本教学设计将“三维目标”一一列出，那么，教学中，务必要注意“三维目标”有机融合。）

重点、难点：

重点：古诗是我国古代文学中的精品，入选教材的诗更是精中取精，品诗、赏诗是古诗教学中的重点。

难点：诗中“烟花三月”的美，李白送孟浩然别时的情景是学生学习此诗中的难点。通过让学生联系生活中的送别情境，想象李白送别孟浩然的情景，突破难点。

教法、学法：

教法：根据学生的特点，基于教学目标和重难点，我采用“以读代讲、品词析句、创设情境”等方法展开教学。

学法：让学生“边诵读，边想象，边理解，边感悟”。

教学过程：

本课一课时完成。

本节课的教学我将分五个环节完成：

（一）谈话激情，解读课题

（二）自主初读，感知诗韵

（三）想象画面，感悟诗境

（四）品析诗词，进入诗境，体会诗情

（五）指导背诵、指导书写

（六）拓展阅读，延续诗情

下面我就具体说一下教学流程。

（一）谈话激情、解读课题

（播放《高山流水》）

1. 师：同学们，有人说，朋友是冬日里温暖的火炉，是疲惫时可依靠的肩膀，是一口可以给你甘甜的深井，有了朋友，我们心灵的天空更高远；有了朋友，我们人生路上的步伐更坚定；有了朋友，我们生命中的某些时刻显得更刻骨铭心，不是吗？我们与朋友分别的那一瞬，至今仍历历在目，今天我们就来和身在黄鹤楼的李白一道送送他的朋友，重温那难忘的一幕。（板题）

2. 解题（重点引导学生理解“之”是到的意思，广陵就是扬州）。

（设计理念：课始以“激情”为切入点，非常自然。从课题入手，整体感知课文内容，为学习课文做好了铺垫。）

（点评：一个好的导入是打开学生求知大门的钥匙。此时，老师利用音乐的渲染，富有感染性的语言，让学生心入其境，为学习知识创设良好的学习情境，为整个教学过程创造一个良好的开端。“课题”是文章的眼睛，是心灵的窗口。让学生透过课题深入地理解课文的内容，教与学能取得事半功倍的效果。）

（二）自主初读，感知诗韵

“操千曲而后晓声，观千剑而后识器”“书读百遍，其义自见”——“诵读”是古人最常用的学习方法，也是行之有效的读书方法。本环节让学生在一遍遍的诵读中将诗读正确、读通顺，初步读出诗的节奏与韵味。

（点评：新课标要求：“诵读优秀诗文，注意通过诗文的声调、节奏等体味作品的内容和情感。”古诗词，都朗朗上口，抑扬顿挫，儿童都很喜欢。此处老师基于学生阅读古诗兴趣及读诗经验，将他们浓厚的兴趣迁移至学习古诗中来。在听范读感受、多遍自读自悟中，体验诗不同的语言表达形式，学习生字，老师所做的，只是梳理与丰富，并在一次又一次饶有兴味的朗读中，引领学生品味古诗独有的韵律之美，在这一次又一次的朗读中，入情入境。）

（三）想象画面，感悟诗境

世界上最有价值的知识是关于方法的知识，本环节我教给学生学习古诗的方法：

1. 请同学们回忆以往学习古诗词的方法是什么？师生共同梳理出：可以借助工具书，读注释，看插图，展开丰富的想象……

2. 通过看注释学生理解了“唯、天际、烟花三月”的意思；通过板书学生体会了“西辞、下”的用词的准确；通过想象画面，学生理解了诗意。

（设计理念："教无定法，贵在得法"，同理，"学无定法，贵在得法"。本环节就是培养学生自学古诗的能力，教学重点"迎刃而解"。）

（点评：阅读是一种个性化的行为。教师引导学生通过个性化的阅读来理解文本，引导学生运用已经掌握的学习古诗的方法，揣摩句意，理解文本，把学习的主动权交给了学生，培养了学生学习古诗词的能力。同时整个教学过程显得十分自然，学生在不知不觉中进入诗歌的情境中。）

诗词是凝练的艺术，有时候是无法言传的，说透了，说穿了，就没有了"味道"，所以我让学生在理解诗意的基础上，通过想象，用心品味，进入诗境，体会诗情。

（四）品析诗词，进入诗境，体会诗情

1. 赏析"故人西辞黄鹤楼，烟花三月下扬州"。

（1）抓住"烟花三月"，体会情感。

师：同学们，这场送别发生在"烟花三月"。

师：大家可以从"烟花"一词想象三月的扬州城会是什么样的？能用你积累的词语来形容一下吗？

生：姹紫嫣红、百花盛开、花团锦簇、繁花似锦……

（点评：理解"烟花三月"是这首诗的一个难点，由学生生活体验入手，层层深入，使学生对其内涵有了更深的认识。）

师：让我们一起去看看扬州"烟花三月"的美景吧！

（教师在《春江花月夜》的曲调中介绍：是啊，三月扬州是最美的时候，瘦西湖畔，杨柳依依，花团锦簇，整个扬州城都沉浸在幽幽的花香之中。）

师：你们能用以前积累的古诗，形容一下三月的扬州吗？

出示：烟花三月的扬州，________________。

师：烟花三月的扬州，春色满园关不住。

学生也许会说：

生：“烟花三月的扬州，一枝红杏出墙来。”

生：“烟花三月的扬州，春风又绿江南岸。”

生：“烟花三月的扬州，日出江花红胜火，春来江水绿如蓝。”

（设计理念：学以致用，是古诗教学的关键，特级教师霍懋征老师说过，一节好的古诗课至少要有十首以上的古诗展现。在课堂上设计了“用诗句描绘三月扬州的美景”，极大地调动了学生对古诗积累的兴趣。）

（点评：老师创设情境，让学生用古诗句来理解诗中的画面，不仅激发了学生学习古诗、积累古诗的兴趣，而且还为体会诗人的情感做了铺垫。）

（2）体会情感。

师：同学们，你的好友孟浩然要去这么美的扬州城，如果你是李白你此时心里会怎样想？

学生也许会说：

生：我真的为他高兴，在这么美的季节去扬州。

生：我真的很羡慕他，真想和他一起去。

生：……

（3）指导朗读。

师：那么就让我们读出孟浩然此行的美好，读出李白的向往，读出诗句的美丽。

生：……

古人云：“观文者披文以入情。”以下的教学环节我从“关键词”入文，为情感的切入口，让学生通过想象，细细地读，慢慢地品，读懂送别中流露的“情”。

2. 品读“孤帆远影碧空尽，唯见长江天际流”。

（1）潜心品读，体会情感：

师：孟浩然烟花三月下扬州，李白的心里是很向往。但是，当李白看着孟浩然渐渐远去的时候，他的心里又是什么滋味？让我们读读诗的后两句。

师：从大家的朗读里，我感受到了一种浓浓的情感，那么诗人想要抒发一种什么情感？

生：依依惜别的情感。

师：你从诗的哪些词感受到了这种情感？

生：“孤帆、远影、碧空、唯见……”

师：是啊，长江上“千帆驶过”，可是在李白的眼中，却只有那一艘船，在心中只有孟浩然。

（2）展开想象，体会情感：

师：如果你就是李白，看到那孤帆远影都消失在蓝天的尽头，你却还长久驻足，你在想些什么呢？

学生也许会说：

生：如果我是李白，我会想孟浩然什么时候才能回来相见。

生：如果我是李白，我会在心里默默祝福孟浩然一路平安。

生：如果我是李白，我会想，他要是一年半载不回来呢？我会对他无比思念。

师：同学们把你们感受到的祝福、思念、想随他而去的独特感受读出来吧。

（3）创设情境，体会情感：

师：而此时的李白，看不到故人的相貌，听不到知己的话语。看到、听到的只是在天地间流淌的长江水。望着这滚滚的江水，多愁善感的李白想了很多很多，他想起了和孟浩然相处的美好的日子。（播放课件）

（想起在湖北襄阳鹿门山的一见如故，想起了他们皓月当空时吟诗作对，想起了他们一起游山玩水，无话不谈。）

（点评：教学的艺术就在于时机的把握，顺应学生的心理需求，老师在这里“画龙点睛”式地创设情境，拉近学生与文本的距离，引导学生深入理解文本，让学生和诗人产生情感的共鸣。）

而此时只有李白一个人伫立在江边，他心里又是什么滋味？

生：悲伤、离愁、不舍……

师：让我们带这种情感再读读这句诗……

3. 回归整体，体验诗情。

师："人生自古伤离别""孤帆远影碧空尽"，而不尽的却是这浓浓的离愁，但李白想到故人要去的是"烟花三月"的扬州，又使离愁中带着一丝的愉快，使得这首诗既情意绵绵又雄浑开阔，无怪乎千古流传啊！让我们也带着诗人那复杂的情感再次吟诵古诗。

生：朗读全诗。

（设计理念：语近情远，含吐不露，是这首诗的特点，李白巧妙地将依依惜别的深情寄托在对景物的动态描写之中，值得让学生再三品读！我让学生插上想象的翅膀，穿越时空来到黄鹤楼上，文字符号化为鲜活的画面。在琅琅读书声中，让学生用心灵去拥抱语言，和诗人的心灵直接交流。教学难点不攻自破。）

（点评：新课标指出，要"在发展语言能力的同时，发展思维能力，激发想象力和创造潜能"，"阅读教学是学生、教师、文本之间对话的过程。阅读是学生的个性化行为，不应以教师的分析来代替学生的阅读实践。应让学生在主动积极的思维和情感活动中，加深理解和体验，有所感悟和思考，受到情感熏陶，获得思想启迪，享受审美乐趣。要珍视学生独特的感受、体验和理解。阅读教学的重点是培养学生具有感受、理解、欣赏和评价的能力。"老师抓住了"孤帆、唯见、碧空尽、天际流"，以情感为支点，把挖掘教材的空间留给学生，引导学生展开丰富的想象，启发学生的智慧，开发学生的思维……创设情境，让学生去亲身感受，并用语言描述，让学生全面感悟了诗情，了解人物的内心世界，同时也在口语训练的过程中充分尊重了学生的个性化感受，让学生受到情感的熏陶。）

（五）指导背诵，指导书写

（六）拓展阅读，延续诗情

常言道：一个人的语文水平三分靠课内，七分靠课外，得法于课内，得益于课外。所以我以这样的形式结束本课：

师：被喻为“诗仙”的李白，他给后人留下九百多首诗篇。不仅仅有送别的诗词，还有许多雄奇豪放、飘逸若仙的诗词。课后请同学们追随李白的足迹，去品味他诗歌的意蕴，探寻他的精神世界吧。

（设计理念：这样课内外有机结合，学生就会乐意去读，自觉去读，潜移默化地养成良好的阅读习惯。）

（点评：老师做到了“课结思不断”，让学生用这节课掌握的学习古诗的方法课下继续学习古诗，不仅打开了学生的视野，而且活跃学生的思维，使学生更好地理解作品，激发了学生对我国传统诗歌的热爱。）

（河南省安阳市红庙街小学　舒歌）

说课：《钓鱼的启示》（五年级）

（2009年度安阳市小学语文优质课大赛一等奖）

说教材：

《钓鱼的启示》是人教版五年级上册第四单元的一篇精读课文。学习本组课文，要把握课文的主要内容，领会作者从生活中得到了哪些启示；抓住关键语句，体会这些语句的含义及表达效果。

文中作者回忆了三十四年前的一个晚上，他和父亲好不容易钓到一条鲈鱼。此时距离鲈鱼捕捞开禁仅差两个小时，父亲竟让“我”把鲈鱼放回湖里去。当时“我”对父亲的做法很不理解，甚至感到十分“沮丧”，但最后“我”还是依依不舍地把鱼放回了湖里。这件事使我获得终生难忘的启示：道德只是个简单的是与非的问题，实践起来却很难；从小受到严格的教育，就会获得道德实践的勇气和力量。

说学情：

本文有一定的特殊性：从十一岁的钓鱼讲到三十四年后的启示，时间跨度大，学生对文本的解读有难度；尤其是作为课文重难点的“启示”部分，是作者三十四年后才慢慢悟出的人生哲理，要让缺少生活经验的小学生去理解，难度很大。

说教学目标：

根据课标要求，结合本文特点及学生情况，我制定了如下教学目标：

1. 知识与能力：认读并理解生字新词，正确、流利、有感情地朗读课文。

2. 过程与方法：体会“我”心理变化的过程，理解含义深刻的句子。

3. 情感、态度、价值观：从钓鱼事件中受到教育，懂得每个人都应严格按道德标准来约束自己，做一个有道德的人。

（点评：老师将教学目标分成了“知识与能力”“过程与方法”“情感态度与价值观”三个层面，从本节课内容看，这样表述也可以。但是，我们要意识到，“三维目标”在语文教学中不会截然分开，三者相互贯通，相互融合。自古以来，“文以载道”，情感、态度、价值观这一教学目标的达成，一定是在语言文字的教学中体现。语文就是语文。因此，教学目标也可以表述为：1. 认读并理解生字新词，正确、流利、有感情地朗读课文；2. 抓重点句子，理解含义深刻的句子，体会“我”心理变化的过程；3. 从钓鱼事件中受到教育，懂得每个人都应严格按道德标准来约束自己，做一个有道德的人。虽然从字面看，表述的内容基本相同，但是，实际有很大不同。目标3可以相机融入目标1、2中。）

说教学重点、难点：

本节课的教学重点是：

1. 引导学生理解父亲为什么一定要我把钓到的鲈鱼放回湖里。

2. 体会人物心理变化的过程，培养学生语感。

难点：感悟作者从这件事中得到的启示，引起感情共鸣，体会表达方法。

说教法学法：

课堂是学习的场所，学生是学习的主人。新课标明确指出：“积极倡导自主、合作、探究的学习方式”，要充分发挥学生的主体作用，全面提高学生的语文素养。针对本文的特点，我选择如下教法：1. 以读为主，读思结合；2. 边读边想象，体验人物内心。

学法：自主阅读、读思结合、合作探讨。

说教学流程：

本文分两课时进行教学。

第一课时是读通课文，了解文章的主要内容。

下面，我重点介绍第二课时的教学流程。

新课程提倡有效的课前活动，因此课前我饶有兴趣地与学生谈论钓鱼的话题：同学们，其实钓鱼也是文人墨客抒发情怀的一种方式。看，老师给大家请来了几位特殊的垂钓者：

（出示课件）古有姜子牙钓鱼，离水三尺，那是一种境界。

柳宗元独钓寒江雪，那是一种情怀。

张志和“斜风细雨不须归”，那是一种悠闲。

而毛泽东在井冈山钓鱼又放鱼，那是一种舍弃。

在典雅的古筝声中，学生欣赏着不同垂钓者的风采，加上教师富有哲理性的语言，感悟到钓鱼文化的内涵，激发了内心的情感，达到“课伊始，趣亦生”的目的。此时适时板书课题——钓鱼的启示。

本节课的教学我将分五个环节完成：

（一）复习回顾，导入新课；

（二）抓住启示，引入文本；

（三）品味语言，感悟人物内心；

（四）联系生活，获得启示；

（五）拓展积累，传承美德。

下面我就具体说一下教学流程。

一、复习回顾，导入新课

揭示课题后，让学生回想，结合这一课内容，你能提炼出哪些关键词？

鲈鱼 捕捞……（关于事件的词语）

启示 依依不舍……（情感方面的词语）

以上词语都可以。

（设计理念：五年级的字词教学并非可有可无，教师在课堂上也应该有所体现。这种设计目的在于引发学生对上节课的回忆，同时，在无意识中诱导学生积累词汇。）

谁能选择其中的词语概括文章的大概内容？

（设计意图：新课标高年级段要求学生要具备概括文章主要内容的能力，本环节既有对上节课内容的回顾、检查，又引导学生进行扎实的语言训练和概括能力训练。）

（点评：1. 老师非常重视字词的学习，这在高年级段很难得。字词学习是小学阶段一项非常重要的学习内容，我们只有在这方面引导学生打下扎实的基础，才有利于学生日后继续学习和运用语言。大学生错别字连篇的现象应引起我们小学语文教师的反思。2. 老师采用让学生回忆字词的方法再现字词、复习巩固字词的方法比较有实效，既给学生一种意识——背记字词，又为下面的教学环节做铺垫——用这些字词连起课文，并概括文章的主要内容。）

二、抓住“启示”，引入文本

巧妙地切入主题，可以提高教学效率，取得事半功倍的效果。我这样引导：同学们，快速阅读第十自然段，思考：作者得到了一个终生难忘的启示，这个启示是什么？学生很快找到这句话，我出示课件：“道德只是个简单的是与非的问题，实践起来却很难。”我进一步引导：就钓鱼这件事来说，什么是“是”？什么是“非”？学生可能会说：距离捕捞鲈鱼还有两个小时，把鱼放掉是对，把鱼留下是非。学生在第一课时已初步感知课文，这是从结论入手，既勾起学生对上节课内容的回忆，又提示学生寻找作者获得“启示”的心路历程，从而进一步探讨课文内涵。

（点评：引导学生直接用课文中的关键句切入课文，改变

了平铺直叙的教学方法。）

三、品味语言，感悟人物内心

此环节分两部分进行。

其一，体会鲈鱼的大、美、难得。

我先让学生大声朗读第三自然段，边读边体会，这究竟是一条怎样的鱼，为什么放鱼会如此为难？学生马上会说：这是一条又大又美的鲈鱼。再读课文，你从哪里看出这是一条又大又美的鲈鱼呢？然后让学生汇报交流，学生的交流也许是无序的，教学就随着学生的交流顺序而定。

学生可能会找到这样一句话：（出示句子）“啊，好大的鲈鱼，我从来没有见过这么大的鲈鱼。”这时我出示一张鲈鱼图片，给学生视觉上的感知，使教学更形象、直观。适时进行朗读指导，读出鱼的大、美。

课标指出要注重课内课外知识相结合，注重知识的运用与迁移。为了让学生进一步理解放鱼的艰难，为下文做铺垫，我抛出了这样一个问题：对于鲈鱼你还有哪些了解？学生可能会想到这样的古诗：江上往来人，但爱鲈鱼美……我也会参与到学生的交流中，适时插入这样的资料：在作者的故乡美国有这样一条法律规定：为了鲈鱼的生息繁衍，每年只有捕鱼节才让捕捞鲈鱼。让学生深切感受到这是一条珍贵的大鲈鱼。

本段语言优美，学生学习主要是在朗读过程中想象文章语言所描述的画面，并在想象中感受鲈鱼的大、美、难得（板书）。在此基础上，引导学生细细品味重点词句，如“过了好长时间”“小心翼翼”“溅起不少水花”……在品读过程中，通过指名读、轻声读等多种形式，让学生感悟语言的魅力。因此，我又设计了这样一段引读：

（配音乐）晚霞辉映的湖面上溅起了一圈圈彩色的涟漪，不一会儿，月亮升起来了，湖面变得银光闪闪……

指名让学生接着有感情地朗读第三自然段。在优美的音乐中，学生富有感染力的朗读，将整个课堂带入了晚霞辉映的湖水旁，和作者一起沉浸在钓到大鲈鱼的喜悦与幸福中。

其二，感悟儿子及父亲的内心。

正当儿子沉浸在得到大鲈鱼的幸福中时，父亲却做出了意想不到的决定——把鱼放回湖里去。

重点体会儿子内心的感受，出示“爸爸，为什么？”引导学生读出儿子的复杂心理，可能是急切、疑问、惊讶、气愤、不解……一句话中品味出了这么多感受！进一步引导：你就是作者，默读课文，找出充分的理由把鲈鱼留下来，并用书中的语言或自己的语言与父亲争辩一下。学生融入文本，可能会找到以下理由与父亲据理力争：1. 鲈鱼又大又美，为什么放掉？2. 四周静悄悄的，又没人知道。3. 不就只差两小时吗？我们可以多等一会儿。4. 可是以后可能再也钓不到这么大的鲈鱼了……

（设计理念：此环节引导学生反复朗读，读出自己不同的体会，对文本进行了多元解读，符合学生认知心理；转换角色，设身处地体验了人物心理变化，在说话过程中吸收语言、内化语言，让学生体会到了自主探究、自悟自得的快乐。）

在此基础上，我进一步引导学生：尽管我们找出了这么多理由，可父亲仍然保持平静，孩子再次把乞求的目光投向父亲，让我们一起再次求求父亲吧！此环节让学生与作者内心产生共鸣，也突破了本课重点，学生再次转换角色，体验人物内心。

接下来出示父亲的做法：“父亲盯着鲈鱼看了好一会，然后把目光转向了我：‘孩子，你得把它放回湖里去。’”

通过抓典型语例，进行言语品析和语感训练，读出父亲的不舍与坚定，感悟人物情感和品质。

总结：父亲在无人知晓的情况下，能够自觉遵守规定，这就叫“自律”。（板书）能够做到自律，谈何容易。

（点评：品读课文的环节可谓是跌宕起伏。老师和学生一起在老师渲染的气氛中，知晓鲈鱼的美，领略环境的静，体会

“我”心情的复杂和父亲的坚定，做到了学习语言、想象、领悟、表达的有机结合。）

四、拓展积累，传承美德

课标指出，有效的积累，可培养学生语文素养。在本节结尾处，点明严格自律（板书）也是我们中华民族的传统美德。出示两千多年前的古训：

莫见乎隐，莫显乎微。

故君子慎其独也。

指导学生背诵并积累下来，学生读进去再走出来，相信会从中得到启迪。

五、回顾反思，交流收获

学习了这课，你有什么收获？或者还有什么问题？

（设计意图：在课的最后进行系统梳理，同时解决学生中还存在的疑惑。）

（点评：老师最后提出的问题很有价值。其一，新课标指出，阅读教学应遵循从整体到部分再到整体的思路进行，这一要求符合人的认知特点。老师这一问题能促使学生从整体对文章再作回顾，对自己的学习再作反思。其二，教学中，即使老师预设再周全，也不可能解决所有学生的问题。那么，谁还有问题就可以在这个环节中解决。其三，培养学生的问题意识。中国学生最欠缺的地方就是学习中没有问题，不会质疑。老师在教学中培养学生的问题意识就显得尤为重要。此时，老师提出“还有什么问题”，很有必要。）

六、说板书设计

钓鱼的启示

不舍

难得

严格自律

板书设计突显教学重难点，简洁明了，一目了然。

（河南省安阳市东南营小学　史丽英）

说课：《再见了，亲人》（五年级）

（新课程个性化阅读教学专题研讨课）

教材简析：

《再见了，亲人》是人教版五年级下册第四单元的一篇课文。这一单元有《再见了，亲人》《金色的鱼钩》《桥》和《梦想的力量》四篇课文。四篇文章用不同的叙述方式讲述了一些感人至深的故事。《金色的鱼钩》一文采用先倒叙，再按事情发展顺序叙述了鱼钩的动人来历。《桥》一文通过环境的描写、人物语言的描写以及巧妙的结尾，展现了“村支书”的感人壮举。《梦想的力量》按照时间顺序和事情发展的顺序，叙述了瑞恩实现梦想的经过。《再见了，亲人》一文采用第二人称，以志愿军对送别的朝鲜人民谈话的口气，描述了1958年最后一批志愿军离开朝鲜回国时，同朝鲜人民依依惜别的情景，赞扬了中朝两国人民用鲜血凝成的伟大友谊。这篇课文是本单元的第一篇课文，在教学时，既应注意情感的激发，又要注意写作方法的引导，为学习后面课文、体会人物情感和进行写作方法的比较做好铺垫，

基于以上对教材的分析，本文教学目标确定如下。

学习目标：

1. 学会本课生字新词，理解“乘机、曾经、雪中送炭、深

情厚谊”等词语。

2. 有感情地朗读课文。

3. 理解课文内容，体会中朝两国人民用鲜血凝成的伟大友谊，从中受到教育。

4. 学习作者的表达方法。

教学重点、难点：

1. 在理解课文内容的基础上体会中朝两国人民的深厚情谊。

2. 学习作者的表达方法。

（点评：新课标教材的一个突出特点就是按照单元进行编排，一个单元一个主题，单元中的各篇课文之间无论从思想性和知识性方面都具有互补性和连续性。这就要求老师在教学中从单元整体出发，通盘考虑这一单元的教学计划和教学方法。从以上教材的分析和教学目标可以看出，老师确实是从单元入手分析教材，这样，能在教学中非常清晰地了解每篇课文在单元教学中所占的位置，应该起到的作用，便于教学时相互照应。否则，就不能很好地体现教材的编写意图，就不能很好地以系统、明确而重点突出的教学去引导学生发展。）

教学过程：

（一）导入新课、整体感知环节

老师首先揭示课题，边板书边说：“同学们，这节课我们来学习《再见了，亲人》。”学生齐读课题。

老师接着说：“我们通常把什么样的人称为亲人呢？”

学生也许会说：“爸爸、妈妈、爷爷、奶奶。”

学生也许还会说：“有血缘关系的。”

学生也许还会说：“关系非常密切的人。”

此时，老师乘机提出学习任务：“请大家快速阅读全文，想想课文中谁把谁称为亲人？”

学生会答道，文中志愿军把朝鲜大娘、小金花、大嫂称为亲人。

（设计意图：让学生带着生活经验走入课文，整体感知课文内容，初步感受到朝鲜人民与志愿军战士情谊深厚。）

（点评：我们的学生从小就生活在幸福之中，亲人给予的幸福，学生是否思考过呢？此时，由“亲人”引入，自然会勾起学生对亲人这个词语的重新认识，他们会自然地从自己的生活入手，联系生活实际，结合自身生活经验体会“亲人”的含义和价值，然后把对亲人的认识迁移到文中，为体会中国人民志愿军和朝鲜人民亲人般的情谊做了铺垫。）

（二）品析全文，感受情感环节

在学生回答文中志愿军战士把朝鲜大娘、小金花、大嫂当做亲人时，老师板书。

老师提问：“我们的志愿军战士为什么把朝鲜人民称为亲人呢？”引导学生读课文第1—3自然段，然后交流。

在学生读的过程中，老师巡视，并根据学生学习情况参与学生学习，同时对学习有困难的学生进行辅导。

在学生进行交流过程中，相机引导学生对重点词语进行理解，如“雪中送炭”“唯一”等。相机对学生进行朗读指导，如第1—3自然段的开头部分和结尾句，通过读出送别语、情感设问句、反问句的语气，体会朝鲜人民对志愿军战士的深厚情谊。

（设计意图：在反复品味语言文字中，在反复朗读的过程中，让学生体会作者语言的生动，体会朝鲜人民对志愿军战士的深厚情谊。）

交流后，老师引导学生思考和交流：这篇课文如此感人，想想这篇课文的习作方法有什么特点？

引导学生认识到，文章采用了第二人称，通过送别语的叙述，让人感到非常亲近；文中采用了设问句、反问句强化了情感；文章的三个段落构段方式相同，都是送别语——叙事——再次抒发情感。

当学生说到构段方式时，引导学生重新品赏课文。方法是先欣赏三个段的第一层意思——送别语。引导学生认识到选材的典型性；引导学生读出志愿军面对大娘、面对小金花、面对大嫂所用的不同的语气。接着，让学生用比较中得出的方法读三个段中的第三层——抒情语。

（设计意图：让学生在三种相同构段方式的比较中，体会作者的写作方法，进一步体会文字情感。）

（点评：此环节中，老师巧妙地引导学生探索看似相同［构段方法相同］实则不同［叙述对象不同、事例不同、读时语气不同］的几个结构段，在比较中深层次感悟。我们经常看的课中，纵向教学多，而横向的教学少，此处老师将三个段进行横向教学，能加深学生对情感的感悟，加深学生对写作方法的领悟。）

读课文最后部分，引导学生进一步体会中国人民和朝鲜人民的友谊。

（三）扩展反哺，练习表达环节

本文写到了朝鲜人民为中国人民志愿军做出的牺牲，那么，中国人民志愿军又为朝鲜人民做出了哪些牺牲呢?

学生交流。通过交流，让学生体会到中国人民的国际主义精神。

学生快速默读《谁是最可爱的人》。

从以上材料中选择一则感人的故事，以朝鲜大娘或小金花或大嫂的口吻对志愿军说一段话。

（点评：在抗美援朝战争中，中国人民做出了巨大的牺牲。此时的扩展反哺有利于让今天的学生不断了解这种国际主义精神。同时，本文只写了志愿军战士对朝鲜大娘、儿童、大嫂的送别话，如果有时间，大娘、儿童和大嫂又会对志愿军说些什么呢？此时学生恰有不吐不快的感觉，所以让学生进行表达练习，恰到好处。可以说，这个环节既升华了情感，又学习了写作方法。）

（河南省安阳市建安小学　崔亚芬）

说课：令人感动的情义世界——我讲《最后一头战象》（六年级）

（2010年河南省第八届小学语文优质课大赛一等奖）

说教学内容：

《最后一头战象》是人教版小学六年级语文上册第七单元第23课，这是一篇悲壮感人的动物小说。作者以时间为序，讲述了抗日战争中幸存下来的最后一头战象——嘎羧，在生命终结以前，再次披挂战甲，重回战场凭吊，庄严埋葬自己的故事。文章抓住战象嘎羧的神态和动作来刻画人物形象，用生动优美的语言记叙了嘎羧生命历程最后的辉煌和庄严，以充满深情的笔触歌颂了嘎羧的高尚情怀。

说教学理念及目标：

本文是一篇很长的文章，指导学生用较快的速度阅读课文是在高年级阶段提出来的阅读要求。因此我这次努力做到的是对长文有所取舍，有所侧重，进行长文短教的尝试。在把握课文主要内容的基础上，重点抓住描写嘎羧动作、神态的词语和有感情的朗读来品读课文中的重点段落，引导学生走进嘎羧的内心世界，揣摩作者写真实、写具体的方法。

六年级的学生已经初步具备了独立思考的能力，在教学中要充分给予学生思考的空间，让学生主动参与到学习过程中。

整个教学过程，我努力做到以读代讲，以读感悟。课上设计了浏览，引读，范读，品读等不同的阅读方法，层层深入，来感受战象嘎羧的光辉品性。如何让有限的时间变得更加有效？学法指导是重中之重。在教学过程中，让学生学会抓主要事件的方法阅读篇幅较长的文章，抓住嘎羧的神态和动作描写，让学生联系上下文，边读边思考，学习作者的表达方法，走进人物内心世界，体会嘎羧重情重义的精神品质。

依据新课标要求和教材特点，我确立了这样的目标：

1、把握主要内容，学习作者具体、细致的表达方法；2、能够有感情地朗读描写嘎羧的语句，从课文的相关语句体会嘎羧对战友的深厚感情，感受嘎羧重情义的品性；3、继续练习用较快速度阅读课文。

（点评：第三学段阅读教学和其他学段的阅读教学有何区别，长课文如何短教？从徐老师所说的教学理念中，可以看出徐老师对此有比较深入的思考——“我这次努力做到的是对长文有所取舍，有所侧重，进行长文短教的尝试”；并将思考付诸实践——将“继续练习用较快速度阅读课文”列入教学目标中。）

说教学重点：

根据高年级学生的特点和教学实际要求，我安排了这样的教学重点：抓住动作和神态描写的语句，品析文章语言，学习表达方法；指导有感情地朗读，感受战象的形象；体会课文相关语句之间的内在联系。

（点评：重点突出且能紧紧围绕本课所确定的教学目标，体现了新课标中所提出的“三个维度”。）

说教学过程：

由于文本较长，我安排了两课时的内容，在第一课时完成熟读课文等基础性的任务，找出让自己感动的地方读一读，概括嘎羧在生命最后时光做了哪三件事。下面我重点说第二课时的教学设计。

（点评：这样安排，遵循了小学语文阅读教学基本的规律，有利于学生从整体上把握、熟悉文本内容和情感基调。同时也为第二课时进行语言品析奠定了基础。）

第二课时

第一环节：真情导入

1、老师：（配乐）在西双版纳曾经有过威风凛凛的象兵。1943年，象兵在西双版纳打洛江畔和日寇打了一仗。战斗结束后，鬼子扔下了七十多具尸体，我方八十多头战象全部中弹倒地。只有一头战象幸存下来了——这就是“最后一头战象”。（板书课题）

2、引导学生概括嘎羧预感到自己生命将尽时所做的三件事：重披象鞍、重回战场、庄严归去。

3、让学生感悟这是一头“重情重义”的战象。

（点评：上课伊始，老师用饱含深情的语言，在音乐的衬托下，将学生的学习思路、情感深深地带进了故事情节之中，在复习回顾中让学生复习、把握住文章的脉络和中心，从整体上充分感受文章的情感基调，有利于下面的“长文短教”。）

第二环节：品读感悟

老师紧接着提出问题：速读课文思考，在战象最后做的三件事中，你从哪些语句中感受到了嘎羧的重情重义？画一画，读一读，品一品，说一说。学生速读课文，老师巡视，相机指导。接下来是对三个场景的学习、探讨、交流：

场景一：重披象鞍

老师引导学生学习，抓住战象嘎羧见到象鞍时“一下子安静下来”“ 吹去灰尘”“摩挲”“ 泪光闪闪” 等动作和神态的描写来体会它对象鞍的重视和珍惜；同时进行朗读指导，读出它的激动，读出它久别重逢的高兴——见到象鞍时候的珍惜，总结出这是一头重情重义的战象。

（设计理念：这个环节需要把握细节描写，联系上下文理解句子含义，达到对文本的理解和对主人公内心世界的把握，让学生很自然地走进文本的深层。根据新课标的要求，学生应该能够联系上下文和自己的积累，推想文中有关语句的内涵，体会表达效果。不但充分体现学生的个人体验，还让学生能够在课堂上充分表达自己的想法，表达自己的个性理解。）

场景二：凭吊战场

这是本节课的一个重点环节，讲了嘎羧到曾经浴血搏杀过的战场来凭吊。文中通过动作、神态描写说明它的重情重义。

1、老师配课件范读，请同学们展开想象，把自己当做嘎羧，想想在这里看到什么？学生展开想象，补充空白，走进嘎羧的内心世界，接着进行表达训练。

2、老师接下来引导学习一个关键的词语，就是战象嘎羧的叫声“呕——”，因为这个叫声的含义可以让学生充分展开想象，进行多角度的体验，可以充分地感受到嘎羧内心难以言传的情结。

（引导语：我们的眼前都浮现出二十六年前的那一幕，它只能把二十六年的思念、伤心、孤独深深地压在心底，可是此时此刻再回战场，水还是那水，石还是那石！可亲人何在？它的情感还压抑得住吗？你的情感还压抑得住吗？终于，你发出了震耳欲聋的吼叫，这吼叫是你在呼唤么？引导学生回答：呼唤战友的英灵，告诉战友我来陪伴你们了，这是最后的告别啊！）

3、接着学生进行朗读练习。让学生感悟到这是一头重情重义的战象。

（设计思路：这个环节的设计，让学生通过自身身份的转变，充分体现学生的个性理解。尊重学生的独特感受，让他们通过自己的阅读体验，来表达自己的感受，并且锻炼学生的想象能力、思维能力和表达能力，尊重学生的主体地位。）

场景三：庄严归去

1、老师引导到这一个场面，重点指导学生体会“挖”字反复出现的作用。老师通过一系列细节让学生感受一头生命垂危的战象好几天没有吃东西，并且走了很长的路，用象牙和鼻子挖了一个三米深的坑，是什么支撑着它这样挖下去的。学生总结：是它对战友的思念，是它坚强的毅力，让我们感受到了它对战友无限的深情。从而让学生感受这是一头重情重义的战象。然后让学生练习朗读，接着配乐朗读展示。

（设计思路：带着理解之后的感情朗读，读出个人的感受，尊重学生的个性理解和朗读，是我们的宗旨。三个场面的学习基本按照熟读之后把握文本深层含义，然后带领学生理解嘎羧内心情感，进而提炼文章中心这样一个循序渐进的规律，用一根情感线索把几个片段联系起来。）

2、让学生理性地回顾总结，作者通过怎样的细节描写来体现战象嘎羧的重情重义。

（设计思路：把对人物形象的感性学习上升到对文章的理性学习，总结写作方法。）

（点评：在品读感悟这一环节，1. 老师的教学体现了语文学科的特点。对文章三个“场景”的学习，始终以读为主线，在读中体会作者的表达方法，在读中体会战象的情感，在读中体会上下文句子的关系，在读中展开联想。并且将对句子的理解、对内容的想象、对情感的体会、对表达方法的领悟等有机结合在一起。这些都表现了老师对教学目标有着非常清晰、全面的把握，对教学内容有着非常清晰、深刻、独到的体会。2. 教学中体现了教师能以学生为学习主体、尊重学生对文本的个体体验，在此基础上展开教学对话，从而真正引领学生走进文本、走进学习。）

第三环节：情感升华

1、让学生齐读最后两个自然段，感受战象死去时候的庄严。

“土坑约有三米深，嘎羧卧在坑底，侧着脸，鼻子盘在腿弯，一只眼睛睁得老大，凝望着天空。它死了。它没有到祖宗留下的象冢。它和曾经并肩战斗的同伴们躺在了一起。”

老师：风萧萧兮易水寒，壮士一去兮不复还。嘎羧走了，安静地走了，可是我们的心却无法平静，此时此刻，你想说些什么呢，请用你充满深情的语言说一说（请把你最深情的语言写下来吧）。

学生说（写）。

老师总结：浴血卫国得幸存，垂暮不忘生时恩。岁月匆匆如流水，心似卵石沙中沉。这正是：山水依旧，我心依旧。与友长眠，英魂永存。

（点评：此环节看似“简短”，仔细分析，却不难看出老师教学的匠心。这个结尾有利于学生的学习思路回归文章整体。引导学生从文章整体入手走进文章具体的文字、情感，再从文章具体的文字、情感中走出来回到文章的整体，对已经初步具有理性思考、逻辑思维能力的六年级学生十分重要。）

2、推荐阅读沈石溪相关作品。

（设计思路：从整节课来看，这节课的设计基本上照顾到了语文基本能力的综合培养，而且每一个环节的处理努力做到扎实有力，总的来说，主要体现在三点上：1. 在对三个场景学习的时候分别采取了自由读、老师范读、引读不同类型的朗读方式，最后对文本进行升华，让学生进行口头表达或者写话的训练，课堂上进行听说读写互相结合、相互渗透的学习，要能够融会贯通在一起，让学生从中提升自身能力，这是对我们的高层次要求。2. 语文阅读教学“得法于课内，得益于课外”，在结尾处，推荐学生课后阅读沈石溪的其他动物小说，既全面、深刻地了解动物的内心世界，又培养了学生好读书，读好书的习惯。作为很常见的延伸与课外阅读拓展，更加让我们拓宽了视野；3. 本文没有进行纯粹地感性理解，而是理性地分析了作者所采用的表达方法，进行了很好的总结，体现了对文章创作方法的学习。）

说板书设计

最后一头战象	重披象鞍：泪光、摩挲 凭吊战场：凝望、吼叫 庄严归去：挖	重情重义（动作、神态）

板书体现出来的是本节课的主要内容、主人公的核心品质和写作技巧，简洁明了，线索清晰。

（河南省安阳市南关小学　徐文祥）

◎后　记

《小学语文教学36策略—— 一位基层教研员的听课手记》终于付梓。

欣喜之余不免惶恐。新课程背景下的小学语文教学改革，可谓风起云涌，百花绽放。有的自成流派，独领风骚；有的掀起巨澜，浪花润及四方……耕耘于教研垄亩之间的我，也勇敢地抛出了平日和一线教师们畅聊过的36个话题，诚愿其注入新课程教学研究的巨澜之中，成为微小的浪花一朵；汇入新课程教学研究成果的百花之中，成为灵动的绿叶一片。

拙著的整理与出版，得到了我非常敬重的全国著名特级教师于永正老师、中央教科所徐同教授、河南大学教育科学学院庞霭梅教授，我的老师——安阳师范学院刘涵华教授，我的好友——湖北省仙桃市教科院小学语文教研员向爱平老师的热忱指导；得到了语文出版社郑伟忠主任、刘伟老师、光明老师的真诚帮助。在此，一并对这些可敬的人表示衷心的感谢！

翻阅拙著，回首自己三十余年坚守小学教育研究工作的情感和跋涉历程，禁不住赋诗一首，权作自己的情感慰藉吧。

《策略》出版有感

情迷杏坛卅三年，
心仪真经千百番。
一路坎坷重学艺，
十度春秋始得传。
推陈出新凭方略，
栽桃育李靠众贤。
而今迈步从头越，
胯下龙文更着鞭。

刘艳玲

2010年6月8日